Richard Eisenmenger

THE
NEXT LEVEL
MINECRAFTEN FÜR PROFIS

Rheinwerk
Computing

Wir hoffen, dass du Freude an diesem Buch hast und sich deine Erwartungen erfüllen. Deine Anregungen und Kommentare sind uns jederzeit willkommen. Bitte bewerte doch das Buch auf unserer Website unter **www.rheinwerk-verlag.de/feedback**.

An diesem Buch haben viele mitgewirkt, insbesondere:

Lektorat Stephan Mattescheck, Patricia Schiewald
Fachgutachten Patrick Kirsch
Korrektorat Marita Böhm, München
Herstellung Janina Brönner
Layout und Typografie Janina Brönner
Einbandgestaltung Mai Loan Nguyen Duy
Satz Janina Brönner
Druck mediaprint solutions, Paderborn

Dieses Buch wurde gesetzt aus der TheSansOsF (10 pt/14 pt) in Adobe InDesign.
Gedruckt wurde es auf chlorfrei gebleichtem Offsetpapier (90 g/m²).
Hergestellt in Deutschland.

Bibliografische Information der Deutschen Nationalbibliothek:
Die Deutsche Nationalbibliothek verzeichnet diese Publikation in der Deutschen Nationalbibliografie; detaillierte bibliografische Daten sind im Internet über *http://dnb.d-nb.de* abrufbar.

ISBN 978-3-8362-7430-2

3., aktualisierte und erweiterte Auflage 2020
© Rheinwerk Verlag GmbH, Bonn 2020

Informationen zu unserem Verlag und Kontaktmöglichkeiten finden Sie auf unserer Verlagswebsite **www.rheinwerk-verlag.de**. Dort können Sie sich auch umfassend über unser aktuelles Programm informieren und unsere Bücher und E-Books bestellen.

Auf einen Blick

Inhalt

Gleisarbeiten

Transportwesen für Fortgeschrit

MINECRAFT – THE NEXT LEVEL

Überleben, gegen Monster kämpfen und nach Ressourcen buddeln ist schon längst langweilig geworden. Mit Waffen und Rüstungsteilen aus Diamant, manche sogar verzaubert, sind Zombies, Skelette und Endermen keine Bedrohung mehr für dich. Im Nether fühlst du dich wie zu Hause, den Enderdrachen hast du auch schon besiegt, deine Truhen quellen über vor seltensten Erzen, und du besitzt ein imposantes Anwesen in den schönsten Biomen im Umkreis von 1.000 Chunks. Das Überleben ist längst keine Herausforderung mehr für dich, und vielleicht spielst du sogar seltener Minecraft als früher. Aber nicht verzagen! Dieses Buch hilft dir, ganz neue Ideen auszuprobieren.

HEUTE SCHON ÜBERLEBT?

Willkommen im nächsten Level! Dieser Guide zeigt dir die vielen Möglichkeiten, die Minecraft außerhalb des Überlebensmodus bietet. Kein Survival-Guide, sondern eine Rundreise zu den kreativen Aspekten und Spielelementen, die für so viele Spieler den Reiz von Minecraft ausmachen:

- Gestalte deine eigenen **Skins**.
- Kombiniere eigene **Ressourcenpakete** mit von dir ausgesuchten oder erschaffenen Texturen, Animationen und Soundeffekten.
- **Erschaffe eine Welt** nach deinen Träumen und Vorstellungen.
- Konstruiere imposante **3D-Skulpturen**, kostenlose Tools helfen dir dabei.
- Lerne faszinierende **Architekturstile** kennen und wie du sie mit künstlerischer Freiheit nachbaust.
- Werde **Profiland- und -viehwirt**, und farme Gemüse, Monster und XP en masse.
- Studiere Sicherheitstechnik, und schirme dein Haus und dein Grundstück gegen Monster ab.
- Konstruiere kuriose **Redstone-Maschinen** wie ein Flugzeug oder eine Musikbox.
- Und kombiniere schließlich all das Erlernte, um eine eigene **Abenteuerwelt** zusammenzustellen, die du im Internet zum Spielen bereitstellst.

Zu all diesen Themen findest du in diesem Guide Baupläne, Tutorials, Hintergrundinfos, Softwaretipps und Bedienungsanleitungen. Du liest es also nicht unbedingt von vorne bis hinten, sondern schlägst z. B. mittendrin auf und brütest über der abgebildeten Blaupause einer vollautomatischen Melonenfarm oder studierst den Architekturstil der Wikinger. Oder du suchst dir gezielt ein Thema aus dem Inhaltsverzeichnis oder schlägst im Index am Ende des Buches nach. Entferne dich dabei aber nie weit von deiner Minecraft-Installation, denn es wird dir unter den Nägeln brennen, die abgebildeten Redstone-Maschinen sofort nachzubauen.

Ein wichtiger Hinweis: An einigen Stellen im Buch wirst du Grafiken und Bilddateien bearbeiten. Dazu empfiehlt sich das kostenlose Programm GIMP, das du unter *https://minecraft-buch.de/gimp* herunterladen kannst, egal, für welches Betriebssystem. Wie du das eine oder andere Feature von GIMP benutzt, erfährst du dann an der entsprechenden Stelle in diesem Guide.

Und noch ein Hinweis für die Kapitel für Fortgeschrittene: Hier werden gelegentlich Ordner und Dateipfade angegeben. Zur Verkettung wird meistens der umgekehrte Schrägstrich (Backslash) \ verwendet. Bei anderen Betriebssystemen ist an diesen Stellen gegebenenfalls ein normaler Schrägstrich (Slash) / notwendig. Verwende also an diesen Stellen immer den für dein Betriebssystem notwendigen Slash.

REZEPTE IM SURVIVAL- UND NEXT-LEVEL-BUCH

Vorläufer dieses Buches ist das *Survival-Buch*, eine Überlebensanleitung für den Einzel- und Mehrspielermodus, allein oder auf einem Multiplayer-Server, mit Monsterhandbuch, Bergbau- und Hausbauanleitungen und einer praktischen Einführung in den anfangs kniffligen Redstone-Strom. Obwohl sich das Buch verstärkt um die Grundlagen kümmert, zeichnet es sich durch ein weiteres handliches Feature aus: eine dicke Rezept- und Item-Referenz für Gegenstände und Materialien mit Beschreibungen, Tipps und Rezeptdiagrammen. Damit ist das Survival-Buch ein sehr praktisches Nachschlagewerk.

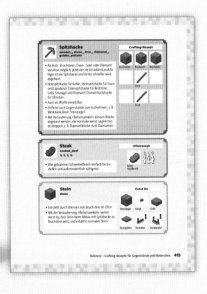

»Dein Survival-Buch – das inoffizielle Training für Minecrafter« ist der Vorläufer zur Next-Level-Anleitung und enthält unter anderem eine vollständige Gegenstände- und Rezeptsammlung.

Aber keine Sorge, für die Bauanleitungen und Redstone-Maschinen in diesem Next-Level-Buch bist du trotzdem gut gerüstet. Zum einen hast du im Spiel ein Rezeptbuch, in dem du jederzeit nachschlagen kannst. Zum anderen findest du die Rezepte für alle Bauteile und Materialien, die in diesem Buch vorkommen, übersichtlich im Anhang. So kannst du dir die Rezepte auch kurz ansehen, wenn du mal nicht in Minecraft eingeloggt bist. Welche für dich und die Maschinen in diesem Buch wichtig sind, siehst du in der Tabelle »Materialien« am Anfang größerer Baupläne.

MINECRAFT-VERSIONEN

Grundsätzlich sind die in diesem Guide vorgestellten Maschinen und Konstruktionen möglichst unabhängig von der eingesetzten Minecraft-Version mit Version 1.16.x als Basis. Sicher, eine Minecraft-Version 1.6 sollte es nicht mehr sein. Aber selbst mit einer ein oder zwei Jahre alten Minecraft-Version solltest du keine Schwierigkeiten beim Nachbau von z. B. Redstone-Maschinen haben. Da alle Minecraft-Versionen ständig weiterentwickelt werden, kann es aber doch mal zu einer Abweichung kommen (insbesondere was Redstone und komplexe Schaltkreise betrifft). Beachte auch, dass manche Multiplayer-Server noch mit älteren Minecraft-Versionen arbeiten. Da kann es also auch zu Abweichungen beim Verhalten von Redstone oder Minecraft-Wasser kommen. Gib dann nicht auf, blättere zur nächsten interessanten Konstruktion, oder mach dich im Internet über eine Suchmaschine schlau. Selten bist du der Einzige, der ein bestimmtes Problem bei einer speziellen Minecraft-Version hat, und irgendwo findest du ein Forum, in dem sich Minecrafter Rat gebend zur Seite stehen.

Sich im Internet umzusehen ist übrigens generell ein guter Tipp, wenn du irgendwo in eine Sackgasse kommst. Vielleicht funktioniert ein Link nicht mehr, weil der Webmaster keine Lust mehr hatte, weiterzumachen, oder ein Tool gibt einen unverständlichen Fehler aus. Doch ebenso schnelllebig wie die Minecraft-Versionen und Hilfsprogramme sind die Foren, in denen sich Spieler gegenseitig helfen, Ratschläge und Tipps austauschen. Eine Suchmaschine wie Google ist dann deine beste Anlaufstelle, um eine Lösung für dein Problem zu finden. Der Trick ist, die richtigen Suchwörter zu finden: »minecraft« ist immer mit dabei, dann vielleicht auch die Versionsnummer, z. B. »1.12«, das Thema, z. B. »summon« (Befehl zum Erschaffen von Kreaturen), und das

Problem, etwa »riding doesn't work«. Als Suchergebnisse präsentieren sich prompt Hinweise auf eine Änderung des Befehls und, wie praktisch, ein Kreaturengenerator, der mit ein paar Mausklicks den Befehl für dich erzeugt. Natürlich kannst du die Suche auch auf Deutsch durchführen. Da Minecraft aber auf der ganzen Welt gespielt wird, ist deine Trefferquote in internationalen Foren und Spieler-Communitys, in denen man Englisch spricht, deutlich höher.

AUF ZUM NÄCHSTEN LEVEL!

Klemm dir nun dieses Buch unter den Arm, und geh raus, vielleicht in den Park. Schlage es irgendwo auf, beginne zu lesen und überleg dir gleichzeitig, wie (und wo) du das Gelesene in deine Minecraft-Welt einbaust. Redstone-Maschinen lassen sich im ersten Schritt nachbauen und im zweiten Schritt selbst verbessern und verschönern. Die Architekturstile der Wikinger und Japaner haben zwar typische Merkmale, aber für dein eigenes Minecraft-Haus gibt es keine festen Regeln. Kombiniere, tüftle und experimentiere mit den Inspirationen aus diesem Guide. Schließe zwischendurch die Augen, um in Gedanken um dein nächstes Bauprojekt zu fliegen. Mach dir Notizen auf mitgebrachtem kariertem Papier, wie deine nächste Redstone-Falle funktioniert. Und lauf schnell nach Hause zum Rechner, um deine Geistesblitze in Minecraft-Blöcken umzusetzen.

Happy Crafting!

»In der Idee leben heißt, das Unmögliche behandeln, als wenn es möglich wäre.«
Johann Wolfgang von Goethe

HAUTPFLEGE – NEUE SKINS FÜR STEVE UND ALEX

»Skinning« (keine Sorge, hier wird niemand gehäutet) und »Texturing« stehen im Zusammenhang mit Computer- und Spieletechnologie für das Aufziehen einer Textur auf ein Objekt, das Überstreifen einer neuen digitalen Haut. In Minecraft heißt das: Du verkleidest dich. Je nach Geschlechterwahl hast du dich über die »Profile«-Seite der offiziellen Minecraft-Website vielleicht schon zwischen Steve ♂ und Alex ♀ entschieden, und die kommen in ihrem Standardoutfit zwar abenteuerlustig, aber nicht sonderlich aufsehenerregend daher. Gibt es da kein schöneres Outfit? Und wie sieht es auf Multiplayer-Servern aus? Wäre da jeder mit T-Shirt und Jeans bekleidet, sähe der Spawn-Punkt aus wie eine Geburtsklinik für Klone. Minecraft-Skins zur Rettung! Die richtige Website, ein paar Mausklicks – und du schlüpfst im Handumdrehen in das Outfit von Indiana Jones, Darth Vader, Gandalf oder Mal Reynolds.

SKINS AUS DEM INTERNET

Der einfachste Weg zum Wechsel deines Minecraft-Outfits ist der Besuch einer der zahlreichen Skin-Websites, die Hunderte von Klamottenvarianten in mehr oder weniger übersichtlichen Skin-Galerien zur Schau stellen. Du findest diese Websites, indem du in Google z. B. nach »minecraft skins« suchst. Die Websites *Skindex* oder *Novaskin* gibt es schon länger, aber am besten klickst du dich selbst durch die Suchergebnisse. Denn welche Websites existieren oder ihre Adresse ändern, kann sich von Tag zu Tag ändern.

Siehst du dann solch eine Skin-Galerie vor dir, ist es eine gute Idee, sich nach **Popular**- oder **Top**-Buttons- oder Links umzusehen. Damit findest du einfach die Skins, die ein bisschen besser aussehen als der ganze Rest.

So sehen einige Beispiel-Websites für Skins aus:

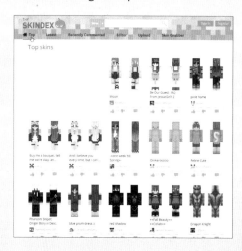

The Skindex – schau dir die täglichen »Top Skins« an, oder such im Textfeld oben nach einem Stichwort.

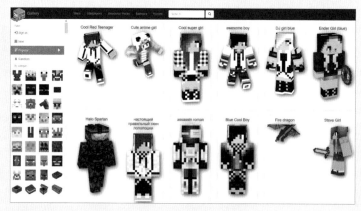

Nova Skin Gallery – hier findest du nicht nur Skins für deine Spielfigur, sondern auch Modelle und Texturen für andere Minecraft-Objekte.

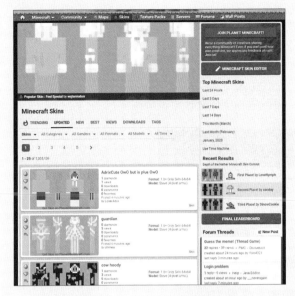

Planet Minecraft ist ebenfalls eine beliebige Website mit vielen Minecraft-Projekten, -Dateien und -Skins.

MinecraftSkins.net – in der Menüleiste wählst du eine Kategorie oder gibst in das Textfeld rechts einen Suchbegriff ein.

Hast du dich schließlich für ein Kostüm entschieden, suchst du einen Button, mit dem du die Skin in dein Minecraft-Konto hochlädst. Diese Buttons sind z. B. beschriftet mit **Anwenden**, **Change**, **Upload**, **Apply** oder **Use in Minecraft**. Klickst du darauf, folgst du der Aufforderung zum Einloggen in dein Minecraft-Website-Profil, und bis zum nächsten Minecraft-Start hat sich deine Spielfigur umgezogen.

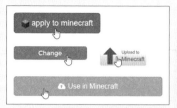

1 Hast du eine schöne Skin gefunden, such einen Button »Upload« oder »Anwenden« oder ähnlich, um sie in dein Minecraft-Profil hochzuladen.

2 Du landest automatisch auf der offiziellen Minecraft-Website. Stell sicher, dass sie es wirklich ist (in der Adresszeile muss links »my.minecraft.net« stehen), und melde dich mit deiner E-Mail-Adresse und deinem Passwort an.

3 Leg fest, ob es sich um eine breite (Classic) oder dünne (Slim) Skin handelt. Die Info findest du auf der Detail-Webseite zur Skin. Prüfe darunter bei »Erstellten Skin hochladen«, dass deine ausgewählte Skin angezeigt wird, allerdings platt gedrückt. Dann klickst du auf den Button »Hochladen«. Falls sie nicht erscheint, hat eine Weiterleitung nicht funktioniert. Wiederhole dann am besten den ganzen Vorgang noch einmal. Wird die Skin immer noch nicht angezeigt, lade sie von der Galerie-Website per Hand herunter (Button »Download«) und klicke auf der Minecraft-Skin-Webseite auf den Button »Datei auswählen«, um die Download-Datei hochzuladen.

DEINE EIGENE SKIN

Willst du dich nicht mit den Federn anderer Skin-Künstler schmücken, sondern selbst Hand anlegen, sieh dir zuerst mal die Art und Weise an, wie eine Skin gespeichert ist. Dahinter steckt nicht mehr als ein einfaches Bild, auf das die verschiedenen Spielfiguransichten projiziert sind, vorne, hinten, seitlich, jeweils für Kopf, Körper, Arme und Beine, ganz so, wie echte Kleidung aus einem Stoffstück herausgeschnitten und zusammengenäht wird. Du musst also nur wissen, welches Pixel im Bild an welcher Stelle der Spielfigur landet, um ganz präzise Malerarbeiten vorzunehmen. Das folgende Diagramm veranschaulicht die einzelnen Zonen.

		Kopf oben		Kopf unten						2. Kopf oben		2. Kopf unten			
Kopf rechts		Kopf vorne		Kopf links		Kopf hinten		2. Kopf rechts		2. Kopf vorne		2. Kopf links		2. Kopf hinten	
	Rechtes Bein oben	Rechtes Bein unten			Körper oben	Körper unten			Rechter Arm oben	Rechter Arm unten					
Rechtes Bein rechts	Rechtes Bein vorne	Rechtes Bein links	Rechtes Bein hinten	Körper rechts	Körper vorne	Körper links	Körper hinten	Rechter Arm rechts	Rechter Arm vorne	Rechter Arm links	Rechter Arm hinten				
	Rechtes 2. Bein oben	Rechtes 2. Bein unten			2. Körper oben	2. Körper unten			Rechter 2. Arm oben	Rechter 2. Arm unten					
Rechtes 2. Bein rechts	Rechtes 2. Bein vorne	Rechtes 2. Bein links	Rechtes 2. Bein hinten	2. Körper rechts	2. Körper vorne	2. Körper links	2. Körper hinten	Rechter 2. Arm rechts	Rechter 2. Arm vorne	Rechter 2. Arm links	Rechter 2. Arm hinten				
	Linkes 2. Bein oben	Linkes 2. Bein unten			Linkes Bein oben	Linkes Bein unten			Linker Arm oben	Linker Arm unten			Linker 2. Arm oben	Linker 2. Arm unten	
Linkes 2. Bein rechts	Linkes 2. Bein vorne	Linkes 2. Bein links	Linkes 2. Bein hinten	Linkes Bein rechts	Linkes Bein vorne	Linkes Bein links	Linkes Bein hinten	Linker Arm rechts	Linker Arm vorne	Linker Arm links	Linker Arm hinten	Linker 2. Arm rechts	Linker 2. Arm vorne	Linker 2. Arm links	Linker 2. Arm hinten

Die Skin der Originalspielfigur Steve hat so viele leere Stellen, da sie nur aus der untersten Hautschicht besteht und über kein Overlay (»2. Kopf«, »2. Körper«, »2. Arm«, »2. Bein«) verfügt.

Beim Ansehen des Diagramms fällt dir auf, dass alle Bestandteile, Kopf, Arme, Beine, *zweimal* vorhanden sind. Dabei entsprechen die nicht nummerierten Körperteile (**Kopf oben**, **rechtes Bein rechts** etc.) der normalen Skin, der *unteren* Haut. Die mit der Ziffer 2 markierten Pixel (**2. Kopf oben**, **rechtes 2. Bein rechts** etc.) sind der sogenannte *Overlay*, eine Pixelschicht, die *über* der ersten liegt, so wie Kleidung auf der Haut. Aber wozu zwei Schichten, wenn die zweite die erste dann verdeckt? Zum einen schwebt die zweite Schicht in etwas Abstand über der ersten. Somit entsteht etwas mehr Plastizität, ein leichter 3D-Look, je nachdem, wofür du die Overlay-Schicht einsetzt. Zum anderen kannst du mit Transparenzen arbeiten, also Bereichen *keine* Farbe zuweisen, sodass an den Stellen die untere Hautschicht durchscheint. Auf diese Weise erzeugst du mit dem Overlay Frisuren, Kopfhörer, Bärte, Gürtelschnallen oder Manschettenknöpfe, deiner Fantasie sind keine Grenzen gesetzt. (Übrigens lassen sich einzelne Skin-Bestandteile während des Spiels in den Minecraft-**Optionen** unter **Skin-Anpassung** ein- oder ausblenden.)

Als Dateiformat kommt PNG zum Einsatz. Die Bearbeitung einer Skin ist also mit beliebigen Bildbearbeitungsprogrammen möglich, die Transparenz unterstützen (leider nicht das in Windows enthaltene Microsoft Paint). Für 70 € bekommst du z. B. die kleine Version vom professionellen Bildbearbeitungsprogramm Photoshop: Photoshop Elements. Aber der berühmte Klassiker GIMP ist sogar kostenlos verfügbar. Du lädst das Programm unter *https://minecraft-buch.de/gimp* herunter, egal, ob für Windows, macOS (manchmal auch noch OS X genannt) oder Linux. Wann immer in diesem Buch Grafiken bearbeitet werden, erhältst du deshalb ein paar Tipps, wie du die recht komplexe Software am besten einsetzt.

Um nun deine eigene Skin zu gestalten, gehst du am besten von einer Vorlage aus, z. B.:

- **Originalspielfigur Steve**: Klicke auf deiner Profilseite (*https://minecraft-buch.de/skin*) auf den **Hinweis**-Link »diesen nützlichen Hilfe-Artikel« ganz unten. Im Textfeld **Search** oben rechts gibst du »skin« ein und klickst dann auf die gefundene Webseite **Minecraft Skins**. Scrolle etwas nach unten – im Abschnitt **Skin models** lädst du das Vorlagenbild hinter dem Link **"Steve" Skin** herunter (*steve.png*). Das ist die Skin mit den breiteren Armen. Am besten mit der rechten Maustaste daraufklicken und **Link speichern unter...** auswählen.

- **Weibliche Spielfigur Alex mit dünneren Armen** (3 statt 4 Pixel): Ebenfalls auf der Skin-Artikelseite und oben im Abschnitt **Skin models** findest du den Link **"Alex" skin** für die Datei *alex.png*.

- **Blankovorlage**: Weiter unten im Abschnitt **Skin models** befinden sich die Links **Standard** und **Slim**. Diese PNG-Dateien (*4px_reference.png*, *3px_reference.png*) haben den Vorteil, dass alle Bestandteile der Overlay-Schicht eingezeichnet sind.

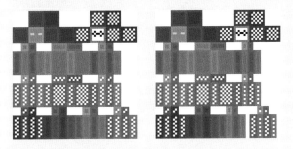

- **Beliebige andere Skin**: Anstatt die Skin einer Skin-Galerie direkt in dein Minecraft-Profil zu laden, speichere die PNG-Datei lokal auf deinem Rechner – sie lässt sich uneingeschränkt von dir bearbeiten. So setzt du Superman beispielsweise nachträglich eine Brille auf, um ihn in Clark Kent zu verwandeln.

Lade nun die Skin-PNG-Datei in dein Bildbearbeitungsprogramm, vergleiche die eingefärbten Flächen mit dem Diagramm auf Seite 19, und lass deiner künstlerischen Ader freien Lauf. Möchtest du deine Skin endlich live im Spiel ausprobieren, bemühst du wieder deine Minecraft-Profilseite. Lade unter *https://minecraft-buch.de/skin* die neue PNG-Datei hoch (achte darauf, dass du die **Classic**-/4-Pixel- bzw. **Slim**-/3-Pixel-Variante verwendest), und starte Minecraft neu, damit die Skin vom Minecraft-Server geladen wird.

Einstellungstipps für GIMP

Ein so komplexes Bildbearbeitungsprogramm wie GIMP bietet viele Einstellungsmöglichkeiten, mit denen du sehr genau an den Pixel-Skins und -Texturen von Minecraft arbeitest.
Hier die wichtigsten:

■ Transparenten Hintergrund einstellen

Bei Skins und Texturen wirst du es immer wieder mit Transparenzen zu tun haben, also
Bildbereichen, die keinen Farbwert besitzen, sodass der Hintergrund durchscheint. Um
solche transparenten Bereiche besser in GIMP zu erkennen, machst du sie etwas deut-
licher sichtbar: Geh zum Menü **Bearbeiten · Einstellungen**, klicke dann im Fenster **Einstellungen** links auf **Anzeige**, und wähle auf der rechten Seite unter **Transparenz** in den
beiden Dropdown-Listen **Schachbrett-Stil** und **Schachbrettgröße** z. B. **Helle Quadrate** und
Klein aus.

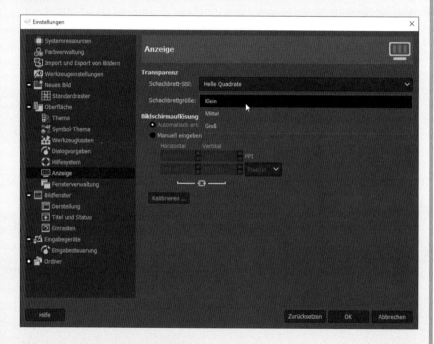

■ Pixelgenaues Raster einstellen

Wer pixelgenau malt, benötigt klar sichtbare Abgrenzungslinien, die man in GIMP *Raster*
nennt. Aktiviere es zuerst über das Menü **Ansicht · Raster anzeigen** (funktioniert erst,
wenn ein Bild geladen ist), und nimm dann die folgenden Einstellungen über das Menü
Bild · Raster konfigurieren vor: **Vordergrundfarbe** – etwas Dezenteres, z. B. ein mittelhel-
les Grau (L-Regler auf 50). **Abstand · Horizontal** und **Vertikal** – beides auf **1,00 Pixel**. Klicke
auf **OK**, und du siehst schon das hilfreiche Pixelgitter auf deinem Skin-Bild.

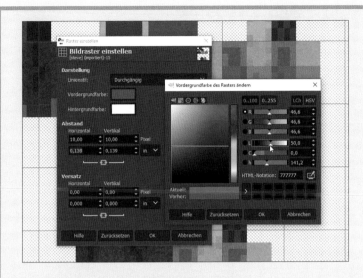

■ Werkzeuge aus dem Werkzeugkasten

Am besten malst du mit dem **Stift** , da sich mit ihm am genauesten einzelne Pixel setzen lassen. Stell seine **Größe** unten links in der Werkzeugleiste auf »1,00« (Pixel). Deine Malfarbe ziehst du dir entweder mit der **Pipette** von einem existierenden Pixel im Bild oder indem du auf das Feld für die **Vordergrundfarbe** (das linke obere Farbkästchen, hier schwarz) klickst und in dem neuen Fenster Farben zusammenstellst oder bereits benutzte auswählst.

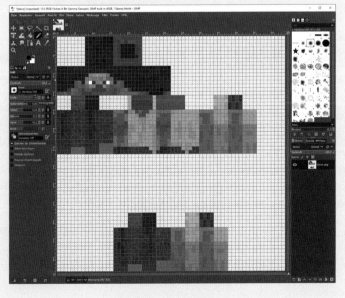

Stellst du GIMP anhand dieser Tipps ein, ist das pixelgenaue Malen einer Skin einfacher und komfortabler als mit den Standardeinstellungen.

LOKAL INSTALLIERTE SKIN-EDITOREN

Während Skin-Editoren im Internet eigentlich mit allen Funktionen daherkommen, die man für die Kostümgestaltung benötigt, bieten lokal auf dem Rechner (oder sogar auf dem Smartphone) installierte Programme weitere Vorteile: Programme, die direkt auf deinem Rechner laufen, sind in der Regel schneller als Applikationen in einem Browserfenster. Außerdem hast du mehr Platz, da die ganze Monitorfläche verwendet wird. Und manche Tools haben sogar einen größeren Funktionsumfang, mit dem du noch bequemer malst. Das Problem: Man kann sich nie sicher sein, ob eine im Internet gefundene Version aktuell ist und fehlerfrei läuft. Denn viele Programme sind nur Hobbyprojekte anderer Minecrafter.

Eine weitere Möglichkeit, Skins zu bearbeiten, ist auf dem Tablet (z. B. iPad) oder einem Smartphone (Android etc.). Hier ist die Auswahl groß, aber ein Blick auf die Bewertungen anderer Benutzer hilft schon, die Spreu vom Weizen zu trennen. Die Schwierigkeit ist jedoch, dass du nicht bequem mit der Maus arbeitest, sondern knifflige Fingerübungen vollziehst – eine ziemliche Fummelei auf kleinen Displays.

Diese beiden Skin-Editoren sind kostenlos verfügbar und einen Testlauf wert, wenn dir die Bearbeitung in Online-Skin-Editoren zu träge ist.

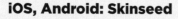

iOS, Android: Skinseed

Download: im App/Play Store nach »skinseed« suchen
Gut:
- Läuft stabil auf Tablets und Smartphones.
- übersichtliche Skin-Verwaltung über mehrere Tabs
- direkter Download und Upload der Skin in dein Minecraft-Profil

Schlecht:
- langer Klickweg zum Bearbeiten (über einzelne Körperteile)

Windows: MCSkin3D LE

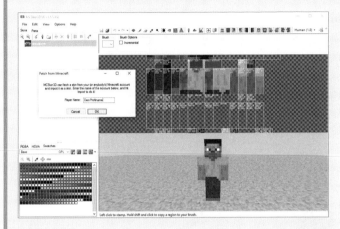

Download: *https://minecraft-buch.de/mcskin3d* (auf **Download** klicken)

Gut:

- übersichtliche Verwaltung vieler Skins
- sehr flexible Bearbeitung mit vielen Werkzeugen und Ansichten
- Paletten erlauben den schnellen Zugriff auf Farben.
- kostenlos

Schlecht:

- Läuft nicht auf jedem PC, manchmal sind nur einige Funktionen fehlerhaft.

ONLINE-SKIN-EDITOREN

Das zweidimensionale Malen einer dreidimensionalen Skin erfordert ein buch-stäbliches Denken um die Ecke. Viel leichter wäre es, die bunten Pixel doch di-rekt auf die Spielfigur zu setzen. Das geht auch mit den meisten Skin-Editoren im Internet, du musst lediglich die richtigen Buttons für Pinsel und Farben des jeweiligen Editors kennen und aufpassen, nicht versehentlich auf eine der zahlreichen Werbeflächen neben dem Editorfenster zu klicken.

Ein guter Online-Skin-Editor erlaubt dir:

- **Ansicht der Spielfigur** von allen Seiten, z. B. durch Drehen mit der Maus
- Umschalten der Ansicht zwischen unterster **Skin-** und **Overlay**-Schicht

- ein **Gitternetz**, um Pixel gezielter zu setzen
- bequeme **Farbauswahl** und **Malwerkzeuge**
- das lokale **Laden** und **Speichern** der Skin auf deinem Rechner
- das Laden und Speichern der Skin auf deinem **Profil** auf
  https://minecraft-buch.de/skin

Um dir die Suche etwas zu erleichtern, hier zwei beliebte Adressen für Online-Skin-Editoren:

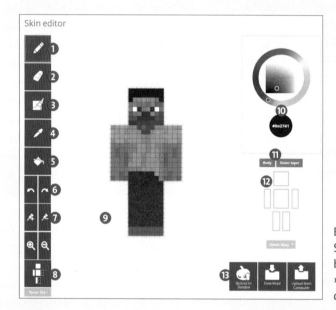

Einen brauchbaren Skin-Editor findest du beispielsweise unter »https://minecraft-buch.de/skin-editor«.

❶ malen

❷ Pixel löschen

❸ Farben verwischen

❹ Farbe von anderem Pixel kopieren

❺ Füllwerkzeug

❻ einen Bearbeitungsschritt vor/zurück

❼ Farbe abdunkeln/aufhellen

❽ zwischen Steve- und Alex-Modell wechseln

❾ Hintergrund/Maustaste gedrückt halten und Maus bewegen: Figur drehen

❿ Malfarbe zusammenstellen oder als RGB-Wert eingeben

⓫ untere Skin (Body) und Overlay aus-/einblenden

⓬ einzelne Körperteile ein-/ausblenden

⓭ Skin laden/speichern, auf *https://minecraft-buch.de/skin* oder deinem Rechner

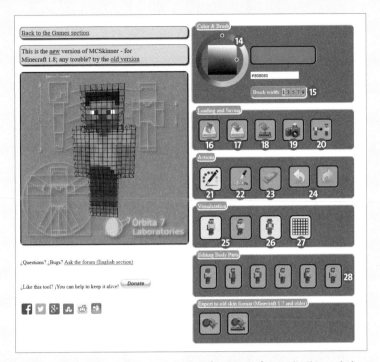

MCSkinner (unter »https://minecraft-buch.de/mcskinner«) – um die Skin zu drehen, klickst du außerhalb des Gitters und bewegst die Maus in eine Richtung.

⑭ Farbauswahl

⑮ Dicke des Pinsels

⑯ von deinem Rechner laden

⑰ auf deinem Rechner speichern

⑱ zu *https://minecraft-buch.de/skin* hochladen

⑲ Screenshot speichern

⑳ eine andere Skin als Overlay-Schicht laden

㉑ malen

㉒ Farbe von anderem Pixel kopieren (Pipette)

㉓ löschen/mit Transparenz malen

㉔ einen Bearbeitungsschritt zurück/vor

㉕ verschiedene Positionen einnehmen

㉖ Overlay-Schicht zeigen

㉗ Gitternetz zeigen

㉘ einzelne Körperteile heranzoomen

Natürlich gibt es noch viele andere Editoren (z. B. *https://minecraft-buch.de/novaskin*), doch ihr Funktionsumfang ist nahezu identisch mit den vorgestellten. Nach Editor-Alternativen suchst du im Internet einfach mit den Suchbegriffen »minecraft skin editor«.

SELBSTVERSORGER – GEMÜSE UND MONSTER IM ÜBERFLUSS

Mit sogenannten Farmen stellst du beliebig viele Exemplare eines Baumaterials, Nahrungsmittels oder anderer Minecraft-Objekte her. Das beginnt bei Wasser und reicht über Bruch-stein (Cobblestone), Obsidian, Weizen, Karotten, Kartoffeln, Melonen bis hin zu Monstern. Denn auch die bringen dir nütz-liche Gegenstände, zumindest als Drops nach ihrem Ableben. Im Überlebensmodus sind Monsterfarmen außerdem nützlich, um schnell an möglichst viele Erfahrungspunkte zu gelangen – unverzichtbar für Verzauberungen.

Es gibt Dutzende von Farmen mit Hunderten von Variationen. Im Internet kannst du dich in Minecraft-Foren oder YouTube-Kanälen von verschiedenen Designs inspirieren lassen. Einige besonders interessante lernst du hier kennen. Lies dieses Kapitel nicht weit weg von deinem Minecraft-Rechner, denn der Spaß kommt mit dem Nachbauen und anschließenden Experimentie-ren, Erweitern und Umbauen der Mechanismen.

UNERSCHÖPFLICHE WASSERQUELLE

Trotz seiner kuriosen physikalischen Eigenschaften ist Minecraft-Wasser, wie im echten Leben, ein unverzichtbares Gut. Insbesondere Pflanzen tun sich ohne das kühle Nass schwer; außerdem verwendest du es, um einen Sturz aus großer Höhe zu überleben, und in fließender Variante als Transportmittel für deine Ernte. Ist die nächste Wasserquelle zu weit entfernt, schaffst du dir mit einer einfachen Konstruktion eine niemals versiegende Quelle.

Materialien

 2 oder 4 Eimer Wasser

So funktioniert's

Im Gegensatz zu fließendem Wasser lässt sich Quellwasser (ein von dir gesetzter Wasserblock) aufsammeln, und es befüllt sich nach bestimmten Regeln automatisch: Ist ein Luftblock mindestens von zwei Quellwasserblöcken umgeben, fließt dort nicht nur fließendes, sondern Quellwasser hinein, das sich beliebig oft mit einem leeren Eimer schöpfen lässt. Gleich darauf fließt neues Quellwasser nach. (Befinden sich die Quellwasserblöcke weiter voneinander entfernt, ist das Schöpfen nicht mehr möglich, da der Wasserstand zu niedrig ist.)

1. Grabe vier einen Block tiefe Löcher im Quadrat oder drei hintereinanderliegende Löcher.

2. Fülle nun *alle* Löcher mit Wasser (Quellwasserblöcke). Es genügt auch, nur die zwei äußeren bzw. die in den Ecken liegenden Löcher mit solch einem Quellwasserblock zu befüllen. (In der Abbildung sind die nicht per Hand befüllten Blöcke mit Glas markiert; in Wirklichkeit lässt du sie leer, sodass Wasser aus den Quellwasserblöcken nachfließt.)

Fülle die in dieser Abbildung mit Wasser markierten Blöcke mit Quellwasser, um eine niemals versiegende Wasserquelle zu erhalten.

3. Nimm einen leeren Eimer 🪣 in die Hand, und schöpfe mit der rechten Maustaste beliebig oft Wasser aus einem der Quellwasserblöcke.

BRUCHSTEINFARM

Stein und durch seinen Abbau entstehender Bruchstein sind nicht wirklich selten in Minecraft – ein paar Blöcke in einen Hügel gebohrt, schon solltest du an grenzenlose Vorkommen gelangen. Doch es gibt Ausnahmen: der Minecraft-Spielemod *Skyblock* beispielsweise, wo du auf einer Miniaturinsel in der Luft ausgesetzt wirst und so gut wie keine Rohstoffe vorfindest. Ein paar Tricks sind nötig, um mit dieser Situation etwas anzufangen und an Bruchstein zu kommen.

Die vier Blöcke breite Bruchsteinfarm kann irgendwo im Boden eingelassen werden.

Materialien

🪣 Eimer mit Wasser   🪣 Eimer mit Lava

So funktioniert's

Fließt Lava über Wasser, entsteht an dieser Stelle Bruchstein. Baust du den Steinblock ab, fließt sofort Wasser nach, dann Lava, und ein neuer Stein entsteht.

1. Grabe eine vier Blöcke lange Grube mit *einem* Block Tiefe, beim zweiten Block *zwei* Blöcke tief (siehe Seitenansicht auf Seite 32).
2. Befülle eine Seite mit Wasser 🪣, die andere mit Lava 🪣. (Lava erhältst du per Rechtsklick mit einem ausgestatteten leeren Eimer 🪣 auf eine Lavapfütze – die gibt es manchmal auch an der Oberfläche.)

3. Nach kurzer Zeit entsteht ein Bruchsteinblock ▓. Sobald du ihn abbaust, entsteht ein neuer.

Seitenansicht der Bruchsteinfarm – wo Lava über Wasser fließt, entsteht Bruchstein.

OBSIDIANFARM

Nicht nur für Zaubertische, Netherportale und Endertruhen benötigst du Obsidian. Er eignet sich, mysteriös schwarz glänzend, auch als tolles Baumaterial. Aber die Handvoll Obsidianblöcke, die man gelegentlich im Untergrund findet, reichen da bei Weitem nicht aus.

Materialien

🪣 Eimer mit Wasser 🪣 3 Eimer mit Lava

So funktioniert's

Fließt Wasser über Lava (umgekehrt als bei der Bruchsteinfarm), entsteht unter Fauchen und Zischen Obsidian, der die Lava ersetzt. In der Beispielkonstruktion passiert das über tiefer in die Erde eingelassene Lavagruben (zwei Blöcke tief) und eine etwas höher gelegene Wasserquelle (einen Block tief). Mit einem per Hand gesetzten Block irgendeines Materials steuerst du den Wasserzufluss.

1. Grabe eine zwei Blöcke tiefe Grube, und fülle den tiefen Block mit Lava 🪣. Breite und Länge der Grube sind variabel und nur dadurch beschränkt, wie weit das Wasser fließt (in einer Ebene maximal acht Blöcke).

2. Grabe einen einen Block tiefen und zwei Blöcke langen Zulauf zur Grube, und gieße Wasser 💧 in das entfernte Ende.

Fließt das höher gelegene Wasser über die Lava, verwandelt sich die Lava in Obsidian. (Das ist übrigens ein guter Trick, um bei einer Bergbauexpedition lästige Lavaseen zu entfernen – immer einen Eimer Wasser dabeihaben.)

3. Zum Abbau des Obsidians ⬛ blockierst du mit einem beliebigen Materialblock den Wasserzulauf (im unteren Bild mit ein Glasblock 🔳, bei echten Expeditionen verwendest vielleicht billigen Bruchstein).

In diesem Beispielaufbau entfernst du den blockierenden Glasblock, um die Obsidianproduktion zu starten, indem sich das Wasser über die Lava ergießt.

4. Nach dem Obsidianabbau schüttest du erneut Lava 💧 in die tiefere Grube, entfernst den Blockierungsblock, und das Spiel beginnt von Neuem.

WEIZENFARM

Im Vorgänger zu diesem Buch, dem *Survival-Buch*, wurde bereits eine halbautomatische Weizenfarm vorgestellt, mit der sich außerdem Karotten, Kartoffeln und ähnliches Gemüse säen und ernten ließ. Auch im Next Level geht das leider nicht vollautomatisch, da du zum Säen von Weizen (Karotten, Kartoffeln etc.) immer noch selbst Hand anlegen musst. Trotzdem lernst du hier die nächste Ausbaustufe kennen: die Weizenfarm*terrassen*. Dank der besonderen Fließeigenschaften des Minecraft-Wassers kannst du mit diesem Design beliebig viel Weizen säen und auf Knopfdruck ernten.

Materialien

🪣 mehrere Dutzend Eimer Wasser	🟫 Erde, pro Terrasse 49 Blöcke
🟦 7 Kolben	🕯 7 Redstone-Fackeln
🪨 haufenweise Bruchstein	⚡ 1 Dutzend Redstone-Verstärker
◆ Redstone-Staub	📦 1 Truhe
⌿ 1 Hebel	▧ Glas o. Ä. zur Verkleidung
▼ 1 Trichter	

1. Beginne mit der ersten, untersten Terrasse: ein 7 × 7 großes Feld Erdblöcke 🟫 – mit einer Ebene Luft zwischen Boden und Terrasse (kann man in der Abbildung nicht erkennen).

1 Die Länge der Terrasse beträgt maximal sieben Blöcke, damit die Flutwelle später über die Kante weiterfließt. Die Breite ist wegen der Wasserflussregeln auf maximal acht Blöcke beschränkt, sie sollte aber eine ungerade Anzahl Blöcke sein, damit sich genau ein Block später zum Einsammeln der Ernte in der Mitte befindet – also sieben.

2. Links und rechts neben der Terrasse schaffst du jeweils einen Wasserkanal, der den Ackerboden bewässert. Am einfachsten ist eine einen Block tiefe Grube (z. B. durch Errichten eines Bruchsteinrahmens), die du mit mehreren (Quell)Wassereimern 🪣 in ein stehendes Gewässer verwandelst. So sparst du dir die komplexere Konstruktion eines Wasserlaufs, der entlang aller Terrassen nach unten fließt.

3. Verwandle die Erde mit einer Hacke 🔨 in fruchtbaren Ackerboden.

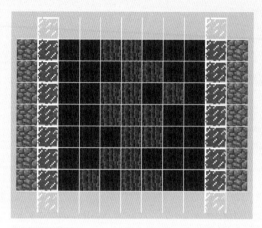

Ansicht einer Terrasse von oben. Die vier abschließenden Glasblöcke vorne und hinten verhindern, dass das Wasser aus den Kanälen ausfließt. Sie können entfernt werden, solltest du weitere Terrassen mit Bruchsteinmauern anschließen.

4. Errichte über der Wassergrube eine Mauer (rechts im Bild aus Glas 🔲, damit man die Konstruktion hier besser sieht). So springt der Weizen bei der Ernte nicht über den Rand.

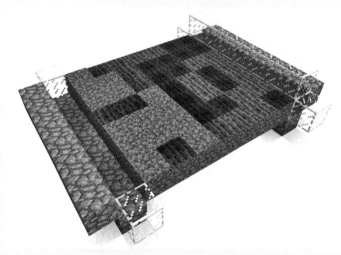

4 Zwei Kanäle links und rechts versorgen den Ackerboden mit Wasser.

5. Konstruiere nach diesem Schema beliebig viele Terrassen, die stufenweise (jeweils einen Block höher) aneinander anschließen.

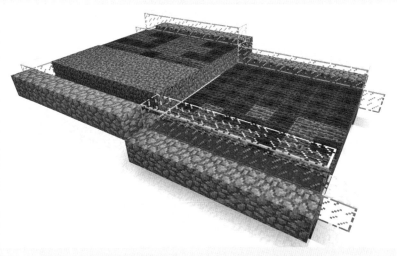

5 Vervielfältige das Terrassendesign, so oft du möchtest – anschließende Terrassen werden dabei immer einen Block höher angesetzt.

6. Die oberste Terrasse ist nur fünf Blöcke lang, denn ans Ende kommt der Kolben-/Flutwellenmechanismus für die Ernte. Dazu verlegst du zuerst eine Reihe Bruchsteinhilfsblöcke ▨, auf die du nach oben ausgerichtete Kolben ▨ setzt.

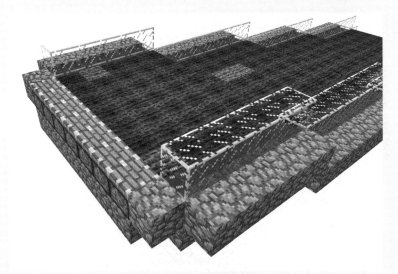

6 Verlege hinter den letzten Ackerbodenblöcken eine Reihe nach oben gerichteter Kolben. Dazu platzierst du einen Block tiefer eine Reihe irgendeines Materials, auf dem du die Kolben aufsetzen kannst (im Bild Bruchstein).

7. Dann entfernst du die Bruchsteinhilfsblöcke wieder, denn hier müssen später Redstone-Stromleitungen hin. Bau das Becken nach hinten und oben aus, wie in Abbildung **7**. In Kürze wird es mit Wasser gefüllt.

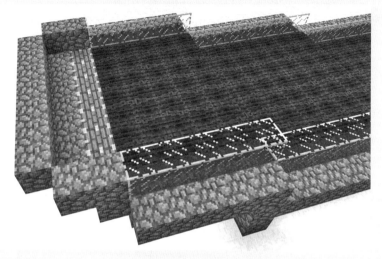

7 Konstruiere hinter den Kolben ein Becken aus Bruchstein, das gleich das Wasserreservoir aufnehmen wird, sobald die Kolben dauerhaft nach oben gefahren werden.

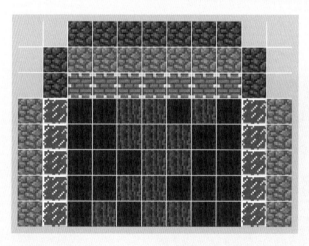

Vogelperspektivansicht der obersten Terrasse der Weizenfarm. Du erkennst eine Reihe Kolben und die abdichtenden Bruchsteinblöcke (dunkler eingefärbt), die gemeinsam ein Becken für die Aufnahme des Wasserreservoirs formen, sobald die Kolben ausgefahren sind.

In diese Blockreihe kommt das Wasserreservoir, sobald die Kolben ausgefahren sind.

Diese Bruchsteinreihe wird nach Platzieren der Kolben wieder entfernt.

Seitlicher Querschnitt durch die letzte Terrasse – Bruchsteinreihen und Kolben bilden das Becken für das Wasserreservoir.

8. Damit das Wasserreservoir zurückgehalten wird, müssen die Kolben 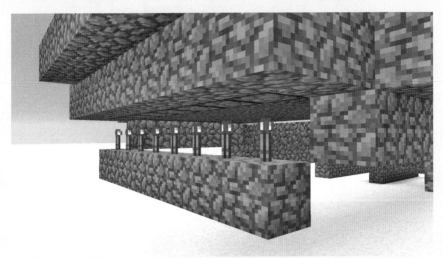 ausgefahren sein. Sie benötigen also laufend Redstone-Strom. Dazu platzierst du mit einem Block Abstand eine Bruchsteinreihe unter die Kolben und setzt Redstone-Fackeln darauf. Auf diese Weise befindet sich *unter jedem Kolben eine Fackel* und befeuert ihn mit Strom, wodurch er jetzt sofort ausfährt. Das Becken, eine langgezogene Badewanne, ist fertig.

8 Direkt unter die Kolben platzierst du eine Reihe Redstone-Fackeln, die dafür sorgen, dass die Kolben ausfahren.

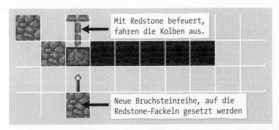

Mit Redstone befeuert, fahren die Kolben aus.

Neue Bruchsteinreihe, auf die Redstone-Fackeln gesetzt werden

Die Redstone-Fackeln sorgen dafür, dass die Kolben ausfahren. Auch wenn die Befestigungsstange dünn aussieht, ist sie wasserdicht – das Becken ist fertig.

9. Fülle jetzt Wasser ins Becken, in jeden Block einen Eimer voll.

10. Konstruiere dir vom Boden ausgehend eine Hilfswand aus irgendeinem Material, die bis zur Unterkante der Bruchsteinreihe mit den Redstone-Fackeln reicht, und platziere Redstone-Verstärker ↩ auf sie. Jede Fackel erhält damit einen eigenen Verstärker, der, wird er später mit Strom versorgt,

die Redstone-Fackel auf Kommando ausschaltet, sodass die Kolben 🔲 einfahren.

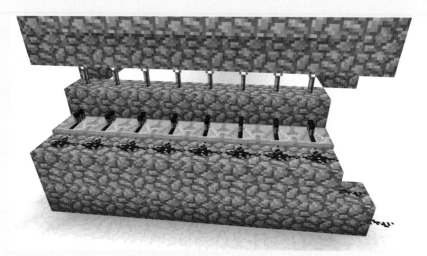

10 Achte auf die Ausrichtung der Redstone-Verstärker. Erhalten sie später Strom, sorgen sie dafür, dass sich die Fackeln ausschalten und die Kolben einfahren und sich das Wasser aus dem Becken über die Ackerfelder ergießt – die Flut für die Ernte.

Neue Bruchsteinreihe, auf die Redstone-Verstärker gesetzt werden

Die Reihe Redstone-Verstärker ist über den Bruchstein mit den Redstone-Fackeln verbunden.

11. Zieh das Redstone-Kabel 🔴 mit Redstone-Staub hinten an den Verstärkern entlang, und führe es an einer Seite der Ackerterrassen nach vorne, vor die erste, unterste Terrasse. Damit das über die volle Länge der Farm möglich ist, setzt du mindestens alle 15 Blöcke einen weiteren Verstärker 🔺.

Tipp: Das kannst du auch nach dem Verlegen der gesamten Redstone-Strecke machen, wenn die Stromquelle am Kabel hängt. Denn jetzt erkennst du am kleiner werdenden Funkeln der Redstone-Kabel, an welcher Stelle du das Signal auffrischen musst.

Achtung: Schließe *jetzt* noch keine Stromquelle an, sonst aktivierst du eine Flutwelle, die sich an der untersten Terrasse in die Umgebung ergießt.

11 Verlege das Redstone-Kabel entlang der Verstärkerreihe, und zieh es seitlich neben der Farm nach vorne. Alle 15 Blöcke frischst du den Strom mit einem Verstärker auf.

12. Vorne angekommen, schaffst du einen Graben an der Stirnseite der untersten Terrasse und lässt in der Mitte eine Aussparung. Hier entstehen gleich zwei aufeinander zulaufende Wasserläufe, die später die Weizenernte von den Seiten in die Mitte transportieren.

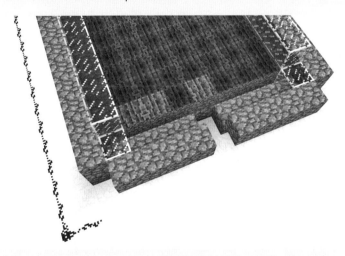

12 Am unteren Ende der Farm bereitest du zwei weitere Wassergräben für die spätere Erntesammlung vor.

13. Platziere einen Trichter 🔻 in die Mitte der unteren Reihe, davor stellst du eine Truhe 📦, die sich automatisch mit dem Trichter verbindet ([⇧]-Taste und Rechtsklick auf den Trichter). Beide dienen dem Sammeln der Ernte.

Achtung: Verbinden sich Trichter und Truhe nicht, versuch es umgekehrt: Platziere zuerst die Truhe, und verbinde den Trichter per [⇧]-Klick damit.

14. Führe die Redstone-Leitung ◆ näher an die Truhe, sodass du später nicht weit laufen musst. Montiere am Ende der Leitung einen Hebel ❙ zum Ein-/Ausschalten der Ernte.

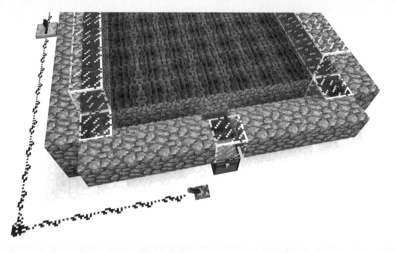

13 14 Der Sammelmechanismus besteht aus einem Trichter mit angeschlossener Truhe. Entfernst du die seitlichen Blockierblöcke (im Bild aus Glas) von den Wasserläufen, entsteht das letzte Stück des Transportbandes für die Ernte.

15. Schließe die obere Reihe des Beckens über der Truhe mit einem transparenten Block (im Bild ein Glasblock 🟦) oder einer in der oberen Blockhälfte angebrachten Stufe oder einer umgekehrten Treppe. So lässt sich die Truhe noch öffnen, Wasser wird aber zurückgehalten. Entfernst du nun die Blockierblöcke (in der Abbildung zwei Glasblöcke für die Zeit der Konstruktion) von den beiden seitlichen Wasserläufen, strömt das Wasser beidseitig Richtung Mitte zum Trichter und damit in die Truhe.

Damit ist die Farm fertig, und du kannst mit der Aussaat von Weizenkörnern, Karotten, Kartoffeln etc. beginnen. Achte darauf, nicht den Ackerboden zu zertrampeln, und nutze Knochenmehl als Dünger (mit Knochenmehl in der Hand mehrere Male rechts auf die Pflanzen klicken).

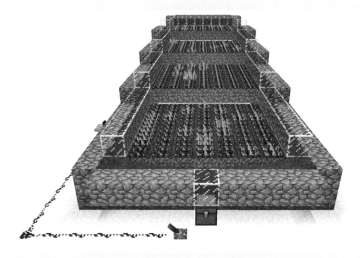

15 Nach Fertigstellung der vorderen Sammelwassergräben steht der Aussaat von Getreide und Gemüse nichts mehr im Wege. Sind die Pflanzen ausgewachsen, erntest du sie einfach durch Umlegen des Hebels.

Legst du den Hebel um, fließt Redstone-Strom zu den Verstärkern unter den Kolben, die daraufhin einfahren. Eine Flutwelle ergießt sich über die Terrassen und reißt sämtliches Gemüse und Getreide mit sich, das sich ganz vorne sammelt. Leg den Hebel erneut um, um die Kolben wieder auszufahren und die Flut zu stoppen. Nun schwimmt die Ernte gemütlich entlang der Wasserkanäle vorne in die Mitte, wird vom Trichter aufgesammelt und in die Truhe weitergeleitet.

Tipp: Falls im Laufe dieser Prozedur ein wenig der Ernte über die Ränder spült, erhöhe die Mauern rund um den Ackerboden.

 Dein nächster Level

Konstruiere mehrere Farmen nebeneinander mit unterschiedlichen Gemüsesorten, z. B. Karotten, Kartoffeln und Roter Bete. Weil du zur Erntesammlung nicht Dutzende von Truhen abklappern möchtest, erschaffst du einen weiteren lang gezogenen Wassergraben, der die Früchte aller Farmen an einer einzelnen Stelle in einer großen Truhe sammelt.

Tipp: In diesem interessanten YouTube-Video lernst du das Konzept einer sogenannten Nano-Farm kennen: *https://minecraft-buch.de/mc-farm1*

MELONEN-/KÜRBISFARM

Melonen- und Kürbispflanzen haben zwei besondere Wachstumsmerkmale: Der Stamm nimmt einen vollen Block ein – Früchte wachsen in einem benachbarten Block. Und nach der Ernte bleibt der Stamm bestehen, es wachsen neue Früchte, ohne dass du erneut Samen säen musst. Damit ist es möglich, vollautomatische Farmen zu bauen, die, nachdem die Pflanzen einmal ausgesetzt wurden, die Ernte ohne weiteres Zutun in einer Truhe oder einer Trichterlore oder einem anderen Container sammeln.

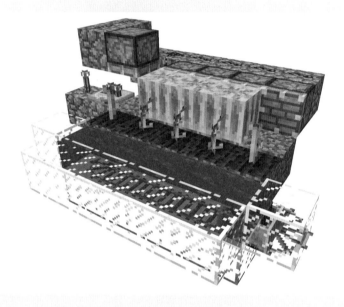

Materialien

- 10 Erdblöcke
- 5 Wassereimer
- 5 Kolben
- 1 Redstone-Verstärker

- Glas
- 11 Bruchsteinblöcke
- 1 Redstone-Fackel
- 9 Häufchen Redstone-Staub

Für die Erntesammlung

- 9 normale Schienen
- 1 Redstone-Fackel

- 1 Antriebsschiene
- 1 Trichterlore

So funktioniert's

Melonen- oder Kürbisfrüchte wachsen in einem Nachbarblock des Stamms (darunter ist nur Erde, kein Ackerboden erforderlich). In der hier vorgestellten Konstruktion wird dafür pro Stamm nur ein möglicher Block bereitgestellt. Neben diesem Fruchtblock befindet sich ein Kolben, der gewachsene Früchte absäbelt, aber nur, wenn ein Redstone-Strom anliegt. Und dass der Strom fließt, hängt von einem einzelnen, dem *ersten* Fruchtblock in der Reihe ab. Befindet sich dort *keine* Frucht, ist der Strom unterbrochen. Wächst eine Frucht, ist der Stromkreis geschlossen – die Frucht leitet den Redstone-Strom nämlich weiter und schließt damit den Stromkreis: Die Kolben zur Ernte fahren aus. Damit wird natürlich auch die erste Stromkreis-Frucht in der Reihe entfernt. Also ist der Stromkreis wieder unterbrochen, die Kolben fahren allesamt ein und geben den gerade geernteten Erdblock für die nächste Wachstumsphase frei.

Für den Abtransport der Ernte kommt ein besonderer Loren-Mechanismus zum Einsatz. Direkt unter den Acker- und Erdblöcken dreht eine Trichterlore vollautomatisch ihre Runden. Sobald sie unter die geernteten (wild herumliegenden) Früchte fährt, saugt sie der Trichter in der Lore ein, obwohl sich ein Block dazwischen befindet.

1. Verlege zuerst die Erdblöcke ⬛, die später Melonen- oder Kürbisstämme und -früchte aufnehmen werden. Zwei Reihen sind notwendig. Die Länge (im Beispiel fünf Blöcke) ist nur dadurch beschränkt, wie weit Redstone-Strom zur Befeuerung der Kolben fließt.

2. Schaffe neben und vor den Erdblockreihen einen wasserdichten Wasserkanal (im Bild aus Glas 🔲), und grabe die anliegenden Erdblöcke mit der Hacke 🪓 zu Ackerboden um. (Das sind die Blöcke, auf denen die Pflanzen wachsen. Die Blöcke, auf denen die Melonen wachsen, müssen keine Ackerblöcke sein.)

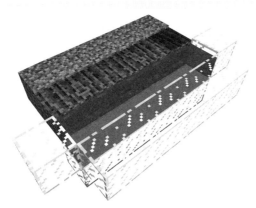

1 2 Die Stämme von Melonen und Kürbissen wachsen nur auf Ackerboden, für die Früchte werden nur Erdblöcke benötigt.

3. Verlege auf der dem Wassergraben gegenüberliegenden Seite eine Reihe Kolben 🔲, horizontal Richtung Erde/Acker/Wasser ausgerichtet. Dazu platzierst du vorher eine Reihe irgendeines Materials, auf dem du die Kolben anbringen kannst (im Bild Bruchstein 🔲). Den Kolben an der ersten Stelle der Reihe überspringst du – an seine Stelle kommt später ein Teil der Redstone-Verdrahtung, die den ganzen Mechanismus antreibt.

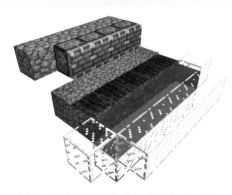

3 Die Kolben ernten später die Früchte, indem sie sie absäbeln.

4. Bringe an der Vorderseite, vor dem ersten Erdblock, zwei Blöcke an, auf denen du eine Redstone-Fackel 🔥 und einen Verstärker 🔲 wie in der Abbildung montierst. Der Verstärker ist in Richtung des ersten Erdblocks ausgerichtet, auf dem später die Frucht wachsen wird, die den Mechanismus auslöst. Das ist der Trick dieser Schaltung, denn eine Redstone-Staubspur allein würde es nicht schaffen, den Strom durch die Melonen- oder Kürbisfrucht zu schicken; der Verstärker kann das.

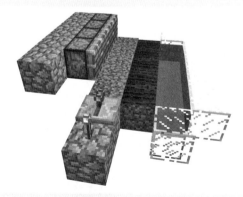

4 Die Redstone-Fackel und der Verstärker treiben den Erntemechanismus an.

5. Platziere jetzt einen Bruchsteinblock ▓ *hinter* dem ersten Erdblock, und verlege die Redstone-Leitungen ♦, die Redstone-Fackel/Verstärker/leeres Fruchtfeld mit allen Kolben verbinden. Auf das erste Erdfeld in der Reihe verstreust du *keinen* Redstone-Staub – hier wächst ja später die erste leitfähige Frucht.

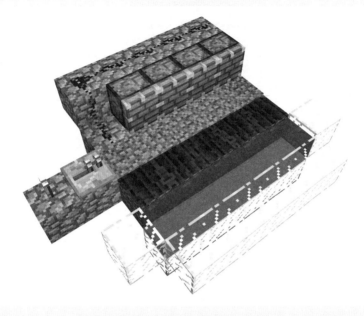

5 Redstone-Leitungen verbinden Fackel/Verstärker und Kolben. Auf dem ersten Erdblock bleibt eine Lücke, denn hier wächst später eine Frucht, die die Redstone-Leitung schließt und den Ernte-Mechanismus auslöst.

6. Damit auch die erste Frucht in der Reihe beim Ernteauslösen entfernt wird (sonst fließt ja ständig Strom), platzierst du einen Kolben ▓ *über* das Feld (nach unten ausgerichtet) und verlegst mithilfe von Bruchsteinblöcken ▓ eine Redstone-Leitung ♦ dorthin.

Zeit für einen Test: Um zu prüfen, ob die Verdrahtung funktioniert, legst du einen Erdblock ▓ an die Stelle, an der später die erste Frucht wächst. Damit ist der Stromkreis geschlossen, und alle Redstone-Kabel funkeln hellrot, und die Kolben fahren aus. Alles gut? Dann entferne den Erdblock wieder.

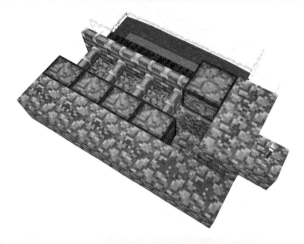

6 Verlängere die hintere Redstone-Leitung um einen weiteren Bruchsteinblock nach außen, dann setzt du eine Ebene höher zwei weitere Bruchsteinblöcke, um an der Innenseite den letzten Kolben anzubringen. Damit dieser korrekt nach unten ausgerichtet ist, bewegst du dich in die engen Zwischenräume neben der Redstone-Fackel und blickst zum Kolbensetzen nach oben (siehe auch die erste und letzte Abbildung dieses Abschnitts).

7. Die eigentliche Farm ist damit fertig, und du kannst Melonen- ⬝ oder Kürbissamen ⬝ auf dem Ackerboden aussäen. Mit Knochenmehldünger ⬝ lässt sich leider nur das Wachstum der Pflanzenstämme beschleunigen – das plötzliche Erscheinen der Früchte ist weiterhin von Zeit und Zufall abhängig.

8. Zum Abschluss des Erntesammelmechanismus: Verlege unter der Farm einen ovalen Ring aus Gleisen ⬝ so, dass sich unter allen Erd- und Ackerbodenblöcken *gerade* Gleisstücke befinden (zusammen mit den Kurvenstücken in diesem Beispiel also insgesamt sieben Blöcke breit). Bringe auch eine Antriebsschiene ⬝ unter, neben die du eine Redstone-Fackel ⬝ platzierst, um sie mit Strom zu versorgen.

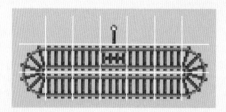

8 Unter den Erd- und Ackerbodenblöcken verlegst du eine einfache Gleiskonstruktion, auf der eine Trichterlore immer im Kreis fährt, um jederzeit die Ernte einzusammeln.

9. Crafte eine Trichterlore 🪣, platziere sie auf die Gleise, und schubse sie an, sodass sie über die Antriebsschienen fährt. Das Anschubsen klappt am besten, wenn du die Trichterlore auf eines der Kurvenstücke setzt. Ab jetzt dreht sie für immer und ewig ihre Runden und sammelt alles Gemüse auf, das auf dem Boden über ihr von den Kolben geerntet wird.

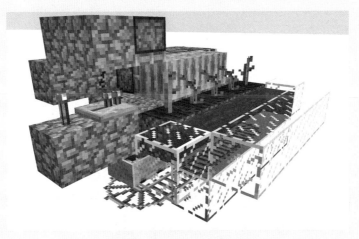

9 Fertige Melonen-/Kürbisfarm – die Ernte sammelt sich in der Trichterlore, deren Inventar du mit einem Rechtsklick öffnest.

Dies ist eine relativ simple Farm, über die du einige interessante Mechanismen kennengelernt hast:

- Eigentlich zerstören Kolben Ackerboden und verwandeln ihn in normale Erde. Das macht aber nichts bei Kürbissen und Melonen, da ihre Früchte auch auf solch normaler Erde wachsen.
- Mit einem Redstone-Verstärker kannst du Strom durch beliebige nicht transparente/solide Blöcke schicken, hier einen Kürbis oder eine Melone.
- Trichterloren sammeln auch Objekte durch eine solide Blockschicht.

MONSTERFARM

Monster droppen bei ihrem Ableben so manchen nützlichen Gegenstand. Pfeile von Skeletten sind sehr begehrt, da ihr Crafting-Rezept Federn erfordert, die nur von Hühnern gedroppt werden. Die Knochen eignen sich als Dünger und Farbstoff. Fäden von Spinnen sind praktisch für einen Bogen, eine Angel oder zur Herstellung von Wolle. Und auch Hexen droppen Brauchbares: Glasflaschen, Glowstone- und Redstone-Staub, Stöcke, Zucker und vieles mehr.

Eine Monsterfarm (auch *Mob Farm*) besteht grundsätzlich aus zwei Komponenten: als Erstes aus der *Spawn-Plattform*, einem Bauwerk, in dem Monster unter ganz bestimmten Umständen das Licht, Verzeihung, die Dunkelheit der Welt erblicken. Als Zweites gibt es den *Mob Grinder*, eine Struktur, die darauf abzielt, Monster zu killen, um an ihre Drops zu kommen (Grinding: Gaming-Jargon für Schleifen/Zermalmen – im Sinne der Durchführung einer sich wiederholenden Aktion, hier das Niedermachen von Monstern). In zwei Schritten lernst du solche Farmen etwas näher kennen. Zuerst eine primitive Konstruktion, bei der Monster in den Tod stürzen, und danach einige weitere Komponenten, um deine Monsterfarm zu verbessern.

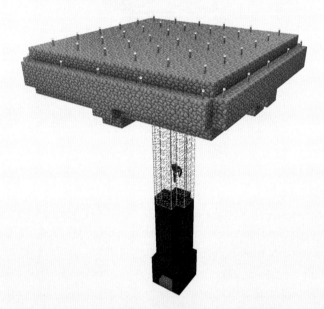

Materialien

- ⬤ ein paar Obsidianblöcke
- ⬛ haufenweise Bruchstein
- ▮ ein paar Fackeln

- 📖 ein paar Glasblöcke
- 🪣 8 Wassereimer

Für automatisches Drop-Einsammeln

- ⯆ 4 Trichter
- ⬛ 1 Truhe

So funktioniert's

Auf einer von allen Seiten vom Sonnenlicht abgeschirmten Plattform spawnen Monster, wenn du dich in der Nähe der Farm befindest. Sie wandern umher und geraten früher oder später in einen von vier Wassergräben, der sie zu einem Loch im Fußboden abtransportiert. Das Loch, genau genommen ein langer Schacht, ist etwa 30 Blöcke tief, sodass die Monster ungebremst in den Tod stürzen. Unten sammeln sich dann ihre Drops. Dass der Schacht nicht mit dem Wasser überflutet und unten an der Drop-Sammelstation ein heilloses Chaos verursacht, liegt an der Fließeigenschaft von Minecraft-Wasser: Die Ströme sind exakt acht Blöcke lang, sodass das Wasser kurz vor dem Schacht im letzten Bodenblock versickert.

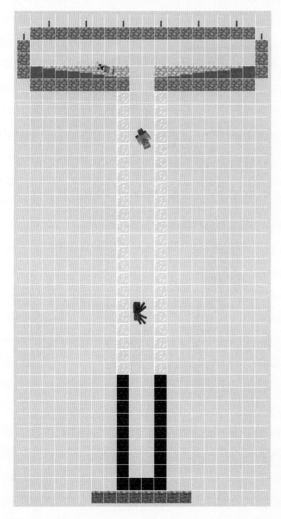

Der Aufbau der Monsterfarm ist simpel – achte allerdings auf die Mindesthöhe, damit die Monster wirklich in den Tod stürzen.

Spawnen ist gar nicht so leicht

Eine Reihe von Bedingungen muss erfüllt sein, damit Monster in deiner Minecraft-Welt spawnen. Das Wichtigste: Es muss dunkel genug sein – die meisten Monster lassen sich nicht blicken, wenn es heller als Lichtlevel 7 ist. Darum ist das Spawn-Bauwerk einer Monsterfarm auch von außen recht unspektakulär anzusehen: ein großer grauer Kasten.

Außerdem hängt das Spawnen davon ab, wo sich deine Spielfigur befindet. Im unmittelbaren Umkreis von 24 Blöcken (kugelförmig in alle Richtungen, auch oben und unten) passiert gar nichts – eine Art Sicherheitsspielregel, damit Monster nicht unmittelbar aus dem Nichts hinter dir erscheinen und du keine Chance hast, dich auf einen Kampf vorzubereiten. Weiter als 128 Blöcke von dir entfernt gibt es ebenfalls keine Monster, denn irgendwo muss Minecraft aufhören, komplexe Berechnungen für Kreaturen durchzuführen, die du gar nicht zu Gesicht bekommst.

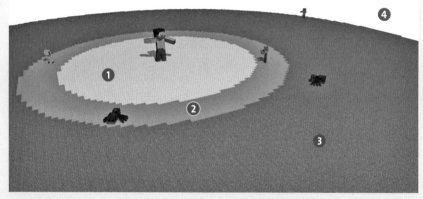

❶ 24 Blöcke um dich herum spawnen keine Monster. ❷ Zwischen 24 und 32 Blöcken entfernt spawnen die aktivsten Monster. ❸ Zwischen 32 und 128 Blöcken entfernt spawnen Monster, bewegen sich aber nicht. ❹ 128 Blöcke entfernt werden Monster wieder aus der Welt entfernt (sie »despawnen«).

Für deine Monsterfarm heißt das: Wundere dich nicht, wenn du bei der Konstruktion des Spawn-Bauwerkes ungestört arbeiten kannst – die Falle funktioniert erst, wenn du auf Distanz gehst. In der Farm auf den folgenden Seiten ist das genau dann der Fall, wenn du unten am Todesschacht auf die Drops wartest und die Spawn-Plattform weit über dir, weiter als 24 Blöcke entfernt ist.

Tipp: Konstruiere deine Monsterfarmen immer so hoch wie möglich im Himmel, denn die Anzahl der spawnenden Monster ist begrenzt. Spawnen z. B. im Erdreich unter dir einige, bleiben weniger für deine Monsterfarm übrig. Um das zu verhindern, könntest du auch die Höhlen erforschen und mit Dutzenden von Fackeln ausleuchten.

1. Konstruiere einen 4 × 4 Blöcke breiten Schacht, 30 Blöcke hoch – dies wird die Todessturzfalle für die Monster. Das Material ist im Prinzip egal, aber wenn du den unteren Bereich aus Obsidian ⬢ baust, ist die Farm Creeper-sicher (siehe Kasten »Variante für Erfahrungspunkte (XP) und andere Drops« auf Seite 57). Wählst du für den oberen Bereich Glasblöcke ▨, kannst du die Monster in ihrem freien Fall beobachten und prüfen, dass die Farm funktioniert.

2. Lass am unteren Ende einen kleinen Spalt, über den du die Monster-Drops aufsammeln wirst.

1 2 Ist der Todesschacht 4 × 4 Blöcke breit, fallen innen auch Spinnen herunter.

3. Oben am Schacht entsteht nun die Plattform, auf der die Monster spawnen, z. B. aus billigem Bruchstein ▣. Schaffe zuerst vier Flussbetten, zwei Blöcke breit und acht Blöcke lang, die vom Schacht ausgehend in alle vier Himmelsrichtungen zeigen. An den äußeren Enden setzt du mit Bruchstein eine Abgrenzung.

3 Die Flussläufe sind exakt acht Blöcke lang – die Strecke, die Wasser fließt, bevor es versickert und nicht in den Schacht stürzt.

4. Verkleide die Flussläufe ringsum mit einer Mauer, damit das Wasser in der Bahn bleibt. In der Mitte bleibt die Mauer natürlich offen, damit die Monster in den Schacht fallen.

4 Erst wenn die Mauern für die Flussläufe stehen, platzierst du an die entfernten Enden jeweils zwei Wasserquellen.

5. Schaffe mit Wassereimern 🪣 die Quellen an den entfernten Enden der Flussläufe, jeweils zwei nebeneinander, insgesamt also acht.

6. Fülle nun die vier Bereiche zwischen den Flussläufen mit irgendeinem Material aus, damit eine große quadratische Plattform entsteht.

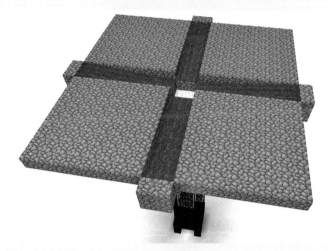

5 6 Die vier Plattformen zwischen den Flussläufen sind die Böden, auf denen später die Monster spawnen.

7. Zieh außen herum eine mindestens zwei Blöcke hohe Mauer auf.

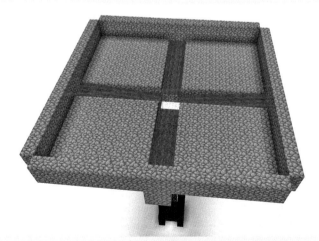

7 Ist die Mauer mindestens zwei Blöcke hoch, ist Platz genug für die meisten Monsterarten der Oberwelt.

8. Versiegle die Spawning-Plattform mit einem lichtundurchlässigen Dach (viele Monster spawnen nur im Dunkeln). Platziere Fackeln darauf, damit oben keine Monster spawnen (siehe auch Fackelverteilung auf Seite 79).

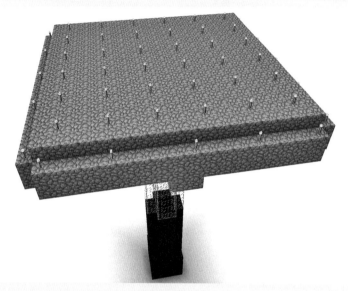

8 Das Dach muss lückenlos sein und aus einem undurchsichtigen Material bestehen, da Monster nur bei geringem Licht spawnen. Anschließend verteilst du Fackeln, um das Spawnen auf dem Dach zu verhindern.

Warte nun am unteren Ende des Schachts auf die herabfallenden Monster, und erfreu dich an den Goodies, die sie droppen.

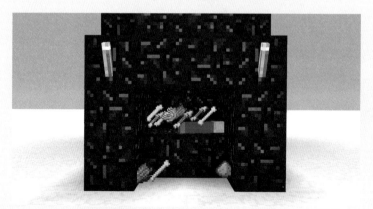

Ist der Todesschacht hoch genug, stürzen alle Monster in den Tod und droppen den einen oder anderen nützlichen Gegenstand.

Automatisches Drop-Sammeln mit Trichtern

Natürlich ist es mühsam, immer wieder in die Basis der Monsterfarm zu laufen, um alle Drops abzuholen. Next Level: Entferne den Boden des Todesschachts, und platziere vier Trichter ▼ so, dass sie sämtliche Drops in eine einzelne Truhe 📦 weiterleiten – wie in der Abbildung. Dazu muss der Schacht allerdings vollständig abgedichtet sein, damit keine Gegenstände herauspurzeln. Nun siehst du in der Fassade des Schachts also nur noch die Truhe.

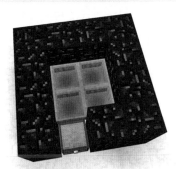

Ersetze den Boden durch Trichter, die alle Drops in eine Truhe weiterleiten.

Variante für Erfahrungspunkte (XP) und andere Drops

Hebst du den Boden des Schachts mit weiteren Blockebenen an, sodass die Monster nur noch höchstens 22 Blöcke fallen, sterben sie nicht, sondern haben noch etwas Lebens-energie übrig. Allerdings so wenig, dass es genügt, sie sprichwörtlich anzuhusten, damit sie das Zeitliche segnen. Monster, die nicht durch den Sturz sterben, sondern durch dei-nen Schwerthieb, droppen übrigens auch andere Gegenstände; Zombies z. B. Eisenbarren, Schwerter, Rüstungsteile, Karotten oder Kartoffeln; und Skelette ebenfalls Rüstungsteile oder manchmal sogar einen Bogen. Wichtig: Bau die Basis aus Obsidian, denn dieses Mate-rial kann nicht von Creeper-Explosionen zerstört werden.

Übernimmst du statt des Todesschachts die Rolle des Erlösers, wird die Monsterfarm zur XP-Farm.

Spinnenblockade

Spinnen haben die Eigenart, an Wänden entlangzukrabbeln, und können deinen Schacht sogar blockieren, sollten sie den Sturz überleben. Mit einem einfachen Trick verhinderst du jedoch, dass Spinnen überhaupt spawnen: Platziere alle 3 × 3 Blöcke auf der Plattform eine Stein- oder Holzstufe. Auf dieser kann zwar kein Monster spawnen (die Farm wird also etwas langsamer), aber auf alle Fälle keine Spinne, denn die benötigt mindestens ein 3-×-3-Blöcke-Areal, von dem es nun keines mehr gibt.

Platzierst du alle drei Blöcke eine Stufe, können Spinnen nicht spawnen. Entlang des Wasserlaufs müssen hier die Stufen etwas enger gelegt werden, da ein Spawnen schon möglich ist, wenn nur die Beine der Spinne über das Wasser hinausragen.

MONSTERFARM – THE NEXT LEVEL

Es gibt viele Varianten der auf den letzten Seiten vorgestellten Monsterfarm, auch ihrer einzelnen Bestandteile, die du in Experimenten neu kombinieren kannst. Dazu lernst du in diesem Abschnitt eine neue Komponente kennen: eine Spawn-Plattform, die alle herumlaufenden Monster *wegspült* und nicht darauf angewiesen ist, dass sie zufällig in einen Wasserstrom laufen.

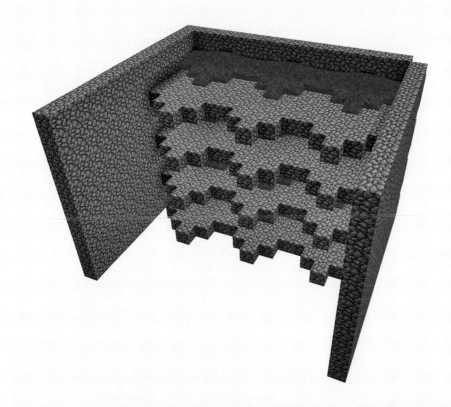

Materialien

🟫 haufenweise Bruchstein · 🔧 1 Redstone-Taktgeber (Seite 64)

Pro Plattform

🟫 3 Werfer · 🪣 3 Wassereimer
🕯 1 Redstone-Fackel · 🔴 12 Redstone-Staubhäufchen

So funktioniert's

Diese Variante der Spawn-Plattform nutzt mehrere in die Wände eingelassene Werfer, um die gesamte Ebene mit Wasser zu überspülen und damit alle Monster mit sich zum Rand der Plattform zu reißen. Dort fallen sie in den Mob Grinder, z. B. in einen Todesschacht wie auf Seite 51. Die Herausforderung dieser Anlage ist das Redstone-getriebene automatische Ein- und Ausschalten des Werfers, denn die Flutwelle darf nicht permanent fließen – Monster spawnen nicht auf Wasser.

1. Bau die Spawn-Plattform so hoch wie möglich in der Luft, damit Monster nur noch auf ihr erscheinen und nicht in unterirdischen Höhlen weit unter dir. Nutze dazu folgenden Grundriss:

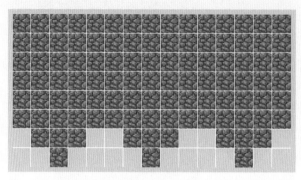

1 Grundriss des Bodens aus der Vogelperspektive; die Zähne am vorderen (im Bild unteren) Ende spiegeln genau das Muster wider, in dem später das Minecraft-Wasser über den Boden läuft und versickert.

2. Setze am Ende jeder *langen* Reihe einen Werfer ▣. Zwischen den Werfern lässt du vier Blöcke Abstand. Das ist genau daran berechnet, wie sich Minecraft-Wasser auf dem Boden ausbreitet, wenn es aus dem Werfer austritt. Zieh dann eine zwei Blöcke hohe Mauer um die gesamte Plattform. Natürlich nicht auf der Seite mit den zahnförmigen Bodenvorsprüngen, da hier die Monster heruntergespült werden.

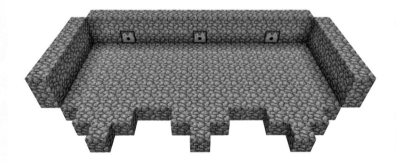

2 Der Abstand der Werfer zur Mauer beträgt zwei Blöcke, zwischen den Werfern vier.

3. Wiederhole dieses Plattformdesign, so oft du möchtest, nach oben, der Plattformboden der nächsten Etage ist gleichzeitig die Decke der darunterliegenden Ebene.

Auf der obersten Etage ziehst du die Decke mindestens fünf Blöcke weiter nach vorne heraus, damit alle darunterliegenden Ebenen im Schatten liegen. Mach das auch bei den Seitenwänden für noch mehr Schatten – das ist dann gleichzeitig die Vorbereitung für die ultimative Ausbaustufe der Farm, dazu gleich mehr.

Zum Abschluss des Daches platzierst du auf seiner Oberfläche großzügig Fackeln, um auch hier das Spawnen von Monstern zu verhindern. Alternativ kannst du als Baumaterial auch halbhohe Stufen einsetzen.

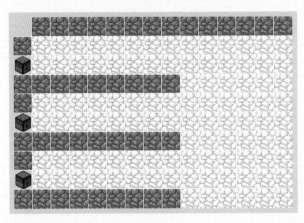

3 Seitlicher Querschnitt – staple beliebig viele Spawning-Plattformen übereinander, und zieh Decke und Wände etwas weiter heraus, um mehr Schatten zu erzeugen.

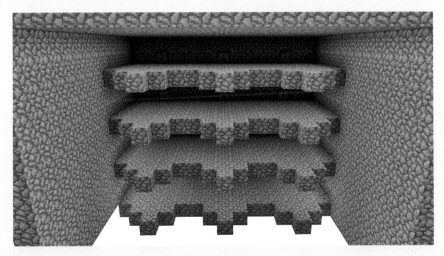

3 Blick in die dunkle Monsterfarm – auf diesen Plattformen spawnen bald Monster und werden durch Flutwellen über die Ränder geschubst.

4. Platziere in jeden Werfer einen Eimer Wasser .

4 Das Inventar des Werfers

5. Nun zur Redstone-Stromversorgung der Werfer. An der untersten Ebene konstruierst du einen sogenannten *Taktgeber*, wie im Kasten »Ein Redstone-Taktgeber ist die Antriebsfeder« auf Seite 64 beschrieben.

5 Ein Redstone-Taktgeber löst die Werferflutwellen aus und stoppt sie auch wieder nach einiger Zeit.

6. Zieh entlang der steinernen Rückwand herausstehende Bruchsteinreihen auf derselben Ebene, auf der die Werfer eingebaut sind. Verteile auf ihnen lange Reihen mit Redstone-Staub ◆. Das Ziel: Vom unten stehenden

Taktgeber, der Stromquelle, fließt der Strom diese Redstone-Reihen entlang bis zur obersten Plattform, um die Wasserwerfer mit Strom zu versorgen. Am Ende jeder Reihe muss der Strom eine Plattform, also drei Blockebenen, höher »klettern«. Dazu setzt du ans Ende einen weiteren Bruchsteinblock 🪨 und platzierst darauf eine Redstone-Fackel 🔦. Einen Block darüber, in der höheren Bruchstein-/Redstone-Staub-Reihe, empfängt das erste Redstone-Staubhäufchen den Strom und befeuert den Rest der Ebene. Auf der anderen Seite wiederholst du das Design spiegelverkehrt und wieder und wieder für die nächsten Plattformen. Und so läuft der Redstone-Strom hin und her im Slalom nach oben, bis du auf der obersten Ebene angekommen bist.

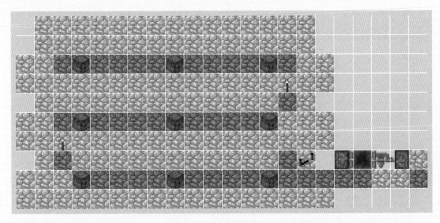

6 Rückseite der Monsterfarm mit Taktgeber und nach oben kletternden Redstone-Leitungen, die die Werfer antreiben. (Die Werfer sind hier leicht angedeutet. Sie befinden sich hinter der Redstone-Bruchsteinreihe, um den Strom zu erhalten.)

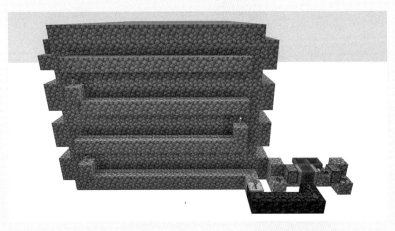

Dies ist nur eine von vielen Variationen für Taktgeber und Redstone-Leitungen.

Ein Redstone-Taktgeber ist die Antriebsfeder

Taktgeber (in englischen Tutorials liest du auch von »Clocks«) benötigst du in Redstone-Schaltkreisen überall dort, wo Verbraucher automatisch mal ein-, mal ausgeschaltet werden müssen, so wie beim Flutwellenmechanismus dieser Monsterfarm. Dabei gibt es Dutzende von Varianten, von denen viele z. B. auf dem hier vorgestellten Grundprinzip beruhen: Eine mit Redstone betriebene Mechanik bewirkt, dass die eigentliche Stromquelle entfernt wird. Da nun aber kein Strom fließt, stellt sich die Mechanik zurück – ein Kreislauf beginnt (ähnlich wie bei den Kolbenmechanismen der Melonenfarmen ab Seite 44).

Materialien

- 2 Trichter
- 2 Redstone-Komparatoren
- 1–2 Redstone-Verstärker

- 2 klebrige Kolben
- 1 Redstone-Block
- viele Redstone-Staubhäufchen (mehr für die Leitungen zu den Werfern)

Die hier vorgestellte besondere Taktgeberversion erlaubt zusätzlich, eine beliebige Zeitspanne zwischen den Takten festzulegen. Das geschieht dadurch, dass eine Anzahl von Gegenständen zwischen zwei Trichtern hin- und hersortiert wird, je nachdem, welcher Trichter gerade Strom erhält. (Konstruktionsherausforderung: Die unteren Rohre der Trichter müssen miteinander verbunden sein, also mit ⟨⬦⟩-Klick aneinander platziert werden. Dazu musst du gegebenenfalls den ersten Trichter wieder entfernen und *noch mal* per ⟨⬦⟩-Klick an den zweiten anschließen.) Die Entscheidung, welcher Trichter gerade mit Strom angetrieben wird, liegt an den Trichtern selbst: Ein angeschlossener Komparator misst den Trichterfüllstand und schiebt, abhängig vom Messergebnis, per Kolben einen Redstone-Block (die Stromquelle) zum einen oder anderen Trichter. Weitere Taktgeber findest du unter *https://tinyurl.com/taktgeber*.

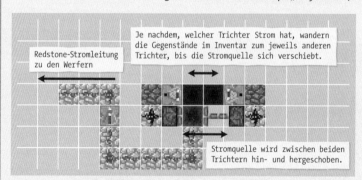

Taktgeber für diese Monsterfarm von oben: Die rote Redstone-Block-Stromquelle wird von klebrigen Kolben nach links und rechts verschoben und aktiviert/deaktiviert die nebendran stehenden Trichter. Ist der aktive Trichter leer, wechselt der Strom, und der andere Trichter wird geleert – so geht das immer hin und her.

In dieser Stellung: Der Strom wird nach links zum Verstärker weitergegeben, von wo aus Redstone-Leitungen zu den Werfern führen.

7. Jetzt kann die Maschine angeworfen werden. Leg etwa zwei Dutzend Gegenstände irgendwelcher Art in einen Trichter des Taktgebers, und es geht los. Das erkennst du an den abwechselnd leuchtenden und dunklen Redstone-Verdrahtungen und dem gelegentlichen Verschieben des roten Redstone-Blocks.

Blicke von vorne in die Farm, und du siehst, dass alle Plattformen gleichzeitig überflutet und gleich darauf wieder trockengelegt werden. Hältst du nun ausreichend Abstand, kannst du beobachten, wie im Trockenzustand Monster spawnen und im Flutzustand über den Rand gespült werden.

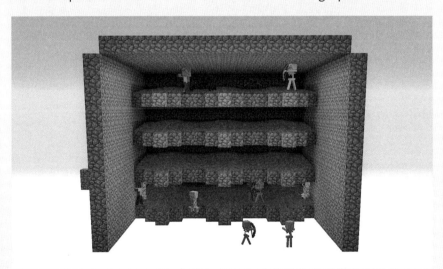

7 Der Plattformgrundriss ist exakt so gestaltet, dass alle Bodenblöcke mit Wasser überflutet werden und nirgends ein Wasserfall entsteht.

Dein nächster Level

Die ultimative Ausbaustufe der Farm ist das Anlegen einer spiegelverkehrten Kopie der gesamten Anlage – gegenüber der bisherigen Installation. (Auch hier ist als Tipp wieder das Programm MCEdit oder Mods wie WorldEdit zu empfehlen. Damit kopierst du riesige 3D-Bereiche per **Copy/Paste** an eine andere Stelle, siehe Abschnitt ab Seite 291.) So entsteht ein riesiger abgeschlossener (innen völlig dunkler) Quader mit einem gezackten Schlitz an der Unterseite, aus dem es Monster regnet.

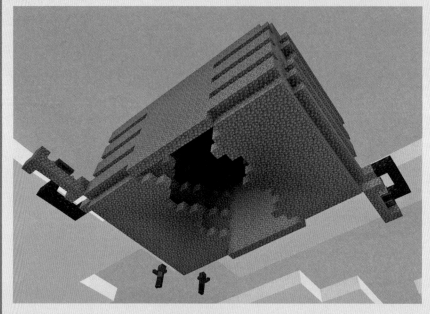

Aus dem unteren Schlitz der Spawn-Plattformen fallen Dutzende von Monstern.

Schlachthoftransport

Übrigens kannst du die nach unten fallenden Monster beliebig weit transportieren, um z. B. mehrere Spawn-Bauwerke mit einem zentralen Mob Grinder zu verbinden. Sogar eine Fahrt nach oben ist möglich.

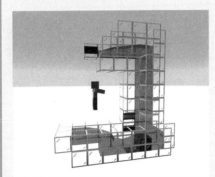

Abwärts: Lass die Monster z. B. über einen Abhang springen, und platziere unten eine Wasserpfütze, die ihren Fall auffängt.

Seitwärts: Monster treiben in Wasser-strömungen. Hier befindet sich ein Quellwas-serblock hinter dem Zombie, die Strömung fließt nach links. Das Schild links bricht den Wasserfluss in diesem Beispiel ab, damit kein Wasserfall entsteht.

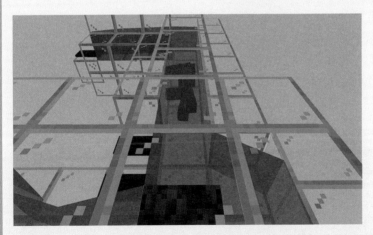

Aufwärts: Seelensand und Lava erzeugen in Quellwasserblöcken über ihnen Gas- und Luftblasen, die Mobs (und dich und andere Spieler) nach oben sprudeln. (Diese Wassersäule besteht vollständig aus mit der Hand platzierten Quellwasserblöcken aus Wassereimern.) Die zusätzlichen Schilder und die vielen Glasblöcke in diesem Beispiel halten die Monster in der Bahn, damit sie in die Wassersäulen treiben.

SORTIERMASCHINE

Mit vollgepackten Taschen kommst du zurück von einem Bergbauausflug oder einer Biom-Erkundungstour und verbringst die nächste halbe Stunde damit, alle Materialien und Gegenstände fein säuberlich in dafür vor-

gesehene Truhen zu sortieren. Das muss nicht sein. Wirf dein gesamtes Inventar in die Eingangstruhe der vollautomatischen Sortiermaschine, und jedes Objekt landet in der für sie zugewiesenen Truhe. Für wirklich alle Minecraft-Gegenstände reicht der Platz auf diesen Seiten nicht aus, aber anhand dieser Vier-Objekte-Sortiermaschine lernst du das Prinzip kennen.

Materialien

- 🪨 reichlich Bruchstein
- 📦 3 Truhen
- 🕹️ 1 Redstone-Verstärker
- ♠ 2 Häufchen Redstone-Staub

- 🔻 3 Trichter
- 🕯️ 1 Redstone-Fackel
- 🕹️ 1 Redstone-Komparator

So funktioniert's

Über eine Truhe schickst du die zu sortierenden Objekte auf eine Prüfreise durch mehrere aneinandergekoppelte Trichter (ganz oben im Bild). Jeder Trichter sortiert eine bestimmte Art von Objekten aus und leitet sie dann zu einem weiteren Trichter. Dieser Trichter ist an die für dieses Objekt bestimmte Truhe angeschlossen. Der Objektartprüfung/-filterung und Weiterleitung dienen einige Gesetzmäßigkeiten von Redstone-Schaltungen, die die Weiterleitungen aktivieren oder deaktivieren.

Um das Prinzip möglichst einfach umzusetzen, baust du zunächst ein einzelnes Modul, das nur *eine* Objektart aussortiert (filtert) und den Rest in einer Mülltruhe sammelt:

1. Konstruiere dir aus Bruchstein ⬛ einen Hilfsbau wie im Diagramm, mit dem du die einzelnen Komponenten gleich bequemer platzieren kannst.

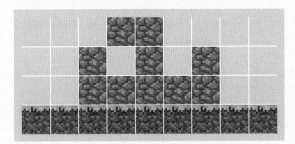

1 Seitenansicht der Hilfskonstruktion eines Filtermoduls

2. Nimm jetzt eine Truhe ⬛, eine Redstone-Fackel î, einen Verstärker ⬛, einen Komparator ⬛ und etwas Redstone-Staub ⬤ in die Schnellzugriffsleiste, und platziere sie auf der Hilfskonstruktion, wie abgebildet. Die Redstone-Fackel hängt dabei an der Wand und steht nicht etwa auf dem davorliegenden Bruchsteinblock.

Achte ganz besonders auf die Platzierungsausrichtung von Verstärker und Komparator. Zu ihrer genauen Platzierung musst du, wenn du auf diese Abbildung siehst, nach rechts (Verstärker) bzw. nach links (Komparator) blicken. Deine Konstruktion muss exakt so wie auf dem Bild aussehen. Klicke abschließend auf die kleine Birne am Komparator, sodass sie leuchtet. Das schaltet den Komparator in den sogenannten Verminderungsmodus.

2 Seitenansicht des Filtermoduls: Diese Redstone-Komponenten sorgen später dafür, dass hier eine Aussortierung aktiviert oder deaktiviert wird, je nachdem, was der Komparator (oben) misst.

3. Bewaffne dich mit zwei Trichtern ▼, und bringe einen von hinten an der Truhe, den anderen eine Etage darüber am Komparator an. Dabei hältst du während des Rechtsklicks die ⇧-Taste gedrückt, damit du nicht das Inventar der Truhe öffnest. Du siehst die korrekte Ausrichtung anhand der unteren Trichterrohre, die in Richtung Truhe bzw. Komparator zeigen.

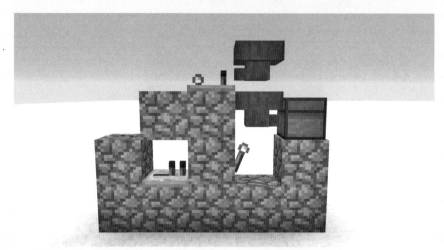

3 Seitenansicht: Der untere Trichter dient später der Weiterleitung auszusortierender Objekte, der obere nimmt per Redstone-Logik die eigentliche Filterung vor.

4. Nimm jetzt genau 22 Exemplare des Objekts zur Hand, das später aussortiert werden soll – in diesem Beispiel Kohlestücke ●. Öffne das Inventar des oberen Trichters, und platziere dort nacheinander, von links nach rechts, 18, 1, 1, 1, 1 Stücke hinein. Die genauen Stückzahlen sind wichtig.

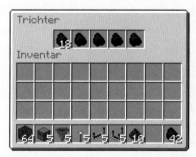

4 Da alle fünf Trichter-Slots mit Kohle belegt sind, kann dieser Trichter später nur Kohle aussortieren: Erst wenn sein Inventar ein Kohlestück mehr als voreingestellt enthält (23 statt 22), wird der Filtermechanismus angeworfen.

Dies ist das Herz des Filtermechanismus: Liegen *genau* 22 Kohlestücke im Inventar, passiert gar nichts. Erst wenn ein *weiteres* Stück im Trichter liegt, aktiviert sich der dahinterliegende Komparator. Er produziert dann Redstone-Strom und schaltet damit die darunterliegende Redstone-Fackel *aus*. Sobald sie ausgeschaltet ist, wird der untere Trichter aktiv, entnimmt dem oberen Trichter *ein* Kohlestück und schiebt es in die Truhe. Jetzt liegen im oberen Trichter wieder nur 22 Kohlestücke, und der Weiterleitungsmechanismus wird wieder stillgelegt.

5 Vorderansicht der fertigen Sortiermaschine mit einem einzelnen Filtermodul. Neu hinzugekommen ist das Fließband oben, das alle Objekte aus der Eingabetruhe (oben rechts) zur Restetruhe leitet (links), es sei denn, der mittlere Trichter unter dem Fließband filtert das für ihn passende Objekt heraus.

5. Zum letzten Schritt: Über dem Komparatortrichter konstruierst du ein Trichterfließband ♥, das von einer Eingabetruhe zu einer Reste-/Mülltruhe ⬛ führt. Im Bild siehst du einige Glasblöcke ▧ als Hilfskonstruktion, um die linke Truhe platzieren zu können. Achte genau auf die Ausrichtung der beiden Trichter, sie müssen von rechts nach links führen — in Laufrichtung des Fließbandes. Halte beim Platzieren immer die ⬚-Taste gedrückt, damit du nicht das Inventar von Truhe oder Trichter öffnest.

5 Sortiermaschine von vorne oben links – für die Platzierung von Truhen und Trichtern benötigst du unter Umständen einige Hilfskonstruktionen (im Bild Glasblöcke).

Probiere die Maschine gleich mal aus, indem du einige Kohlestücke in die obere rechte Truhe legst. Es dauert nur wenige Sekunden, und sie sammeln sich lautlos in der vorderen Truhe. Negativtest: Füttere irgendein anderes Objekt in das System, und es landet in der Restetruhe auf der linken Seite.

Filtermodul vervielfältigen und Sortiermaschine vergrößern

Das Besondere an dieser Bauweise ist ihre Modularität. Das heißt, du kannst beliebig viele Filterkopien hinzufügen, ohne die Übersicht zu verlieren, denn jede dieser Komponenten ist nur einen Block breit. Geh dabei für jedes Modul so vor, wie auf den letzten Seiten beschrieben, und befülle den mittleren Trichter mit dem Filterobjekt (18, 1, 1, 1). Dann setzt du das Fließband obendrauf, rechts die Eingangs- und links die Restetruhe. Bei den Sortiertruhen verbaust du *abwechselnd normale und Redstone-Truhen*, da zwei Truhen gleichen Typs nebeneinandergestellt eine große ergäben. Auf die Sortiertruhen kannst du auch Rahmen platzieren ($\boxed{\Uparrow}$-Taste gedrückt halten), um zu kennzeichnen, was sich in ihnen befindet.

Das Filtermodul kannst du beliebig oft nebeneinandersetzen, hier eine Variante für Kohle, Eisen- und Goldbarren sowie Diamanten – die Reihenfolge spielt keine Rolle.

So funktioniert die große Sortiermaschine: Die zu sortierenden Objekte fließen aus der oberen Truhe nacheinander durch alle Trichter der *obersten* Reihe und fallen nur dann in einen Trichter der *mittleren* Reihe, wenn sich in dessen Inventar-Slots dieselbe Art von Objekten befindet. Denn sind alle Trichter-Slots vorab belegt (18, 1, 1, 1), kann dort kein anderes Objekt mehr landen. (Trichter benötigen kein Redstone zum Aktivieren, im Gegenteil, angeschlossener Redstone-Strom *deaktiviert* den Trichter!)

Die *unterste* Trichterreihe entnimmt dem jeweils mittleren Trichter das gerade aussortierte Objekt und leitet es in die jeweilige Ausgabetruhe. (Die sollte niemals randvoll sein, weil sonst der Trichtermechanismus mit den Objekten verstopft und den Filtermechanismus blockiert.) Warum fallen aber nicht die vorab in die Slots des mittleren Trichters platzierten 18 + 1 + 1 + 1 Objekte nach unten? Dafür sorgt die raffinierte Redstone-Schaltung: Der untere Trichter ist durch eine darunter platzierte Redstone-Fackel standardmäßig *deaktiviert*, nimmt also erst mal *keine* Objekte aus dem mittleren Trichter. Befinden sich im mittleren Trichter aber *mehr* als 22 Objekte einer Art, dann schickt ein daran angeschlossener Komparator Strom zur Redstone-Fackel. Diese agiert nun als Inverter und schaltet sich aus. Und damit *aktiviert* sich der untere Trichter für einen kurzen Moment. Nämlich so lange, bis im mittleren Trichter wieder genau 22 Objekte liegen. Dann wird die Komparator-Stromschaltung wieder deaktiviert, die Redstone-Fackel wieder eingeschaltet und der untere Trichter gesperrt.

Der Knackpunkt ist also die Inventarvorbereitung der mittleren Sortiertrichter. Der angeschlossene Komparator (im Verminderungsmodus) soll Strom erzeugen, sobald sich ein zu sortierendes Objekt im Trichter befindet. Das macht er, eine interne Minecraft-Regel, sobald alle Inventar-Slots des Trichters mindestens zu 1/14 voll sind. Bei 64 Objekten mal 5 Inventar-Slots passen insgesamt 320 Objekte in den Trichter. 1/14 davon sind 22,857, das ist weniger als 23. Befinden sich also 22 Objekte im Trichter, fließt kein Strom. Ab 23 Objekten ist 1/14 der Slots voll, und es fließt Strom.

SICHERHEITSTECHNIK – MASSNAHMEN GEGEN DIE ZOMBIEAPOKALYPSE

Die Nacht ist die gefährlichste Zeit in Minecraft. Nicht nur, weil du dir in der Dunkelheit Zehen und Kniescheiben an Bruchsteinbergen anrempelst, sondern auch, weil alle Monster aus ihren Höhlen kriechen, um dir das Leben schwer zu machen. Die meisten von ihnen spawnen bei Lichtleveln unter 8, das ist fast nur die Hälfte des normalen Tageslichts. Deswegen solltest du schon in der Abenddämmerung die Sicherheit deines Hauptquartiers aufsuchen.

Richtig sicher ist dein Heim allerdings nur, wenn du ein paar Vorsichtsmaßnahmen triffst. Mit Lava gefüllte Gräben beispielsweise, die sich nur über eine Zugbrücke überqueren lassen. Und spielst du auf einem Multiplayer-Server, wollen dir vielleicht auch Mitspieler an den Kragen oder an deine wohlbehüteten Schätze. Darum lernst du in diesem Kapitel insbesondere Wege kennen, deinen Eingangsbereich abzusichern.

GRÄBEN UND MAUERN

Bevor es an die ersten Mechanismen geht, die aktiv zur Sicherheit deines Heims beitragen, lernst du einige wichtige Grundlagen kennen. Das sind Regeln, die du bereits beim Bau deines Hauptquartiers berücksichtigst, um dir so viel Gesindel wie möglich vom Leib zu halten, und zwar schon ohne komplexe Redstone-Schaltungen. Im Mittelpunkt stehen dabei zwei ganz einfache bauliche Maßnahmen: Gräben und Mauern.

Deine erste Verteidigungslinie um dein Haus ist ein Graben, so tief und breit, dass Monster keine Chance haben, ihn zu überqueren. Er ist bestenfalls mit Wasser zum Monsterabtransport oder sogar mit Lava zur Monsterbeseitigung gefüllt.

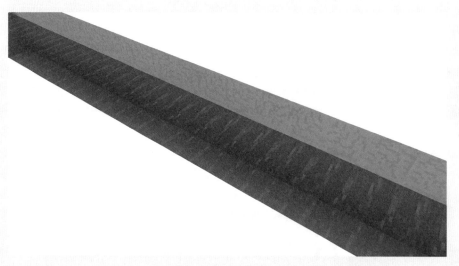

Ein einfacher Graben, mindestens drei Blöcke breit, stellt bereits einen guten Schutz gegen herumstreunende Monster dar.

- Ein Graben ist mindestens **drei Blöcke** breit, damit Spinnen nicht darüber springen.
- Spielst du im Überlebensmodus, sorge für einen **Notausstieg**, falls du selbst mal in die Grube fällst.
- In tiefen **Wassergräben** ertrinken Monster. Flache Wassergräben verlangsamen Monster, so kannst du sie mit Pfeil und Bogen erwischen.

- Der beste Wassergraben ist ein tiefer Fluss oder See oder ein Meer. Monster spawnen nicht auf Wasser. Darum ist es eine gute Idee, eine oder mehrere Seiten deines Hauptquartiers **direkt an einem großen Gewässer** zu bauen.

- Ein **Lavagraben** hat den Vorteil, dass er deinen Vorgarten automatisch beleuchtet und Monster darin verbrennen, leider aber auch ihre Drops.

- Lavagräben solltest du allerdings *nicht* einsetzen, wenn sich in der Nähe etwas **Brennbares** (aus Holz oder Wolle) befindet.

Ist die Gegend um dein Haus auf diese Weise gesichert, kommt die nächste Verteidigungslinie: eine Mauer.

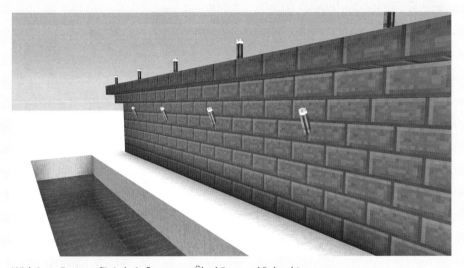

Wichtigste Features für jede Außenmauer: Überhänge und Beleuchtung

- Die Mauer muss **vollständig und lückenlos** sein.
- Zieh die Mauer mindestens **drei Blöcke** hoch.
- Schaffe mit Stufen oder Treppen einen nach außen stehenden **Überhang**, den Spinnen nicht überwinden.
- **Beleuchte** die Mauer und den sie umgebenden Raum ausreichend, sodass keine Monster spawnen können.
- **Stein oder Bruchstein** sind gute Materialien für Mauern, da du sie im Überfluss hast. Hast du Angst vor Creepern, hilft nur seltener **Obsidian** (siehe Obsidianfarm auf Seite 32), denn er hält Creeper-Explosionen stand.

- Praktisch: Obwohl du durch **Glas, Eisengitter und Zäune** hindurchblicken kannst, können die meisten Monster das nicht, leider mit Ausnahme von Spinnen und Creepern. Trotzdem ist es sinnvoll, Fenster in die Mauer zu bauen, um jederzeit einen Blick nach draußen werfen und die Lage checken zu können.

- Ungewöhnlich, aber effektiv: eine Mauer aus **Kakteen**. Die hat den Vorteil, dass sich Mobs an ihr ordentlich die Arme aufschürfen, wenn sie den Stacheln zu nahe kommen.

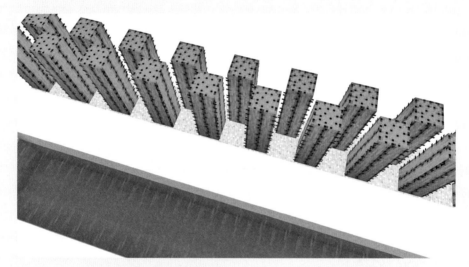

Da Kakteen nicht direkt nebeneinanderstehen können, platzierst du sie für eine stachlige Mauer abwechselnd in zwei Reihen (nur auf Sandblöcken möglich).

Ohne Licht hilft die höchste Mauer nichts

Das Hauptproblem mit der Nacht ist, dass es *überall* dunkel ist. Sorgst du nicht für eine ausreichende Beleuchtung *innerhalb* deines Hauptquartiers, gibt es keinen Grund, warum Zombies und Skelette nicht auch dort spawnen sollten. Die Mühe, einen Graben zu ziehen und hohe Mauern zu errichten, wäre dann vergebens. Darum solltest du nicht sparsam mit dem Verteilen von Lichtquellen sein, egal, ob Fackeln, Redstone-Lampen oder Kürbislaternen. Das folgende Bild zeigt dir die effektivste Verteilung von Fackeln für weite Flächen:

- Die horizontalen Fackelabstände betragen elf Blöcke, die vertikalen Abständen sechs Blöcke.
- Jede zweite Reihe ist horizontal um sechs Blöcke versetzt, so entsteht ein Karomuster.
- Die Zahlen im Bild zeigen die Lichtlevel, ausgehend von der mittleren Fackel. Ab Level 8 bist du relativ sicher.

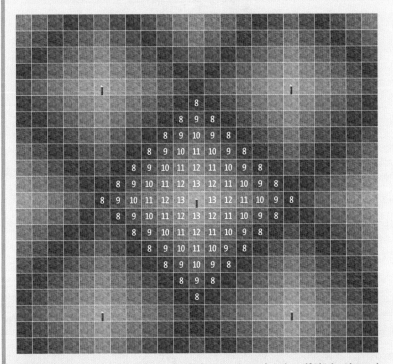

Ideale Verteilung von Fackeln für große Flächen: Horizontal sind es elf Blöcke Abstand, vertikal – den seitlichen Versatz berücksichtigt – sechs Blöcke.

Das Muster ergibt sich, da Fackeln mit Lichtlevel 14 strahlen und pro Block einen Lichtlevel abnehmen. Monster spawnen schon bei Lichtlevel 7 – berücksichtige also lieber ein bisschen Puffer, und stell die Fackeln enger auf, wenn der Boden etwas uneben ist.

TÜRSCHLOSS

Mit Rechtsklicks oder mit Redstone-Knöpfen öffnende Türen entsprechen nicht gerade den besten Sicherheitsstandards. Sicher, Zombies sind zu stumpfsinnig und Skelette zu ungeschickt, um solche Öffnungsmechanismen zu betätigen. Sobald du aber mit anderen menschlichen Mitspielern eine Welt teilst, möchtest du deine hart erarbeitete Diamantrüstung vielleicht lieber sicher absperren. Bühne frei für das erste Türschloss, zunächst eine einfache Variante zum Warmwerden mit Redstone-Schaltkreisen.

Materialien

- 4 Hebel
- 1 Redstone-Verstärker pro Schlüsselschalter (im Beispiel 2)
- 15–18 Häufchen Redstone-Staub
- 1 Tür

- 1 Redstone-Fackel pro Schlüsselschalter (im Beispiel 2)
- 3 Redstone-Verstärker pro Köderschalter (im Beispiel 6)
- 1 Redstone-Fackel als Inverter

So funktioniert's

Der Schlüssel zu dieser Tür besteht aus beliebig vielen Hebeln, in diesem Beispiel aus vier. Nur eine ganz bestimmte Hebelstellung öffnet die Tür. Welche das ist, steuerst du hinter der Hebelwand anhand der dort installierten und mit Schaltern und Tür verbundenen Redstone-Leitungen. Die Leitungen der für den Mechanismus wichtigen Hebel sind über *erhöhte* Blöcke (in den Bildern blau) nach hinten durchgezogen, die der falschen Hebel über eine Kette von *Verstärkern*. Ganz hinten treffen sich alle Leitungen und ergeben zusammen Strom oder keinen Strom. Von dort führt eine weitere Leitung mit einer Redstone-Fackel zur Tür.

Um die Schaltung zu verstehen, sieh dir das folgende Diagramm an, und beginne am Ende der Schaltung bei der Tür. Die bleibt grundsätzlich geschlossen, wenn sie *kein* Redstone-Strom erreicht. Liegt aber Strom an, geht sie auf. Verfolgst du die Redstone-Staubspur, gelangst du zu einer an einen Block montierten Redstone-Fackel. Die dient als Inverter, dreht also das Redstone-Signal um: Erreicht sie Strom, schickt sie *keinen* Strom weiter – erreicht sie *kein* Strom, schickt sie Strom weiter. Die Tür bleibt also geschlossen, solange Strom die Fackel erreicht (die lange, hell glühende aktivierte Redstone-Staubspur oben im Diagramm). Und Strom wird in dieser Schaltung in den meisten Hebelstellungen erzeugt. Die Tür öffnet sich erst, wenn alle Schalter so gestellt sind, dass die Gesamtschaltung keinen Strom erzeugt und der Inverter das zu Strom invertiert.

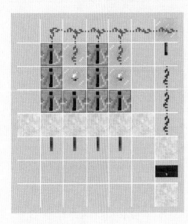

Erzeugt auch nur irgendeiner der Hebel Redstone-Strom, wird dieser zur Redstone-Fackel oben rechts geleitet, die das Signal umdreht und *keinen* Strom weiterleitet – die Tür bleibt zu.

Jeder Hebel trägt nun seinen Teil dazu bei, dass die Gesamtleitung zur Tür aktiviert ist oder nicht:

- **Die »falschen« Hebel** schicken über drei hintereinander in Reihe geschaltete Verstärker Strom, sobald sie aktiviert werden. Steht also mindestens einer der falschen Hebel auf »An«, bleibt die Tür verschlossen, egal, wie alle anderen Hebel stehen. (Die drei Verstärker dienen dazu, dass sich die Hebelleitungen nicht untereinander vermischen, sondern brav geradeaus verlaufen.)

- **Die »richtigen« Hebel** invertieren die Schalterstellung erst einmal mit einer Redstone-Fackel. Das heißt, die Hebel senden Strom, wenn Sie auf »Aus« stehen. Erst wenn alle »richtigen« Hebel auf »An« stehen, erzeugt die hintere Gesamt-Redstone-Staubspur *keinen* Strom – genau das, was für die weitere Schaltung der Türöffnung notwendig ist.

Die Kombination macht's also. Da das Ziel ist, dass die hintere Redstone-Staub-spur *keinen* Strom leitet, müssen alle »falschen« Hebel auf »Aus« stehen (so-mit erzeugen sie keinen Strom) und alle »richtigen« Hebel auf »An« (die durch die Redstone-Fackel-Invertierung dann ebenfalls keinen Strom erzeugen) — gut erkennbar in dem Bild mit der offenen Tür.

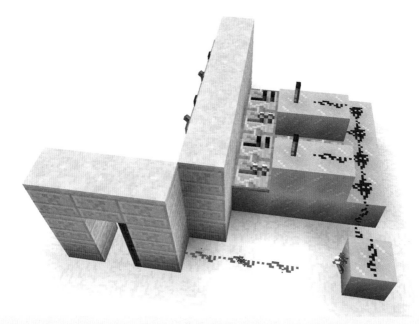

Erst wenn alle Hebel keinen Strom erzeugen, invertiert die abschließende Redstone-Fackel das Signal und öffnet die Tür. Ist auch nur ein einzelner Hebel falsch gestellt, erzeugt er Strom, und die letzte Inverterfackel schließt die Tür.

 Dein nächster Level

Selbst anpassen kannst du das Türschloss, indem du die Hebelkombination zum Türöffnen veränderst. Dazu verpasst du einem Hebel hinter der Mauer entweder die drei in Reihe geschalteten Verstärker oder den kleinen Redstone-Fackel-Inverteraufbau (im Bild auf den beiden blauen Blöcken).

Vier Schalter, das macht 2^4, also $2 \times 2 \times 2 \times 2$, also 16 Hebelstellungen beim hier vorgestell-ten Türschloss. Die sind schnell durchprobiert, wirklich sicher ist die Tür damit nicht. Aber natürlich lässt sich der Mechanismus beliebig erweitern (jeder zusätzliche Hebel *verdoppelt* die Möglichkeiten), und die Hebel lassen sich vielleicht sogar an verschiedenen Orten in der Landschaft verstecken.

Ist doch logisch, Mister Boole!

Die Redstone-Konstruktion mit den vier Hebeln nennt man *ODER*-Schaltung oder *ODER-Gatter*, ein Begriff aus der *booleschen Algebra/Logik*: In der hinteren Redstone-Staubspur fließt Strom, wenn er über Hebel 1 kommt *oder* über Hebel 2 *oder* Hebel 3 *oder* Hebel 4.

Was die letzte Redstone-Fackel in der Türschlossschaltung bewirkt – *Nicht*strom zu Strom oder Strom zu *Nicht*strom – hat auch einen Namen, einen ganz logischen: *NICHT-Gatter*.

Dritter im Bunde ist die *UND*-Schaltung bzw. das *UND-Gatter*. Und auch diese Schaltung ist ganz logisch: Nur wenn der erste Hebel, der zweite, dritte *und* vierte keinen Strom erzeugen, öffnet sich die Tür. In Minecraft lässt sich das umsetzen, indem man die ODER-Schaltung geschickt mit invertierenden Redstone-Fackeln kombiniert, im Fall des Türöffners also die zwei Redstone-Fackeln an den richtigen Hebeln und die abschließende Fackel kurz vor der Tür.

Was hat das nun mit Mister Boole zu tun? George Boole ist derjenige, der 1847 auf die Idee dieser Logikabbildung gekommen ist. Es stellte sich heraus, dass die nach ihm benannte boolesche Algebra essenzieller Bestandteil aller elektronischen Schaltungen und der Computerprogrammierung (und natürlich Minecraft-Redstone-Schaltungen) ist. Denn jedes Programm besteht in Wirklichkeit aus unheimlich vielen solcher Hebelstellungen, man nennt sie auch *Bits*. In der Praxis kommen noch weitere Gatter hinzu (z. B. *EXKLUSIV-ODER*). Aber NICHT, ODER und UND sind immer die Grundbausteine, aus denen die boolesche Logik besteht.

Einfaches Beispiel der ODER-Logik: Ist Schalter 1 oder Schalter 2 eingeschaltet, fließt hinten Strom.

Zwei Beispiele für die NICHT-Logik: Die Inverterfunktion der Redstone-Fackel sorgt dafür, dass der ausgeschaltete Hebel (oben) Strom erzeugt. Der eingeschaltete (unten) erzeugt am Ende keinen Strom.

Beispiel für die UND-Logik: Nur wenn beide Hebel eingeschaltet sind, invertieren die Redstone-Fackeln hinter ihnen den Hebelstrom zu Nichtstrom und die dritte Fackel (rechts am Block) invertiert das wieder zu Strom. Im Bild ist aber einer der Hebel ausgeschaltet, sodass dahinter wegen der nun aktivierten Hebelfackel Strom fließt, und am Ende – invertiert – kein Strom. Hebel 1 und Hebel 2 müssen also für Strom aktiviert sein.

TÜRSCHLOSS – THE NEXT LEVEL

Wie wäre es mit einem noch komplexeren Kombinationsschlüssel, der auf demselben Raum 8^4, also $8 \times 8 \times 8 \times 8$, also 4.096 Stellungen zulässt? Unglaublich, aber der *Rahmen* 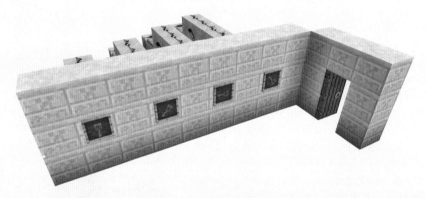 macht's möglich. Objekte *in* diesem Dekorationselement können in acht verschiedene Positionen gedreht werden, ähnlich wie ein Uhrzeiger, und zwar mit Rechtsklicks. Hängst du mehrere Rahmen nebeneinander und eine raffinierte Redstone-Schaltung dahinter, benötigt ein Eindringling eine unverschämte Menge Glück, um auf die richtige Kombination zu kommen.

Da die Schaltung ein bisschen komplizierter als beim einfachen Türschloss ist, konstruierst du zunächst das Modul für einen einzelnen Rahmenschlüssel. Danach stellst mehrere solche Module nebeneinander, veränderst ihre Einstellungen etwas und verbindest alle über Redstone-Staub mit der Tür.

Materialien für ein Schlüsselmodul

- 1 Rahmen
- 1 Redstone-Komparator
- 1 Redstone-Fackel
- 1 Schlüssel für den Rahmen (hier sind es Haken)
- 1 Sack voll Redstone-Staub
- 1 Redstone-Verstärker

So funktioniert's:

Das gesamte Redstone-Modul des Rahmen»schlüssels« vorne an der Wand soll am hinteren Ende nur dann Strom zum Öffnen einer Tür erzeugen, wenn sich der Schlüssel in der richtigen Position befindet. Mit der rechten Maustaste lässt sich das Objekt im Rahmen (hier ein *Haken*, der optisch einem Schlüssel ähnelt) in eine von acht Stellungen drehen.

Je nach Stellung gibt der Rahmen durch den Steinblock hindurch Redstone-Strom ab, und zwar eine unterschiedliche Stärke, je nach Schlüsselstellung – 1 bis 8. Der Trick des Redstone-Stromkreises besteht darin, dass ganz am Ende immer Strom erzeugt wird, wenn der Rahmenschlüssel in der *falschen* Stellung steht. Umgekehrt wird *kein* Strom erzeugt, wenn er *korrekt* eingestellt ist. Das klingt zunächst falsch herum für das Öffnen der Tür. Es ist aber – logisch gesehen – eine UND-Schaltung (Schlüssel 1 *und* Schlüssel 2 etc. müssen für das Öffnen der Tür richtig stehen) und macht die gesamte Schaltung von der Konstruktion etwas einfacher. Das wirst du gleich sehen. In den Abbildungen auf diesen Seiten siehst du das Stromendergebnis am Boden. Wann immer dort der Redstone-Staub funkelt und Strom fließt, ist der Rahmenschlüssel in einer falschen Stellung, und die Tür bleibt zu. Merke die eine wichtige Redstone-Regel: Am Ende ist es egal, ob deine Schaltung Strom erzeugt oder keinen Strom erzeugt. Mit einem Inverter kannst du das Strom-Endergebnis jederzeit umdrehen, je nachdem, ob du Strom oder Nichtstrom brauchst.

8	1	2
7	■	3
6	5	4

Hier wird viel rechtsgeklickt: Mit dem ersten Rechtsklick montierst du einen Rahmen auf einer Mauer, mit dem zweiten platzierst du ein beliebiges Minecraft-Objekt hinein. Mit jedem weiteren Rechtsklick drehst du das Objekt um jeweils 45°, sodass es in einer von acht Stellungen einrastet.

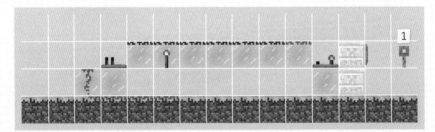

Seitenansicht eines Schlüsselmoduls: An der oberen Redstone-Staubspur verfolgst du, wie weit der Strom vom Rahmen reicht – hier in Stellung 1 (helleres Rot) nur einen Block weit.

Konstruiere ein einzelnes Schlüsselmodul anhand des Diagramms der Seitenansicht und der folgenden Abbildung auf Seite 86. (Man spricht von *Modul*, da das gesamte System *modul*ar ist – solch ein Modul lässt sich später beliebig vervielfältigen.)

Entscheidend für den Schlüsselcode ist die Länge der oben verlaufenden Redstone-Staubspur. Sie entspricht dem Stromstärkenwert, bei dem der Rahmenschlüssel funktionieren soll, *plus einem weiteren Block*: im Bild also 6 + 1, das sind 7 blaue Blöcke für den Schlüsselcode 6. Diese Bauteile sorgen dafür, dass das Modul funktioniert:

■ Der **Komparator** ⩘ gleich hinter der Rahmenmauer gibt die exakte Redstone-Stromstärke des Rahmens an die oben verlaufende Redstone-Staubspur weiter. Im Bild ist der Rahmenschlüssel auf 1 eingestellt, sodass nur ein Redstone-Staubblock leuchtet.

■ Verfolgst du die Redstone-Staubspur weiter, kommt irgendwo eine seitlich montierte **Redstone-Fackel** ⌁. Im abgebildeten Szenario erhält sie gerade *keinen* Strom vom oben verlaufenden Redstone-Staub, darum *aktiviert* sie sich (das ist die Inverterfunktion der Fackel). Aktiviert gibt sie Strom an die Redstone-Leitung auf dem Boden ab, sodass die gesamte Konstruktion Strom erzeugt (Tür bleibt zu). Das heißt: Der Rahmenschlüssel ist viel zu niedrig eingestellt (1) für die Länge der oberen Redstone-Staubspur bis zur Redstone-Fackel, die an der Stelle des richtigen Codes (6) montiert ist. Denn erhielte sie Strom, würde sie ihn invertieren und die Konstruktion Strom erzeugen (Tür auf). Aber Moment, die Redstone-Fackel erhält doch auch Strom, wenn Codes *größer* als 6 eingestellt sind? Dafür braucht es eine weitere Schaltung:

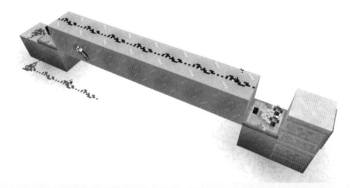

Schlüsselmodul von schräg oben – die Schalterstellung ist 1, aber der Code (die Stelle, an der die Redstone-Fackel montiert wurde) ist 6: Weil der Rahmen-Redstone-Strom nicht bis nach hinten reicht, aktiviert sich die seitlich montierte Redstone-Fackel und gibt Strom an die Redstone-Spur auf dem Boden ab. Die Tür bleibt zu.

- Am Ende befindet sich ein **Verstärker** 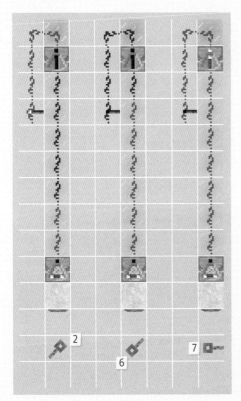¹, in der Abbildung auf Seite 86 ist er deaktiviert. Sein Sinn ist es, Strom zu erzeugen, falls der Rahmenschlüssel *zu hoch* eingestellt ist – wenn nämlich die Stromstärke vom Rahmenschlüssel so stark ist, dass sie über die Codelänge hinausgeht (darum 6 Blöcke für den Code, plus 1 Block = 7). Ist das der Fall (Schlüsselstellung auf 7 oder höher), aktiviert sich der Verstärker und pumpt Strom in die Bodenleitung. Die Tür bleibt zu.

Das folgende Diagramm veranschaulicht noch einmal, welche drei möglichen Szenarien es pro Schlüsselmodul gibt:

- **Links**: Zu wenig Strom vom Rahmen – die Bodenleitung wird aktiviert – die Tür bleibt zu.
- **Mitte**: Die richtige Menge Strom – die Bodenleitung ist deaktiviert (dunkelrot) – die Tür öffnet sich.
- **Rechts**: Zu viel Strom vom Rahmen – der Verstärker hinten aktiviert die Bodenleitung – die Tür bleibt zu.

Drei mögliche Schlüsselstellungen:

Links: Stellung 2 / zu wenig Strom – die Redstone-Fackel aktiviert sich und gibt Strom nach unten ab.

Mitte: Stellung 6 / genau richtig – weil sie Strom erhält, deaktiviert sich die Redstone-Fackel, aber der Strom reicht nicht ganz bis zum Verstärker.

Rechts: Stellung 7 / zu viel Strom – die Redstone-Fackel bleibt zwar aus, aber jetzt aktiviert sich der Verstärker und produziert Strom für die Bodenleitung.

Vervielfältige das Schlüsselmodul, so oft du möchtest, indem du dieselbe Konstruktion zwei Blöcke nebenan kopierst – jedes Mal natürlich mit einer anderen Codeblocklänge und Redstone-Fackel-Position. (In der Abbildung siehst du – Ansicht von hinten – die törichteste Schlüsselkombination überhaupt: 1, 2, 3, 4.)

Bedenke: Jedes weitere Schlüsselmodul macht es Eindringlingen achtmal schwerer, die richtige Kombination zu erraten: 8 mögliche Schlüsselpositionen für Modul 1, mal 8 für Modul 2, mal 8 für Modul 3 etc.; 8^4 ($8 \times 8 \times 8 \times 8$) macht also 4.096 mögliche Kombinationen. Gute Nacht, Herr Einbrecher.

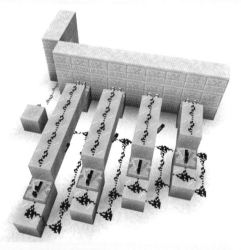

Vervielfältige das Schlüsselmodul, so oft du möchtest; im Bild vier Module mit der Codekombination 1, 2, 3, 4 (Ansicht von hinten, also Code von rechts nach links)

Hast du alle Schlüsselmodule nebeneinander platziert, folgt der letzte Schritt: die Verdrahtung zur Tür. Dafür ziehst du eine Spur Redstone-Staub unterhalb der Module bis zur Tür. Achte darauf, die Spur nicht zu dicht an den Komparatoren hinter der Rahmenwand zu verlegen, sonst wird der Redstone-Staub durch den Komparator aktiviert. Halte einen Block Abstand.

Kurz bevor die Spur die Tür erreicht, folgt der bekannte Invertertrick, mit dem du das Redstone-Signal umkehrst. Denn die Tür öffnet sich nur, wenn sie Strom erhält, die gesamte Rahmenschaltung erzeugt Strom aber in der *falschen* Codestellung. Platziere irgendeinen soliden Block an das Ende der Bodenleitung und montiere an der zur Tür gerichteten Seite eine Redstone-Fackel. Die arbeitet als Inverter, dreht den Strom-/Nichtstrom-Status um und gibt das richtige Signal an den Redstone-Staub weiter, der zur Tür läuft.

Seitenansicht der letzten invertierenden Redstone-Fackel. Unter den Schlüsselmodulen erkennst du die zusammenführende Redstone-Leitung, in der im Bild kein Strom fließt, da alle Schlüssel richtig eingestellt sind. Achte darauf, dass sich ein Block Abstand zwischen Komparatoren und Redstone-Staub befindet.

Vorderansicht des fertigen Türschlosses: Die Schlüsselstellung 1, 2, 3, 4 öffnet die Tür.

VERSTECKTER EINGANG

So banal es auch scheint, der beste versteckte Eingang besteht aus Stein- oder Grasblöcken, mit denen du dein Höhlen- oder Untergrundversteck abriegelst. Solange du das Material verwendest, das der umgebenden natürlichen Wand (oder dem Boden) entspricht, wird kein Mitspieler auf die Idee kommen, dass sich dahinter dein Hauptquartier befindet. Auf der anderen Seite solltest du Maßnahmen treffen, um dein Heim auch wiederzufinden. Am besten notierst du dir die Koordinaten (F3) und merkst dir besondere Landschaftsmerkmale.

```
Minecraft 1.15.2 (1.15.2/vanilla)                          Java: 1.8.0_51 64bit
57 fps T: inf vsync fancy-clouds B: 2                     Mem:  37% 772/2048MB
Integrated server @ 2 ms ticks, 1 tx, 5 rx             Allocated:  92% 1888MB
C: 289/15376 (s) D: 15, pC: 000, pU: 00, aB: 12
E: 0/4, B: 0                               CPU: 12x AMD Ryzen 5 2600 Six-Core Processor
P: 12, T: 4
Client Chunk Cache: 1225, 899              Display: 1680x987 (NVIDIA Corporation)
ServerChunkCache: 3114                     GeForce GTX 1060 6GB/PCIe/SSE2
minecraft:overworld FC: 0                  4.6.0 NVIDIA 436.30

XYZ: -106.887 / 117.92891 / 201.391                      Targeted Block
Block: -107 117 201                          minecraft:grass_block
Chunk: 5 5 9 in -7 7 12                                    snowy: false
Facing: north (Towards negative Z) (151.1 / 32.4)    #minecraft:enderman_holdable
Client Light: 15 (15 sky, 0 block)             #minecraft:bamboo_plantable_on
Server Light: (15 sky, 0 block)                  #minecraft:valid_spawn
CH S: 105 M: 105
SH S: 105 O: 105 M: 105 ML: 105                          Targeted Fluid
Biome: minecraft:badlands                        minecraft:empty
Local Difficulty: 0.00 // 0.00 (Day 2)
Looking at block: -111 114 194
Looking at liquid: -111 114 194
Sounds: 5/247 + 1/8

Debug: Pie [shift]: hidden FPS + TPS [alt]: hidden
For help: press F3 + Q
```

Mit der Taste F3 siehst du neben vielen technischen Infos auch deine aktuellen Koordinaten links in der Mitte neben »XYZ« bzw. »Block«.

Verwendest du normale Eingangstüren, ist der nächsteinfache Trick, sie hinter Ranken 🌿 zu verstecken. Holztüren sind hinter den Rankenpixeln kaum von Erde zu unterscheiden, und zum Sammeln benötigst du lediglich eine Schere und ein mit Ranken gefülltes Biom in der Nähe, z. B. einen Dschungel. Verkleide dann den Türholm und das gesamte Drumherum mit Ranken, indem du sie so weit oben wie möglich anbringst. Obwohl diese Pflanzen theoretisch in alle Richtungen wachsen, machen sie das am liebsten und schnellsten in Richtung Boden. Gib ihnen ein oder zwei Stunden Zeit, bis dahin haben sie den Eingangsbereich vollständig überwuchert.

Suchbild: Findest du auf Anhieb die unter Ranken versteckte Tür?

Im Innenbereich nutzt du einen alten Filmtrick: Verbirg deine Tür hinter einem Gemälde! Platziere mit Rechts-/Links-Mausklicks so oft Gemälde *links* neben eine in die Wand eingebaute Tür, bis eines die Tür komplett abdeckt.

Lässt du die Tür offen, läufst du einfach durch das Gemälde hindurch, um die andere Seite zu erreichen. Problem: Zum Öffnen/Schließen der Tür von der Gemäldeseite aus benötigst du Redstone-Strom, z. B. in Form eines nebenan montierten Knopfes. Und das ist für Eindringlinge natürlich ein Hinweis darauf, dass hier irgendetwas im Busch ist.

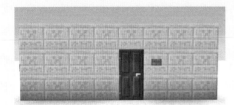 

Zwar ist die Tür hinter dem Gemälde nicht sichtbar, der Knopf zum Öffnen oder Schließen ist aber verräterisch. Genauso gut kannst du die Tür einfach offen lassen, dann brauchst du keinen Knopf.

Alternative zur Tür: Schilder. Die haben zwar keinen Vorteil gegenüber offenen Türen, zeigen aber noch mal, wie das Gemäldeaufhängen funktioniert. Befände sich in der Wand nur ein Loch, wird kein Rechtsklick jemals ein Gemälde produzieren, das das Loch abdeckt. Sind an den Wänden im Loch aber Schilder angebracht, geht das sehr wohl.

Innen montierte Schilder genügen, dass der Gemälde-Zufallsgenerator Bilder erzeugt, die das Loch in der Wand abdecken.

DAS ROTE MEER

Da steht Moses schließlich mit dem Volk der Israeliten vor dem Roten Meer, die Ägypter bis an die Zähne bewaffnet hinter ihnen, und kein Schiff weit und breit, um die Fluten zu überqueren. Praktisch, wenn man einen omnipotenten Gott hat, der einem in solch brenzligen Situationen zu Hilfe kommt: Das Meer teilt sich in der Mitte, und die fliehenden Sklaven kommen trockenen Fußes auf die andere Seite. Die Ägypter denken sich nichts und reiten hinterher, doch zu spät – die Passage schließt sich wieder, und die Sklavenhalter werden fortgespült.

Wäre das nicht ein praktischer Mechanismus, um auch *dein* Hauptquartier zu schützen? Natürlich! Mit Redstone betriebene Kolben machen's möglich. Und du hast sogar Einfluss auf die Farbe. Glühend rote Lava macht die Anlage extrasicher.

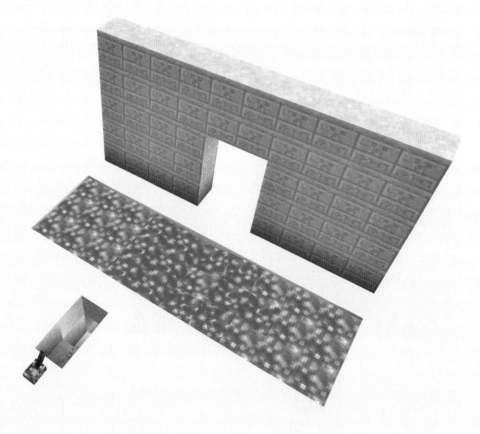

Materialien

- 6 Blöcke Bruchstein
- 6 klebrige Kolben
- 2 Hebel
- 6 Andesitblöcke

- 6 Redstone-Fackeln
- 1 Dutzend Häufchen Redstone-Staub
- ein paar Eimer Lava

So funktioniert's

Zwei Reihen klebriger Kolben, beschichtet mit lavabeständigem Stein, dienen – ausgefahren – als Brücke über einen mit Lava gefüllten Graben. Die Redstone-Verdrahtung dafür ist kein Hexenwerk: Von beiden Seiten des Grabens führen unterirdische Redstone-Leitungen von Hebeln in den Boden und versorgen unter den Brückenkolben montierte Redstone-Fackeln mit Strom. Die Hebel schieben die Steinbrücke also entweder nach oben, sodass du die Grube überqueren kannst. Oder sie ziehen die Brücke einen Block nach unten, wodurch die umgebende Lava nachfließt und eine Überquerung ohne Verbrennungen vierten Grades unmöglich macht.

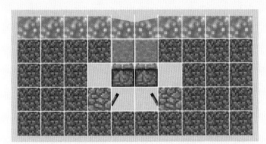

Querschnitt der Vorderansicht – abgesichert: Die klebrigen Kolben mit der Brücke (hier Andesitblöcke) sind eingefahren, die Lava breitet sich oben auf der gesamten Fläche aus.

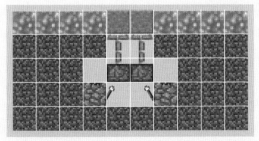

Querschnitt der Vorderansicht – freie Bahn: Die klebrigen Kolben erhalten von den Redstone-Fackeln Strom, sind ausgefahren und drücken die Andesitblöcke durch die Lava nach oben.

1. Hebe den gesamten Lavagraben einen Block tief aus. In der Mitte vor dem Tor schaffst du eine tiefere Grube über die ganze Breite des Grabens, *vier* Blöcke breit und zusätzliche *drei* Blöcke (also insgesamt vier) tief. Dies ist der Platz, den der Kolbenmechanismus für die Brücke einnehmen wird.

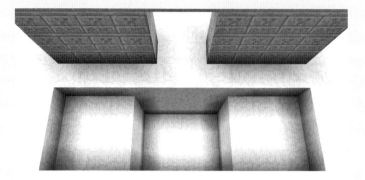

1 Die Grube für den Kolbenmechanismus ist insgesamt vier Blöcke tief und breit. Die Breite des Grabens (und natürlich auch seine Länge) kannst du beliebig anpassen – im Bild sind es drei Blöcke, die Mindestbreite, um auch Spinnen fernzuhalten.

2. Grabe vorne und hinten, von unten angefangen, Kanäle in die Erde, die Block um Block stufenweise nach oben führen. Sie dienen später als Boden für die Redstone-Leitungen zu den Hebeln.

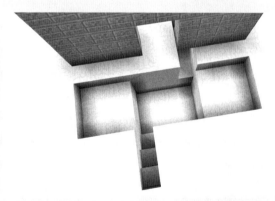

2 Die stufenweise nach oben laufenden Kanäle führen später die Redstone-Leitungen nach oben.

3. Schaffe unten an der Vorder- oder Hinterkante des Grabens auf der zweiten Ebene von unten einen ein Block hohen und breiten Vorsprung, wie ein schmaler Weg. Auch dieser dient später einer Redstone-Verbindung.

3 Auf der zweiten Ebene von unten dient ein mit Blöcken platzierter Vorsprung einer weiteren Redstone-Leitung.

4. Verlege ganz unten an den äußeren Rändern der Grube, links und rechts, zwei Reihen Bruchstein 🔲, und montiere Redstone-Fackeln 🔥 an den Innenseiten.

4 Auf der untersten Ebene dienen Bruchsteinblöcke als Halter für Redstone-Fackeln, die die Kolben antreiben werden.

5. Redstone-Zeit! Verstreue auf den Bruchsteinblöcken Redstone-Staub 🔴, verbinde beide Leitungen entlang des Vorsprungs, und zieh die Staubspur vorne und hinten über die Stufen nach oben an die Oberfläche.

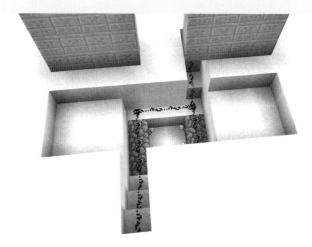

5 Die Redstone-Leitungen verbinden alle Redstone-Fackeln miteinander und führen vorne und hinten nach oben.

6. Setze auf jede Redstone-Fackel einen klebrigen Kolben ▓. Nicht erschrecken: Da die Fackeln aktiviert sind, fahren die Kolben sofort aus.

6 Ziele beim Platzieren der klebrigen Kolben mit dem Fadenkreuz genau auf die Spitze der Redstone-Fackeln.

7. Setze auf jeden klebrigen Kolben einen Steinblock deiner Wahl (Hauptsache, er ist feuerfest). Im Bild siehst du eleganten polierten Andesit ▓.

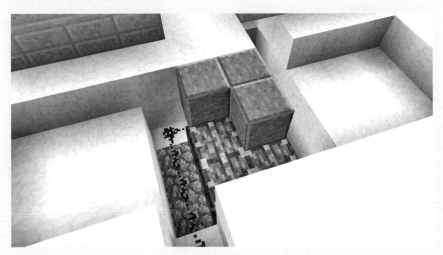

7 Auf die klebrigen Kolben kommen die Blöcke für den Weg über den Lavagraben – natürlich ein nicht brennbares Material.

8. Dichte nun die Redstone-Leitungen mit irgendeinem (nicht brennbaren) Material ab, sodass du keinen Redstone-Staub mehr siehst. Andernfalls macht die Lava gleich deine Konstruktion zunichte.

8 Vorsicht beim Abdichten der Redstone-Leitungen nach oben, damit du den Stromfluss nicht unterbrichst. Im Bild siehst du drei nach oben führende Redstone-Stufen, aber nur der hinterste der drei Luftblöcke (siehe Abbildung **9**) kann noch mit einem Abdichtblock ausgefüllt werden. (Dieser muss *sogar gesetzt* sein, sonst fließt die Lava in den Redstone-Kanal!)

9. Fülle den Graben mit Lava 🪣. Da sie nicht besonders weit fließt, verteilst du besser mehrere Eimer über die gesamte Fläche.

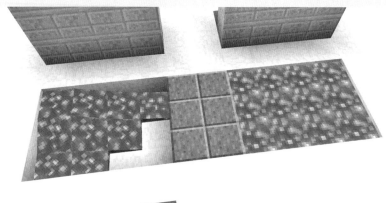

9 Lava fließt nicht sehr weit (links zu sehen). Falls du genügend hast, platziere einen Eimer Lava in jedes Feld des Grabens (rechts).

10. Montiere abschließend Hebel **I** an den Enden der nach oben führenden Redstone-Leitungen, einen auf jeder Seite der Mauer.

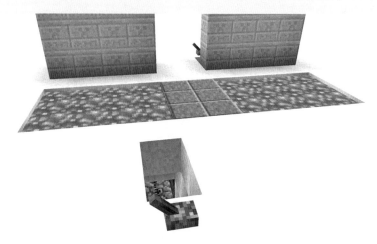

10 Am Ende der Redstone-Leitungen aktivieren bzw. deaktivieren die Hebel den Strom, um die Kolben und damit die Brücke hoch- oder runterzufahren.

Legst du nun einen Hebel um, fahren die klebrigen Kolben ein oder aus und schaffen entweder einen sicheren Weg auf die andere Seite oder werden von der umgebenden Lava überspült. Das Rote Meer ist fertig.

Dein nächster Level

Warum haltmachen bei dieser Miniaturausgabe des Roten Meeres für deinen Burggraben? Erschaffe für andere Mitspieler oder deine eigene Minecraft-Welt einen riesigen Lavaozean mit einem Hüpfparcours. Dabei ist der Steinweg über die Lava nicht durchgehend, sondern immer wieder unterbrochen, sodass man von Feld zu Feld springen muss. Die darunterliegende Redstone-Schaltung wird dann natürlich auch etwas größer und das Abdichten kniffliger. Vielleicht möchtest du den Redstone-Mechanismus auch durch einen Taktgeber automatisieren?

ZUGBRÜCKE

Eine Burg ohne Zugbrücke ist wie Pommes ohne Ketchup. Mit Redstone-Schaltkreisen und Kolben lässt sich eine richtige Zugbrücke, eine gewaltige Holzplattform, die sich um 90° dreht, aber nicht vernünftig nachbauen. Lerne hier deshalb einen ganz anderen Weg kennen, deine Minecraft-Welt interaktiv zu gestalten – fast ohne Redstone, dafür aber mit sogenannten Befehlsblöcken. Das Kapitel »Bühnenbildner« geht sehr detailliert auf das Thema ein, aber mit der Zugbrücke machst du bereits einige erste Schritte in diese Richtung, sozusagen ein Vorgeschmack.

Über 160 Jahre altes Diagramm der Zugbrücke des Klosters von Saint-Jean-aux-Bois in Oise; für die Minecraft-Version kommen statt Ketten und Gewichten Befehlsblöcke zum Einsatz.

Vorab: Befehlsblöcke lassen sich leider nicht craften, sondern nur über die Befehlszeile in dein Inventar setzen: Taste ⊡ drücken (es erscheint die Befehlszeile, die mit einem Slash / beginnt) und `give @p minecraft:command_block` eingeben.

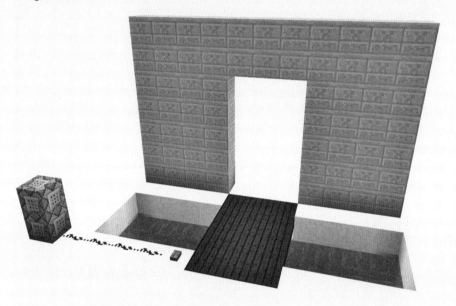

Materialien

- 2 Knöpfe
- 4 Befehlsblöcke

- ein bisschen Redstone-Staub

So funktioniert's

Befehlsblöcke dienen dazu, Kommandos (mit einigen Ausnahmen), die du normalerweise über die Befehlszeile (⊡-Taste) eingibst, in eine Minecraft-Welt zu verbauen und per Redstone zu aktivieren. Für die Zugbrücke kommt dabei der Befehl `/fill` zum Einsatz, der einen beliebig großen Quader an bestimmten Koordinaten mit einem beliebigen Block füllt.

Für das Herablassen der Zugbrücke aktivierst du einen Befehlsblock, der mit dem `/fill`-Befehl ein Loch in die Mauer setzt (einen Quader voll Luft), und einen zweiten Block, der eine Brücke aus Holzbrettern über den Graben legt. Beim »Hochziehen« der Zugbrücke drehst du das Spiel um: Der erste Befehlsblock füllt den Raum über dem Graben mit Luft (und löscht dabei die Holzbretterbrücke), der zweite Befehlsblock platziert eine hochkant gestellte Holzbretterwand in das Loch in der Wand.

Der /fill-Befehl muss einer ganz bestimmten Schreibweise entsprechen:

```
/fill <X1> <Y1> <Z1> <X2> <Y2> <Z2> <Z2> Block-ID
```

- X1, Y1 und Z1 beschreiben die *linke oberste vorderste* Ecke des Quaders, X2, Y2 und Z2 die *rechte unterste entfernteste* Ecke.

- Block-ID ist die offizielle Minecraft-interne Bezeichnung für einen bestimmten Materialblock oder ein Objekt.

Für den Mechanismus, der die Zugbrücke herablässt, erzeugst du in dem Inventar zwei Befehlsblöcke (/give) und stellst sie außerhalb der Mauer vor deinem Burggraben übereinander. Daneben setzt du einen mit Redstone-Staub verbundenen Knopf, der das Herablassen der Zugbrücke aktivieren wird. (Die Befehlsblockbefehle werden aktiviert, sobald sie Redstone-Strom erhalten.) Die Konfiguration: Mit einem Rechtsklick auf einen Befehlsblock öffnet sich das Eingabefenster mit dem Textfeld, das den Befehl aufnimmt. Hier müssen die fill-Befehle zum Herablassen der Zugbrücke eingetragen werden, in jeden Befehlsblock einer.

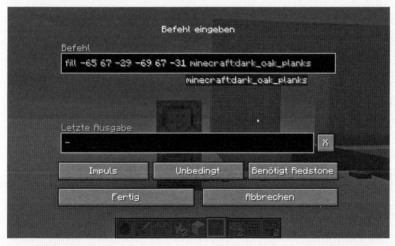

Jeder Befehlsblock kann genau einen Befehl ausführen – auch wenn das Textfeld sehr klein ist, darf er bis zu 32.500 Zeichen lang sein. Achte auf die Art des Befehlsblocks: Links unten muss »Impuls« stehen.

Befehlsblock Nr. 1 erzeugt an der Stelle, an der sich die hochgezogene Zugbrücke befand, ein Loch aus Minecraft-Luft – hier mit Beispielkoordinaten:

```
fill -70 68 -29 -70 72 -31 minecraft:air
```

Befehlsblock Nr. 2 darüber verteilt Holzbretter über dem Wassergraben:

```
fill -65 67 -29 -69 67 -31 minecraft:dark_oak_planks
```

Die Krux sind also das Herausfinden der Koordinaten (dank der Debug-Info per ⌨F3 kein Problem) und die richtige Material-ID. Hinweise dazu erhältst du ab Seite 375.

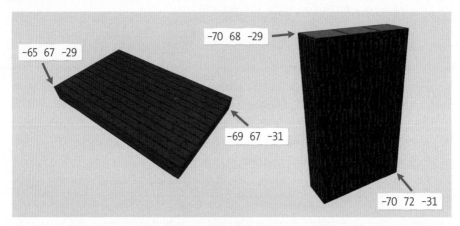

Mit ⌨F3 findest du die linke obere vordere und die rechte untere hintere Koordinate des Quaders heraus, der gefüllt werden soll, indem du dich an die entsprechende Position stellst. Achtung: Die Koordinaten in dieser Abbildung sind nur Beispiele.

Benutze zum Schreiben einen Texteditor

Schreib deine Befehle außerhalb von Minecraft in einem Texteditor. Dort hast du genug Platz. Du siehst den ganzen Befehl auf einmal und sammelst untereinander in mehreren Zeilen verschiedene Variationen (z. B. zum Ausprobieren verschiedener Materialien oder Koordinaten). Per Markieren mit der Maus und der Zwischenablage (⌨Strg + ⌨C zum Kopieren, ⌨Strg + ⌨V zum Einfügen) kopierst du dann den Befehl in den Befehlsblock.

Um die Zugbrücke hochzuziehen, setzt du ein zweites Paar Befehlsblöcke (natürlich auf die andere Seite der Burgmauer) und vertauschst die Koordinaten/Block-IDs, sodass anstelle der heruntergelassenen Brücke Luft entsteht und das Loch in der Mauer mit Holz gefüllt wird.

```
fill -65 67 -29 -69 67 -31 minecraft:air
fill -70 68 -29 -70 72 -31 minecraft:dark_oak_log
```

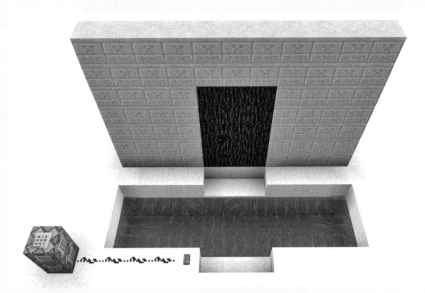

Vorderansicht der hochgezogenen Zugbrücke mit den zwei Befehlsblöcken, die sie herablassen.
Die Befehle in den Blöcken werden aktiviert, sobald du den Knopf drückst.

Bist du neugierig geworden auf Befehlsblöcke, blätterst du auf Seite 371 direkt ins Kapitel »Bühnenbildner«. Dort lernst du weitere Möglichkeiten kennen, wie du mit ihnen die Minecraft-Welt beeinflusst.

GLEISARBEITEN – TRANSPORTWESEN FÜR FORTGESCHRITTENE

Mit einer Minecraft-Lore mit immerhin 30 km/h durch die Biome zu düsen macht anfangs eine Menge Spaß. Aber gibt es auch einen praktischen Nutzen für deine Gleissysteme? Neben Achterbahnen – eine abwechslungsreiche Unterhaltung, wenn sie spektakulär in Szene gesetzt werden – gibt es z. B. Transportsysteme für Güter. Insbesondere frisch abgebaute Erze, Diamanten und andere Rohstoffe, die du in der Erde findest, sind besser in einem zentralen Lager aufgehoben als in Truhen, die du in deinen Minen platziert hast. Aber egal, ob in einer Einzelspielerwelt oder auf einem Multiplayer-Server, das Praktische ist die Vollautomatisierung eines Abbausystems. Neben Be- und Entlader, die über raffinierte Redstone-Schaltungen Füllstände messen und für das Umschichten zwischen Truhen, Trichtern und Güterloren sorgen, lernst du in diesem Kapitel auch verschiedene Arten von Haltestellen und Weichen kennen. Und natürlich, wie du überhaupt ein komplexes Gleissystem planst, denn da müssen einige Punkte berücksichtigt werden.

BESCHLEUNIGEN

Bevor es losgeht mit den vielen Komponenten für ein riesiges Gleisnetzwerk, einige Erklärungen zum Mechanismus der Beschleunigung der Loren.

Besteht dein Gleissystem aus ganz normalen Schienen, hältst du die W-Taste gedrückt, um nach vorne zu rollen (S bremst bzw. fährt rückwärts). Das ist natürlich sehr umständlich, lässt sich aber dank Redstone komfortabler umbauen. Dazu sind nicht nur deine Eisen-, sondern auch Goldvorräte gefragt, damit du genügend sogenannte *Antriebsschienen* herstellen kannst, um Loren automatisch zu bewegen. Damit solch eine Antriebsschiene funktioniert, benötigt sie außerdem eine Stromquelle, egal welche. Nutze am besten Redstone-Fackeln oder Hebel, da diese am billigsten in der Crafting-Herstellung sind. Platziere nun für dein Gleissystem nach jeweils *sieben* normalen Schienen immer *eine* Antriebsschiene plus Stromquelle. (Die Antriebsschiene leuchtet, sobald sie Strom erhält.) So bewegt sich die Lore in gleichmäßig hoher Geschwindigkeit, denn sobald sie nach einer gewissen Distanz Schwung verliert, erhält sie neue Power von einer Antriebsschiene.

Bergauf erreicht die Lore die notwendige Beschleunigung, wenn du die beiden Gleistypen nacheinander abwechselst: eine normal, dann eine Antriebsschiene usw. Seitlich montierst du wieder Redstone-Fackeln oder Hebel zur Stromversorgung jeder einzelnen Antriebsschiene.

Praxis-Tipp: Verlege für die Auffahrt ausschließlich Antriebsschienen (ohne normale Schienen zwischendrin) und platziere eine Stromquelle neben die *erste* Antriebsschiene. Der Strom läuft weiter durch alle folgenden Schienen.

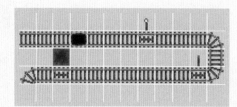

Zu ihrer Aktivierung platzierst du eine Redstone-Stromquelle direkt neben die Antriebsschiene. Im Bild drei Beispiele: Redstone-Fackel (oben), Hebel (rechts) und Redstone-Block (links).

Auf den folgenden Seiten lernst du Komponenten kennen, aus denen sich deine Gleisanlage zusammensetzt. Du musst nicht alle nacheinander ausprobieren, sondern schlägst hier nach, wenn dir ein bestimmtes Element fehlt: eine Weiche, eine Haltestelle, eine Maschine für die Handhabung von Güterloren. Falls du eine größere Struktur in Planung hast, wirf auch einen Blick ans Ende des Kapitels – dort findest du Vor-/Nachteile verschiedener Streckenkonzepte.

ENDSTATION

Eine *Endstation* deines Gleissystems liegt idealerweise neben deinem Wochen-endhäuschen im Wüstenbiom oder auf der kuriosen Pilzlandinsel auf der anderen Seite des Ozeans. Am Ende der Gleise auszusteigen und die Lore per Hand »abzubauen«, um sie mitzunehmen, ist aber altmodisch und im Next Level nicht komfortabel genug. Es geht praktischer.

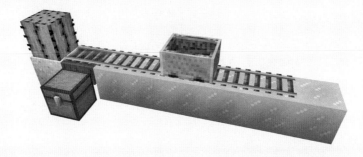

Materialien (außer normalen Schienen)

- 1 Sandblock
- 1 Trichter
- 1 Kaktus
- 1 Truhe

So funktioniert's

Erreichst du das Gleisende, kracht deine Lore gegen den Kaktus und wird automatisch »zerstört« (in Wirklichkeit abgebaut), also in einen Inventargegenstand verwandelt. Unter dem letzten Gleisstück steht ein Trichter, der die Lore aufsammelt. Verbindest du diesen Trichter mit einer Truhe (beim Verbinden die ⇧-Taste gedrückt halten), wird die Lore weitergeleitet. Gleichzeitig hast du an der Endstation gleich etwas Stauraum für Objekte, die du hier benötigst. Übrigens: Der Kaktus wächst nur auf einem Sandblock, darum ist er auch als Material gelistet.

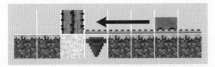

Seitenansicht der Endstation: Der Kaktus verwandelt die Lore in einen Inventargegenstand, sodass sie im Trichter landet. Wahlweise klemmst du den Trichter nebenan an eine Truhe. So erreichst du die abgebaute Lore besser.

EINFACHE HALTESTELLE

Für einen kurzen Zwischenhalt auf einer längeren Gleisstrecke baust du eine Haltestelle. Dies ist die einfachste Version, die nur in eine Richtung funktioniert (im Bild nach links), dafür aber nur eine Antriebsschiene (immerhin sechs Goldbarren) benötigt.

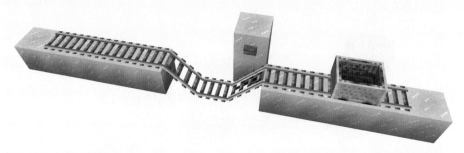

Materialien (außer normalen Schienen)

 1 Antriebsschiene   ● 1 Knopf

So funktioniert's

Antriebsschienen dienen eigentlich dazu, deine Lore zu beschleunigen. Das machen sie aber nur, wenn sie mit Redstone-Strom versorgt werden. Liegt *keine* Stromquelle an (oder ist die Antriebsschiene deaktiviert), bremst deine Lore ab. Drückst du nun auf den seitlich angebrachten Knopf (Stein oder Holz, beide Varianten produzieren Strom, aber unterschiedlich lang), aktiviert sich die Antriebsschiene, und die Fahrt geht weiter.

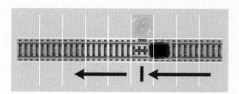

Die Antriebsschiene stoppt die fahrende Lore; per Knopfdruck erhält sie Strom und schickt die Lore wieder auf ihren Weg.

HALTESTELLE FÜR BEIDE RICHTUNGEN

Die einfache Haltestelle aus dem letzten Abschnitt hat ihren Einsatzzweck vor allem in großen und ringförmig angelegten Gleisstrecken, wo eine erhöhte Kollisionsgefahr besteht, wenn mehrere Loren gleichzeitig fahren. Hast du jedoch ein paar mehr Goldbarren zur Verfügung, erweiterst du das Konstrukt mit wenigen Handgriffen so, dass es in beide Richtungen funktioniert.

Materialien (außer normalen Schienen)

- ▦ 3 Antriebsschienen
- ● 2 Knöpfe

So funktioniert's

Erreichst du die erste (deaktivierte) Antriebsschiene, kommt deine Lore zum Stillstand. Betätigst du dort den Knopf, erhalten alle drei Antriebsschienen von diesem Knopf Strom und schicken dich geradeaus auf die Reise. Die mittlere Antriebsschiene ist notwendig, damit die folgende Aufwärts-Antriebsschiene Strom erhält. Andernfalls würde die dritte Antriebsschiene deine gerade angeschubste Lore stoppen, da sie ja keinen Strom erhält und so als Bremse funktioniert.

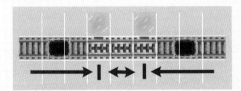

Mit einigen weiteren Antriebsschienen funktioniert die Haltestelle von beiden Seiten. (Allerdings können trotzdem nicht mehrere Loren gleichzeitig in entgegengesetzte Richtungen fahren, sonst kommt es irgendwann zum Crash.)

VERZÖGERTE WEICHE

Bei der einfachsten Form einer Weiche hält deine Lore für einige Sekunden. So hast du genug Zeit, einen Hebel zu betätigen, der deine Weiche nach links oder nach rechts stellt. Gleich darauf nimmt die Lore automatisch volle Fahrt auf.

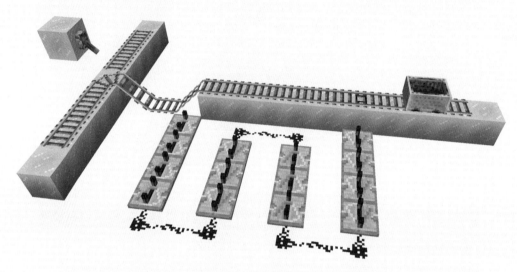

Materialien (außer normalen Schienen)

- 1 Antriebsschiene
- 14 Verstärker
- 1 Sensorschiene
- 6 Häufchen Redstone-Staub

So funktioniert's

Beim Einfahren in die Weiche überquerst du eine Sensorschiene, die ein Redstone-Signal durch viele hintereinandergeschaltete Verstärker schickt. Diese Verstärker verzögern das Stromsignal um einige Sekunden – das ist die Zeit zum Umstellen der Weiche, denn du kommst über den Bremsmechanismus einer deaktivierten Antriebsschiene zum Halt (im Bild an der kleinen Senke). Dort stellst du den Hebel auf die gewünschte Weichenstellung. Kurz darauf kommt das von der Sensorschiene initiierte Signal über den langen Verstärker-umweg bei der Antriebsschiene an. Es fließt Strom, und schon geht's weiter in die neue Richtung.

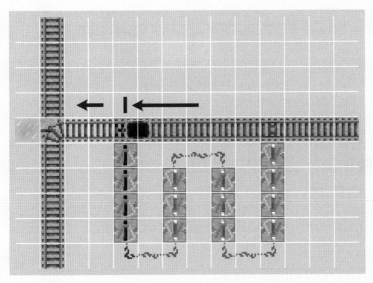

Fährt die Lore über die Sensorschiene (im Bild rechts), gibt sie Redstone-Strom an den benachbarten Verstärker ab. Das Signal läuft nun entlang der 14 Verstärker (im Bild ist der Strom gerade zwischen Verstärker Nr. 10 und 11 angekommen).

Verzögerung im Verstärker einstellen

Ist ein Verstärker an seiner Stelle platziert, stellst du mit weiteren Rechtsklicks auf ihn die *Verzögerung* der Stromweitergabe ein. Vier Stellungen sind möglich, von 0,1 bis 0,4 Sekunden Verzögerung. Die in dieser Weiche verwendeten 14 Verstärker geben dir also insgesamt 14 × 0,4 Sekunden = 5,6 Sekunden Zeit für das Umlegen der Weiche.

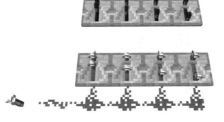

Von links nach rechts die vier Stellungen der Verstärker von 0,1 bis 0,4 Sekunden, oben ohne Strom, unten mit einer Redstone-Fackel aktiviert

Zusammenführende Gleise brauchen keinen Hebel

Um zwei Gleise zu einem zusammenzuführen, benötigst du keine Weiche, die umständlich per Hand gestellt wird. Du musst beim Platzieren der Schienen lediglich darauf achten, dass ein Gleis aufhört und das zweite mit einem kleinen Schlenker gleich dahinter in dieselbe Richtung weiterführt. Dadurch entsteht eine kleine Lücke, über die Loren aber drüberfahren.

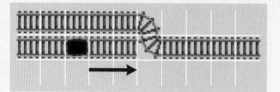

Verlege beim Zusammenführen von zwei Gleisen das mit der Rechts-/Linkskurve zuerst und danach die geradeaus führende Strecke.

HALTEWEICHE

In dieser Weichenvariation kommst du zum vollständigen Halt, legst die weitere Streckenführung per Hebel fest und betätigst einen Knopf, um deine Reise fortzusetzen. Der Vorteil dieses Designs liegt darin, dass die Weiche aus allen drei Richtungen genutzt werden kann.

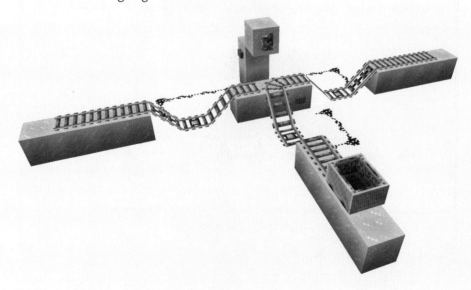

Materialien (außer normalen Schienen)

3 Antriebsschienen

1 Hebel

14 Häufchen Redstone-Staub

3 Sensorschienen

3 Knöpfe

So funktioniert's

Über das bekannte Haltestellendesign mit deaktivierter Antriebsschiene kommt deine Lore zum Stehen – egal, aus welcher Richtung du eintrudelst. Du klickst auf den Hebel, um die Weiche zu stellen, dann auf einen Knopf, um die Antriebsschiene, auf der du stehst, mit Redstone-Strom zu versorgen und dich wieder zu beschleunigen.

Der Trick bei dieser Konstruktion ist die Sensorschiene vor bzw. hinter der Antriebsschiene – je nachdem, aus welcher Richtung du kommst. Fährst du *in* die Weiche, hat die erste Sensorschiene gleich hinter der deaktivierten Antriebsschiene keine Funktion. Fährst du aber weiter, aus der Weiche *heraus*, rollst du zuerst über die Sensorschiene, die sofort die dahinterliegende Antriebsschiene mit Strom versorgt und verhindert, dass diese dich abbremst, sondern dafür sorgt, dass diese dich sogar noch beschleunigt.

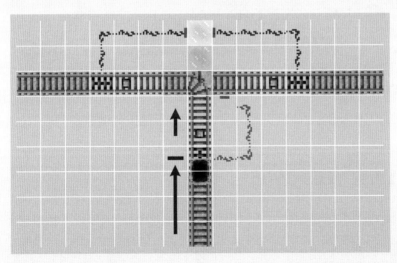

Kommst du an der deaktivierten Antriebsschiene an, bleibt deine Lore stehen, bis du dich per Hebel für eine Weichenstellung entschieden hast und den passenden Knopf für die Aktivierung der Antriebsschiene drückst.

Dein nächster Level

Der Hebel lädt den Block, an dem er montiert ist, mit Redstone-Strom. Diesen Strom kannst du nutzen, um die Weichenstellung auffälliger anzuzeigen. Zwei Redstone-Lampen bieten sich dafür an. Die im Bild rechts montierte leuchtet, da der Hebel gerade keinen Strom erzeugt, die untere Redstone-Fackel den Nicht-Strom invertiert, also Strom erzeugt, und damit die Lampe anfeuert. Ist der Hebel umgelegt (und die Weiche in der anderen Stellung), erzeugt er Strom. Die untere Redstone-Fackel invertiert, ist also nun stromlos – die rechte Lampe bleibt dunkel. Darauf reagiert allerdings die oben angebrachte Redstone-Fackel, aktiviert sich aufgrund des fehlenden Stroms und zündet die linke Lampe an.

Redstone-Lampen zeigen die Hebel- und damit die Weichenstellung an; die Redstone-Fackeln sorgen dafür, dass nur genau eine Lampe brennt.

SPIELERWEICHE

Mithilfe von Güterloren schaffst du dir ein ausgeklügeltes System, abgebaute Erze und andere Materialien vollautomatisch in ein Zwischen- oder Endlager zu schicken. Gleich lernst du dafür Be- und Entladesysteme kennen. Zuvor aber noch eine praktische Weiche, mit deren Hilfe deine Gleiskonstruktion unterscheidet, ob gerade Güter transportiert werden (und das Ziel das Lager ist) oder ob du höchstpersönlich als Passagier darin sitzt. In diesem Fall stellt sich die Weiche dann so ein, dass du nicht im Lager, sondern in der Lorengarage deines Wohnsitzes ankommst.

Materialien (außer normalen Schienen)

- ⚑ 2 Haken
- 🐀 1 Redstone-Verstärker
- 🪡 1 Faden
- ♠ 5 Häufchen Redstone-Staub

So funktioniert's

Das Geheimnis dieser Weiche ist der Einsatz von Haken und Stolperdraht (Faden), die einen Redstone-Strom aktivieren, sobald du mit der Lore hindurchfährst. In diesem Fall stellt sich die Weiche in die Geradeausstellung. Sitzt du *nicht* in der Lore oder fährt eine Güterlore auf den Gleisen, reagiert der Stolperdraht nicht, da er nur auf Personen reagiert: Die Weiche bleibt in der Rechtsstellung.

Je nachdem, wie weit du Gleise, Weiche und Stolperdraht voneinander entfernt platzierst, ist ein bisschen Feintuning mit dem Redstone-Verstärker notwendig. Löst du den Stolper-draht zu weit entfernt aus, schaltet sich die Weiche um und zu schnell wieder zurück. Nutze die Verzögerungsfunktion des Verstärkers (Rechtsklick für die vier verschiedenen 0,1- bis 0,4-Sekundenstellungen), um den Stromimpuls für die Weiche genau an deine Ankunftszeit anzupassen.

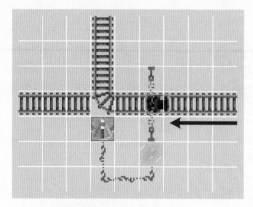

Erreichst du mit deiner Lore den Stolperdraht in der Luft, wird Redstone-Strom unter dem Block, an dem der Haken befestigt ist, aktiviert und stellt die Weiche um. Achte darauf, dass die Haken auf der zweiten Blockebene von zwei Blöcke hohen Türmen angebracht sind. Beim Redstone-Stromspur-Turm gibt es keinen unteren Block, dort beginnt bereits die Redstone-Spur (im Bild halbtransparent sichtbar).

EINFACHER BELADER

Schürfst du tief im Erdreich nach Erzen und Diamanten, geht dir schnell der Platz aus. Sicher kannst du die vielen Bruchsteinstapel in einem verlassenen Minenzweig entsorgen; das ist kein Problem. Aber was fängst du mit einigen Dutzend Goldblöcken oder Diamanten an? Sie ständig dabeizuhaben, ist riskant.

Ein Zwischenlager (in Form einer Truhe) ist zu empfehlen, wo du alles Wertvolle lagerst, bis du den Weg nach Hause antrittst. Aber es gibt noch raffiniertere Konstruktionen. Mit einigen Redstone-Komponenten hängst du eine Beladestation an das Zwischenlager, die vollautomatisch Güterloren befüllt und sie auf den Weg ins Endlager, vielleicht an der Oberfläche, schickt.

Materialien (außer normalen Schienen)

- 1 Truhe (Zwischenlager)
- 1 Redstone-Komparator
- 1 Häufchen Redstone-Staub
- 1 Antriebsschiene

- 1 Trichter
- 1 Redstone-Fackel
- 1 Redstone-Verstärker

So funktioniert's

Die Truhe ist dein Zwischenlager. Ein Trichter unter der Zwischenlagertruhe entnimmt so lange Objekte aus dem Truheninventar, bis sein eigenes Inventar (fünf Slots) voll ist. Währenddessen misst ein Komparator hinter dem Trichter den Füllstand und aktiviert eine Redstone-Stromleitung, da sich Objekte im Trichterinventar befinden. Die dahinterliegende Redstone-Fackel-, Redstone-Staub- und Redstone-Verstärker-Kombination deaktiviert bzw. aktiviert die Antriebsschiene unter dem Trichter, je nachdem, welchen Trichterfüllstand der Komparator meldet. Ist der Trichter also *voll*, bleibt die Antriebsschiene erst mal *ohne* Strom (Inverterfunktion der Redstone-Fackel). Die Folge: Eine vorbeifahrende Güterlore bleibt stehen und nimmt alle Objekte aus dem Trichter auf, bis dieser leer ist. Der leere Trichter sorgt dann für das Umschalten der Redstone-Schaltung, die Antriebsschiene wird aktiviert und schickt die Güterlore auf ihren Weg.

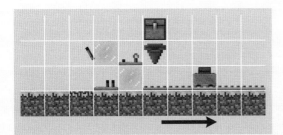

Solange sich Gegenstände im Trichter befinden, leitet der Komparator Redstone-Strom an die Redstone-Fackel, die sich daraufhin ausschaltet (Inverter). Das deaktiviert auch den Redstone-Staub und den Verstärker darunter sowie die über den Block verbundene Antriebsschiene. Eine auf ihr befindliche Güterlore bleibt stehen.

BELADER – THE NEXT LEVEL

Die einfache Belader-Station aus dem letzten Abschnitt hat eine kleine Schwachstelle. Was, wenn die Truhe in der Güterlore voll ist, der Trichter aber noch lange nicht leer, wie das vielleicht bei größeren Zwischenlagern mit mehreren und großen Truhen der Fall ist? Dann wird die Güterlore niemals losgeschickt, da die Antriebsschiene so lange deaktiviert bleibt, bis der Trichter leer ist – niemals. Ein raffinierteres Design muss her.

Materialien (außer normalen Schienen)

- 4 Antriebsschienen
- 1 Trichter
- 1 Bruchsteinmauer o. Ä.
- 1 Redstone-Komparator
- 2 Häufchen Redstone-Staub

- 1 Sensorschiene
- 1 Truhe (Zwischenlager)
- 1 klebriger Kolben
- 1 Hebel
- 2 Redstone-Fackeln

So funktioniert's

Die drei Antriebsschienen vor dem Belader beschleunigen die ankommende Güterlore stark genug, dass sie die leichte Anhöhe am Gleisende erklimmt. Dabei kommt sie gleichzeitig auf der schrägen Antriebsschiene *und* der Sensorschiene zum Stehen, da sie die ausgefahrene Bruchsteinmauer am klebrigen Kolben festklemmt. (Strom erhält die Mauer-/Kolbenkonstruktion von einer im Bild nicht sichtbaren Redstone-Fackel *hinter* dem Kolben.) Also sind die Funktionen beider Schienen aktiv: Die Sensorschiene gibt den Füllstand der Güterlore an den Komparator weiter. Der Komparator vergleicht den Güterlorenfüllstand mit der Energie des seitlich angebrachten Hebels.

Der Hebel gibt eine Redstone-Stromstärke von 15 ab. Der Komparator bleibt also *deaktiviert*, solange das Güterloreninventar *nicht voll* ist. Der deaktivierte Komparator gibt in diesem Fall auch keinen Strom an den Block dahinter ab. Die (auf dem Übersichtsbild hinter dem Eisblock versteckte) Redstone-Fackel hinter dem Kolben bleibt aktiviert und der Kolben und die angeklebte Bruchsteinmauer ausgefahren. Die Lore ist festgeklemmt.

Solange das Güterloreninventar nicht voll ist, tropfen unaufhörlich Objekte aus dem Trichter über der Lore in das Güterloreninventar. Darüber befindet sich außerdem eine Truhe (das Zwischenlager), die dafür sorgt, dass der Trichter immer gefüllt wird. Ist nun irgendwann das Güterloreninventar *voll*, wird der Komparator *aktiviert* und gibt endlich Strom an die Redstone-Fackel einen Block weiter hinten ab. Diese agiert als Inverter und deaktiviert sich. Damit erhält der klebrige Kolben keinen Strom mehr. Er fährt ein und zieht die an ihn geklebte Bruchsteinmauer zurück, wodurch der Weg für die Güterlore frei wird und sie abfährt.

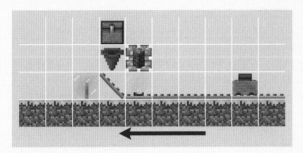

Seitenansicht des Beladers bei der Einfahrt: Die drei Antriebsschienen (im Bild links von der Lore) geben der Lore genug Schwung, um zwischen der hochgestellten Antriebsschiene (ganz links) und der Sensorschiene zum Stehen zu kommen. So lassen sich die Funktionen beider Schienen gleichzeitig nutzen.

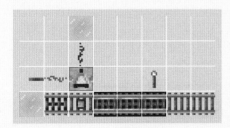

Vogelperspektive der untersten Ebene: Der Komparator vergleicht den Füllstand der Güterlore über die Sensorschiene (im Bild unter dem Komparator) mit der Redstone-Stromstärke des Hebels. Erst wenn beide übereinstimmen, gibt sie Strom weiter (im Bild nach oben).

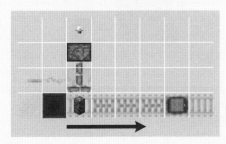

Vogelperspektive der zweiten Ebene: Der Trichter (links) befüllt die Güterlore. Klebriger Kolben und Steinmauer verhindern, dass die Lore weiterfährt. Es sei denn, der Kolben wird durch den darunterliegenden Komparator und den Redstone-Fackel-Inverter hinter ihm deaktiviert und fährt die Bruchsteinmauersperre ein. (Im Bild fuhr die Lore bereits los und der Kolben fuhr bereits aus.)

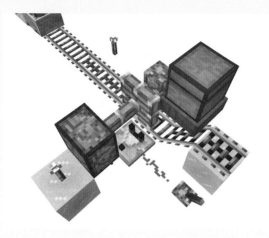

Ansicht des Beladers von rechts: Damit der Komparator seinen Dienst verrichtet, muss der Hebel aktiviert sein (siehst du am Leuchten der Redstone-Spur). In dieser Ansicht siehst du auch die Redstone-Fackel hinter dem Kolben, die dafür sorgt, dass er im Normalzustand ausgefahren ist.

 Dein nächster Level

Den Trick mit dem Komparator, der das Güterloreninventar mit einer angeschlossenen Stromquelle vergleicht/misst, kannst du modifizieren. Möchtest du z. B., dass das Inventar nur zur Hälfte gefüllt ist, bis die Lore losfährt, verbindest du einfach eine andere Stromquelle mit dem Komparator. Am flexibelsten bist du mit einer Redstone-Fackel, die du in mehreren Blöcken Entfernung über eine lange Redstone-Staubspur an den Komparator anschließt. Je weiter die Fackel entfernt ist, desto weniger Strom erreicht den Komparator und desto niedriger muss der Güterlorenfüllstand sein, bis der Komparator aktiviert und der Kolben zur freien Güterlorenfahrt eingezogen wird.

Statt eines Hebels kannst du beliebige andere Stromquellen zum Vergleichen des Inventarfüllstandes der Güterlore einsetzen. Im Bild sieht man weiter hinten eine Redstone-Fackel. Sie ist gerade so weit entfernt, dass das Beladen bei der Hälfte der Inventar-Slots stoppt.

ENTLADER

Am anderen Ende des vollautomatischen Ressourcentransports steht der *Entlader*. Die voll beladene Güterlore kommt am Ende des Gleises an, und alle Inhalte werden in eine Truhe umgeladen. Danach fährt die Lore zurück.

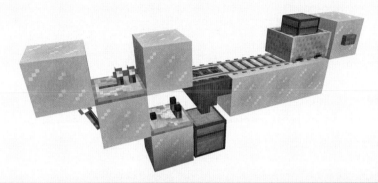

Materialien

- ▦ 1 Antriebsschiene
- ◆ 1 Truhe
- ⸙ 1 Redstone-Fackel

- ▼ 1 Trichter
- ⸗ 1 Redstone-Komparator
- ⸗ 1 Redstone-Verstärker

So funktioniert's

Die beladene Güterlore wurde durch eine Antriebsschiene mit Stromknopf auf den Weg geschickt (im Bild auf der rechten Seite – das ist ein praktisches Design für Testkonstruktionen) und kommt am Ende des Gleises über der Antriebsschiene mit dem Trichter an. Hier beginnt ein Redstone-Stromkreislauf:

1. Die Ankunft der Lore aktiviert den Trichter unter den Gleisen. Der Trichter beginnt sofort mit dem Entladen aller Objekte in sein eigenes Inventar.

2. Sein Füllstand wird vom Komparator hinter dem Trichter (im Bild links des Trichters) registriert. Der Komparator erzeugt dadurch Redstone-Strom, der über die dahinterliegende Redstone-Fackel-Umleitung zu Nicht-Strom umgekehrt wird.

3. Der Nicht-Strom verläuft jetzt über den Verstärker durch den Block zur Antriebsschiene. Das deaktiviert die Antriebsschiene, sodass die Lore stehen bleibt, und zwar so lange, bis der Trichter alle Gegenstände aus der Lore an die Truhe weitergeleitet hat.

4. Jetzt ist das Trichterinventar wieder leer. Der Komparator deaktiviert sich, die Redstone-Fackel produziert Strom, den der Verstärker an die Antriebsschiene weitergibt, die sich aktiviert. Die Fahrt zurück beginnt.

GLEISFÜHRUNG

Im Einzelspielermodus sind die ersten Gleisanlagen ohne viel Planung zügig verlegt und erfüllen problemlos ihren Zweck, wenn du dein Hauptquartier mit ein oder zwei Minenlagern und einem Wochenendhäuschen auf dem Grund des Ozeans verbinden möchtest. Erhöht sich aber die Anzahl deiner Ziele, nutzt du vollautomatische Be- und Entlader oder spielst du auf einem Multiplayer-Server mit anderen zusammen, muss etwas Ordnung ins Schienenchaos gebracht werden. Ansonsten herrscht die ständige Gefahr von Kollisionen, die das gesamte System lahmlegen können. Mit ein bisschen Grundwissen über die Streckenplanung ist das aber kein Problem. Du lernst hier drei Systeme kennen, von denen jedes einen eigenen Einsatzzweck hat: den *Hauptbahnhof* mit sternförmigen Strahlen, an deren Enden sich die Zielbahnhöfe befinden, die *Ringbahn*, die am ehesten dem S-Bahn-Ring einer Großstadt gleicht, und das *Netzwerk*, eine komplexe Struktur, die zuerst chaotisch aussieht, aber viele Vorteile bringt.

Hauptbahnhof mit sternförmigem Netz

Im Hauptbahnhofsystem (im englischen Minecraft-Jargon *Hub*, also ähnlich wie *hub airport* = Drehkreuzflughafen) errichtest du eine riesige zentrale Station, von der aus einzelne Gleisstrecken zu ganz bestimmten Zielen führen. Bist du gerade an einem der entfernten Bahnhöfe am Ende eines Gleises, kehrst du immer wieder zurück zum Hauptbahnhof, um von dort in eine andere Richtung aufzubrechen. Natürlich kannst du einzelne Ziele ebenfalls miteinander verbinden. (Das ist dann bereits der halbe Weg zum Netzwerk.)

Insgesamt benötigt diese Art der Streckenführung eine ganze Menge Gleise, da hier keine Abzweigungen oder Weichen vorgesehen sind. So entsteht eine extrem hohe Gefahr, dass sich zwei Loren unterwegs begegnen und kollidieren.

Dieses Sternlayout eignet sich also nur, solange die Anzahl der Zielbahnhöfe überschaubar bleibt (ein halbes Dutzend), sie nicht zu weit voneinander entfernt liegen (unter 500 Blöcken) und auch nicht zu viele Loren Gefahr laufen, die Gleise zu verstopfen. Ist die Kapazität dieses Systems erschöpft, wird es unübersichtlich. Das System lässt sich dann schlecht erweitern, wenn mehr Ziele dazukommen oder weiter entfernt liegen.

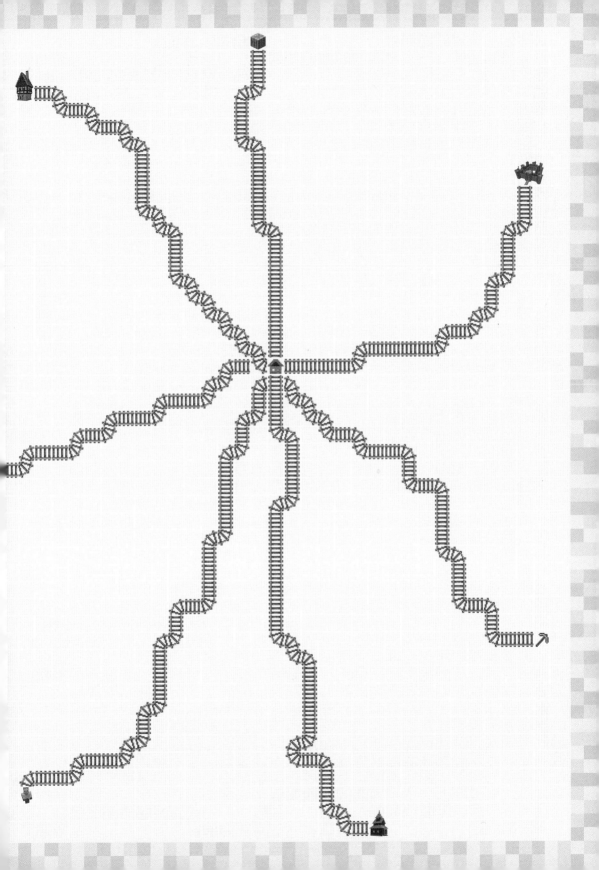

Ringbahn

Dass eine Ringbahn gut funktioniert, siehst du z. B. bei S- und U-Bahnen in Berlin, Hamburg, aber auch in Madrid, Moskau und Tokio. Sie ist das genaue Gegenteil des strahlenförmigen Sternnetzes und verbindet viele Regionen über ein einzelnes, unkompliziertes Gleissystem. Aber, und das ist auch an den Netzwerkplänen in Großstädten erkennbar, ein einfacher Kreis reicht oft nicht aus. Natürlich kein Problem in Minecraft, wo du überall bauen kannst, wo du willst: Passe die Form des »Ringes« einfach den natürlichen Gegebenheiten und den Zielen an, die du erreichen möchtest.

Der Vorteil ist die Klarheit des Designs. Es gibt eine vorgegebene Richtung (es geht freilich auch zweigleisig, siehe Seite 127), in die alle Spieler und Loren unterwegs sind. Keine Kreuzungen, keine Abkürzungen verkomplizieren das Design. Es ist eine einzelne Strecke, auf der es niemals zu einem Crash kommen kann. Der Nachteil: Abhängig von der Größe der Ringbahn benötigt es eine geraume Zeit, ein bestimmtes Ziel zu erreichen. Sie eignet sich also für Bahnstrecken, die eine übersichtliche Anzahl von Biomen erreichen.

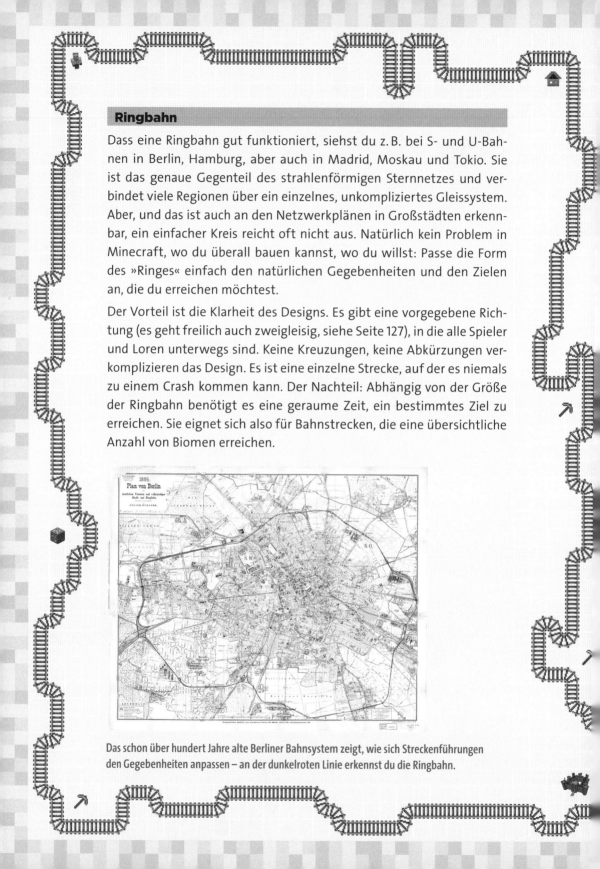

Das schon über hundert Jahre alte Berliner Bahnsystem zeigt, wie sich Streckenführungen den Gegebenheiten anpassen – an der dunkelroten Linie erkennst du die Ringbahn.

Netzwerk

Ein Netzwerk verzichtet auf eindeutige Haupt-, Start- und Zielbahnhöfe, verbindet verschiedene Orte miteinander und stellt mehrere Haltestellen zum Ein- und Aussteigen, Be- und Entladen bereit. Es wirkt chaotischer als das einfache stern- oder ringförmige System, orientiert sich aber an den tatsächlichen Bedürfnissen. So benötigst du vielleicht an einem bestimmten Ort ein bestimmtes Material, das du ganz woanders lagerst. Dank des Netzwerkes, das du Schritt für Schritt ausgebaut hast, dauert die Fahrt nicht so lange wie bei den anderen Systemen. Einzige Voraussetzung: Du brauchst einen Netzwerkplan.

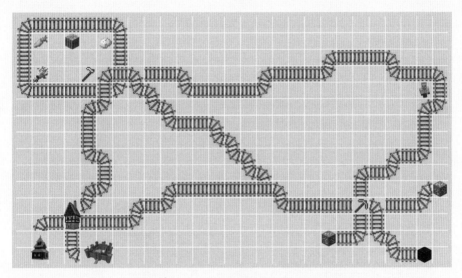

Beispiel für ein einfaches Netzwerk (blau hinterlegt, verbindet Hauptquartier, Minen, Farmen und den Monsterwald) mit angeschlossener Ringbahn (zum Farmland) und Sternnetz (mehrere Minengruben)

Ohne Weichen und/oder Haltestellen ist solch ein Netzwerk nicht zu konstruieren. Was ist aber mit automatischen Güterloren, die führerlos durch die Biome düsen, um ihre Nutzlast in einem Lager abzuliefern? Für die Lösung dieses vermeintlichen Dilemmas blätterst du zur Spielerweiche (Seite 114). Mit ihrer Hilfe nutzen Güterloren ganz andere Streckenabschnitte. Und besonders komfortabel wird das System, wenn sich in deinem Lager eine Sortiermaschine befindet. Kombiniere den Entlader von Seite 121 mit dem Sortierer von Seite 68, und du hast ein vollautomatisches System, bei dem du später sämtliche Erze, Diamanten und alles andere in separaten Truhen in deinem

Hauptlager vorfindest. Erinnerst du dich an die Restetruhe der Sortiermaschine? Kombiniere sie mit einem Belader (Seite 116), um die unnützen Objekte mit einer vollautomatischen Lore auf eine Deponie abzutransportieren. Hier sind deiner Fantasie keine Grenzen gesetzt.

So bieten die verschiedenen Gleissysteme ganz unterschiedliche Vor- und Nachteile, und wie in der Wirklichkeit gibt es nicht die einzige beste Lösung. Für wirklich komplexe Streckenführungen wirst du Mischungen der verschiedenen Systeme anwenden, z. B. ein Netzwerk, um wichtige Regionen miteinander zu verbinden, in einer Region ein oder zwei Sternnetze für supereffiziente Ressourcensammlungen (der Hauptbahnhof ist dann die Umsteigestation zum Netzwerk) und eine Ringbahn/Achterbahn zur Unterhaltung. Beachte aber insbesondere bei großen Anlagen, dass, je nachdem, in was für einer Art Minecraft-Welt du spielst, einige Streckenabschnitte vielleicht nicht aktiv sind – siehe den Abschnitt »Achtung! Grenzenlose Gleissysteme ...« nach den folgenden Tipp-Kästen.

Monsterüberfälle verhindern

Verirren sich Monster (oder Tiere) auf die Gleise, bleiben Loren unweigerlich stecken. Das verhinderst du durch eine sachgemäße Absicherung: Zieh Wände oder Zäune um die Gleisstrecke, und beleuchte sie ausreichend, um ein Spawning zu verhindern. Außerdem ist das Spawnen von deiner Anwesenheit in der Nähe der Gleisstrecke abhängig – siehe Spawning-Diagramm auf Seite 52.

Mit Zäunen und Fackeln verhinderst du, dass sich Monster und Tiere auf deine Gleise verirren.

Gleis-Debugging

Nach der Konstruktion einer längeren Trasse empfehlen sich intensive Tests, um zu sehen, ob sie wirklich so problemlos verläuft, wie du es dir vorstellst. Schick Loren auf ihren Weg, und lauf hinterher, um zu sehen, ob sie irgendwo hängen oder stehen bleiben. Achte aber darauf, nicht zu dicht hinter ihnen her zu sein, um sie nicht versehentlich anzuschubsen und damit die Testfahrt zu verfälschen.

Verfolge den Weg einer Lore, um herauszufinden, ob sie irgendwo nicht mehr weiterkommt.

Zweigleisig fahren

Zweigleisige Systeme haben einen entscheidenden Vorteil, wenn du mehr als eine Lore ins Rennen schickst. Das kann bei einem komplexen Bergbaubelade- und -entladekonstrukt der Fall sein oder falls du die Gleise in deiner eigenen Welt oder auf einem Multiplayer-Server mit mehreren Mitspielern benutzt. Verlegst du in deinem Gleisnetz überall zwei Gleise, kann es niemals zu Kollisionen kommen. Dazu muss aber klar sein, welches Gleis in welche Richtung führt. (Für Haltestellen verwendest du in dem Fall also das Design »Einfache Haltestelle« und nicht »Haltestelle für beide Richtungen«. So weiß sofort jeder Bescheid, in welche Richtung es geht.)

Zweigleisige Streckenführungen verhindern Kollisionen. Es muss nur allen Mitspielern klar sein, welches Gleis in welche Richtung führt.

Achtung! Grenzenlose Gleissysteme ...

... gibt es nicht! Jedenfalls nicht in einer Einzelspielerwelt und auch nur begrenzt auf Multiplayer-Servern. Nicht nur die Darstellung einer Welt, sondern auch die Berechnungen für die Bewegungen von Monstern, Tieren und Loren, das Wachsen von Pflanzen und das Funktionieren von Redstone-Maschinen kostet Minecraft bzw. den Computer oder Server eine Menge Rechenzeit. Dazu ist die gesamte Welt in sogenannte *Chunks* unterteilt, kleine Bereiche, die 16 Blöcke breit und tief sind und die gesamte y-Höhe von 256 Blöcken einnehmen. Um deine Spielfigur herum *begrenzt* Minecraft die Anzahl der Chunks, die im Speicher geladen bleiben. Und das beschränkt auch die aktiven Tiere, Monster, Objekte und auch Antriebsschienen und andere Gleismechanismen.

Im Einzelspielermodus liest du die Anzahl dieser Chunks über ⎡Esc⎤ • **Optionen...** • **Grafikeinstellungen...** oben rechts bei **Sichtweite** ab. Das heißt, der **Sichtweite**-Wert bestimmt nicht nur, dass du so weit blicken kannst, wenn du auf einem hohen Berg stehst, sondern auch, dass deine automatischen Loren nur so weit rollen. Du kannst den **Sichtwert**-Wert theoretisch beliebig anpassen. Ist er jedoch zu hoch, merkst du, wie Minecraft träger wird und sich die Grafik langsamer und ruckeliger aufbaut.

Über die »Grafikeinstellungen« stellst du per »Sichtweite« die Anzahl der Chunks ein, die im Speicher geladen bleiben.

Auf Multiplayer-Servern ist die Anzahl der Chunks ebenfalls begrenzt (oft auf 10), denn auch Server sind nur Computer mit begrenzter Rechenleistung. Der Vorteil auf diesen Plattformen ist aber, dass nicht nur deine Spielfigur zählt, sondern die aller gerade aktiven Mitspieler. Konstruierst du mit deinen Kumpels und Kumpelinen also gerade eine Schienenanlage und seid ihr alle nicht zu weit voneinander entfernt, gibt es eine gute Chance, dass das gesamte System lückenlos funktioniert.

Folgende Tricks gibt es außerdem, Aktivitäten in Chunks aufrechtzuerhalten, die sich weiter weg von dir befinden:

- Die Stelle deines **ersten Spawns**, dort, wo du zuerst in der Welt erschienen bist, bleibt immer geladen. Das sind 13 × 13 Chunks (208 × 208 Blöcke), die jede erdenkbare Redstone-Mechanik oder automatische Farm enthalten können und niemals abgeschaltet werden, egal, wie weit du entfernt bist. Mit einer Ausnahme: Verlässt du die Oberwelt und begibst dich beispielsweise in den Nether, bleiben die Oberwelt-Spawn-Chunks nur 60 weitere Sekunden aktiv.

  Tipp: Mit ⌨F3 + ⌨G (gleichzeitig drücken) blendest du die Grenzen des Chunks ein, in dem du dich befindest. Übrigens findest du deinen ersten Spawn-Punkt immer mit einem Kompass. Folge der Richtung, in die die Nadel zeigt, bis sie sich plötzlich dreht. An diesem Punkt stehst du quasi direkt auf dem Spawn-Punkt.

- **Trichtertrick**: Ragt das untere Ende eines mit Gegenständen beladenen Trichters, der sich in einem *aktiven* Chunk befindet, in einen eigentlich *inaktiven* Chunk, sind beide geladen – ein sehr mühsames Verfahren, über das du im Internet und insbesondere bei YouTube mehr über die Suchwörter »chunk loading« erfährst.

- **Chunk-Loading-Mods**: Ist dein Minecraft-Setup bereit, Mods einzusetzen (z. B. über die Forge-Erweiterung, siehe Seite 326 im Minecraft-Survival-Buch), installierst du einen Mod, über den du das sogenannte *Chunk Loading* beeinflusst. Du erhältst beispielsweise einen neuen Gegenstand, z. B. einen Chunk Loader, der, einmal auf den Boden platziert, eine einstellbare Anzahl von Chunks um sich herum am Leben erhält – ein unverzichtbares Tool für Freunde riesiger Minecraft-Gleisanlagen. Aber (das ist leider häufig so bei Mods) du musst dich im Internet umsehen, ob es eine mit deiner speziellen Minecraft-Version kompatible Variante gibt. (Such-Stichwörter: »mod chunk loader«)

- Chunk Loader befinden sich auch in beliebten **Modpacks**, die auf vielen Spielservern eingesetzt werden, z. B. Feed The Beast oder Railcraft.

- Spielst du auf einem Multiplayer-Server, herrschen ganz besondere Regeln für den Bau großer Gleisnetzwerke. Sieh dich auf der Website zum Server um, durchstöbere die FAQs und die Foren, und frage im Forum nach, falls du keine Infos findest.

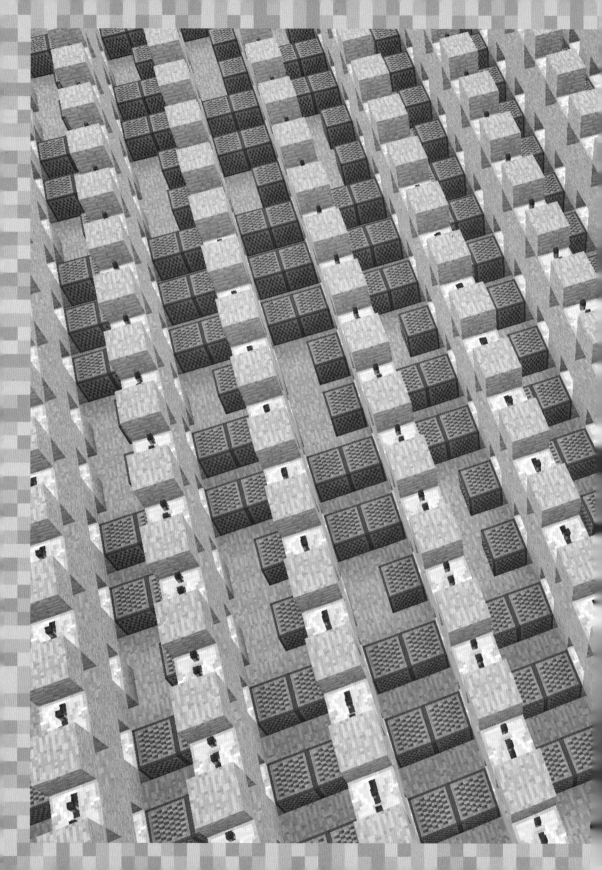

KURIOSITÄTEN – REDSTONE MAL ANDERS

Mit Redstone-Schaltungen, verschiedenen Stromquellen und sich bewegenden oder leuchtenden Verbrauchern lassen sich die verrücktesten Dinge in Minecraft bauen. Nicht alle sind sinnvoll, aber der Reiz liegt in der Herausforderung, das Unmögliche mit den vorhandenen Bauteilen umzusetzen: z.B. die Rolltreppe, die dich ohne weiteres Zutun nach oben befördert. Oder eine Türklingel, die bei Aktivierung ein Lied abspielt (das Hintergrundbild auf dieser Seite ist eine riesige Musikmaschine). Wie wär's mit einem Fahr- oder Flugzeug, das sich tatsächlich bewegt (ohne Mods)? Natürlich entsteht hier kein hyperrealistischer Flugsimulator, aber es ist doch faszinierend, was alles möglich ist. Man muss sich nur etwas Zeit zum Experimentieren nehmen oder die kuriosen Maschinen anderer Minecrafter studieren.

In diesem Kapitel lernst du einige dieser Kuriositäten kennen. Redstone-Maschinen, die so nicht wirklich in eine andere Kategorie, ein anderes Kapitel gehören und vielleicht die eine oder andere Idee in dir zünden, etwas Neues auszuprobieren.

FLUGZEUG

Wie bitte? Ein Flugzeug? In Minecraft? Ohne Mods? Da darfst du natürlich kein rasantes Modellflugzeug erwarten und erst recht keinen 500 Tonnen schweren Airbus A380. Das Minecraft-Flugzeug ist ein kleiner Papierflieger mit per Gummi aufgezogenem Propeller. Und er kriecht laut schnaufend im Schneckentempo über den Himmel. Dennoch ist er ein kurioses Redstone-Konstrukt und gar nicht so kompliziert.

Ein echter Flugsimulator

Abseits des hier vorgestellten Schleimblockfliegers gibt es wesentlich realistischere Flugzeugumsetzungen in Minecraft, aber nur als Mods. Allen voran ist der Minecraft Flight Simulator (*https://minecraft-buch.de/flusi*) am eindrucksvollsten. Zu Beginn baust du dir dein Flugzeug von Grund auf zusammen, und so musst du etwas Geduld mitbringen und auch die vielen Hinweise in dem Nachrichten-Thread studieren, bevor du abhebst. Beachte auch, dass du Minecraft Forge benötigst (*https://minecraft-buch.de/forge*), die Minecraft-Variante, die sich mit Mods erweitern lässt, und zwar in der zum Flight Simulator jeweils passenden Version.

Materialien für das Grundgerüst

- 2 Kolben
- 2 Schleimblöcke
- 1 Redstone-Block zum Anwerfen
- 1 klebriger Kolben
- 2 Redstone-Blöcke als Batterie

Materialien für die Beispieldekoration

- 5 Schleimblöcke
- 3 Blöcke gebrannter Ton (grün)
- 1 Glasblock
- 2 Steinstufen

So funktioniert's

Für Minecraft-Fahr- oder -Flugzeuge kommt man nicht an Kolben und klebrigen Kolben vorbei. In Kombination mit klebrigen Schleimwürfeln und geschickt untergebrachten Stromversorgungen und Dekorationen verschiebt sich die gesamte Einheit Luftblock für Luftblock durch das Ein- und Ausfahren der Kolben.

Draufsicht/Seitenansicht: Die Grundmechanik des Flugzeugs besteht aus einem Schleimblock, einem Kolben, einem klebrigen Kolben (in der Mitte), dann wieder einem Schleimblock und einem Kolben. Achte unbedingt auf die korrekte Ausrichtung der Kolben.

1. Such dir ein nettes Plätzchen weit entfernt von der Erdoberfläche, kein Hindernis weit und breit, und beginne am hinteren Ende des Flugzeugs (rechts im Diagramm) mit einem einfachen Kolben 🔲. Ohne eine Hilfskonstruktion, an der du diesen mit der rechten Maustaste ansetzen kannst, erschaffst du ihn mit dem Befehl `setblock ~ ~ ~ minecraft:piston`.

2. An den hölzernen Kolbenkopf klebst du einen Schleimblock 🔲.

3. Am Schleimbock befestigst du einen klebrigen Kolben 🔲, aber umgekehrt, sodass der klebrige Kopf zum Schleimblock zeigt. Das heißt, du benötigst für die Platzierung eine kleine Hilfskonstruktion, wie du im folgenden Bild siehst.

3 Für die Platzierung des klebrigen Kolbens benötigst du eine kleine Hilfskonstruktion (im Bild blaues Packeis). Montiere den klebrigen Kolben an der vorderen Fläche des Hilfsblocks, im Bild dort, wohin das Fadenkreuz zeigt. (Möglicherweise musst du das mehrere Male probieren, der Kolben darf nicht nach oben ausgerichtet sein.)

4. Entferne die Hilfskonstruktion, und montiere hinten an dem klebrigen Kolben einen normalen Kolben 🔘 und einen weiteren Schleimblock 🔲 an seinem Kopf.

5. Für die Stromversorgung setzt du zwei Redstone-Blöcke 🔴 oben auf die beiden Schleimblöcke.

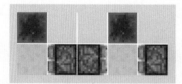

5 Seitenansicht des Grundgerüsts mit zwei Redstone-Blöcken als Stromquellen für die Kolben

6. Zur Startvorbereitung platzierst du einen dritten Redstone-Block auf den *klebrigen* Kolben. Sofort fahren die beiden vorderen Kolben aus.

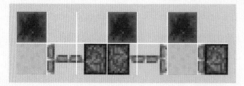

6 Seitenansicht der Startvorbereitung: Ein dritter Redstone-Block fährt die beiden linken Kolben aus.

Um das Flugzeug zu starten, entfernst du schließlich wieder den eben gesetzten dritten Redstone-Block, woraufhin die Kolben das gesamte Konstrukt abwechselnd Block für Block nach vorne schieben. Es fliegt!

Diese Mechanik ist nicht auf den Luftraum beschränkt, sondern funktioniert auch am Boden. Allerdings kommt das Fahr- oder Flugzeug sofort zum Stehen, wenn es an ein Hindernis gelangt. Denn für das Verschieben eines ganzen Berges ist ein Kolben natürlich zu schwach.

Dein nächster Level

Nachdem das Grundgerüst steht, experimentierst du mit der Dekoration. Das sind Materialblöcke, die du an die Schleimblöcke klebst, um das Flugzeug in Form zu bringen. Dabei gibt es einige Beschränkungen:

- Kolben bewegen **maximal 12** miteinander verbundene Blöcke – egal, in welche Richtung sie gebaut werden.
- Blöcke kleben nicht ohne Weiteres aneinander. Deshalb benötigst du ein Skelett aus **Schleimblöcken**, um die Form des Luftschiffs zu bestimmen. An den Außenkanten befestigst du dann beliebige Materialien.

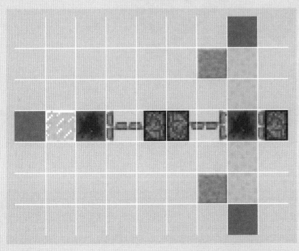

Vogelperspektive des ausgeschmückten Flugzeugs (siehe auch das erste Bild in dieser Anleitung): Ausbau der Grundmechanik um dekorative Blöcke, z. B. aus grünem gebranntem Ton, um Steinstufen und weitere Schleimblöcke zwischendrin, die alles zusammenhalten

ROLLTREPPE

Die Rolltreppe ist ein Beispiel für eine schlaue Kombination zeitversetzter Kolben, die dich vollautomatisch nach oben befördern.

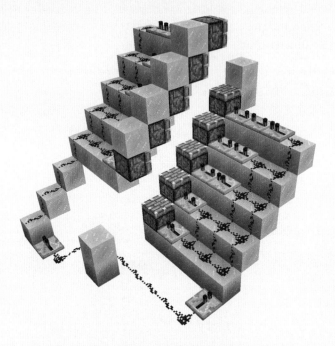

Materialien

- 🧊 10 Kolben
- ⚫ 1 Knopf
- 📶 20 Redstone-Verstärker
- ♦ 1 großer Sack voll Redstone-Staub

So funktioniert's

Die Rolltreppe besteht aus zwei diagonal nach oben laufenden Kolbenreihen. In der unteren Reihe bewegen sich die Kolben nach oben, schieben also das Objekt, das auf dem Kolben liegt, einen Block nach *oben*. Jetzt ist ein Kolben aus der oberen Reihe dran, der das Objekt einen Block nach *vorne* schiebt. Der nächste untere Kolben übernimmt, schiebt nach oben. Dann schiebt der nächste obere nach vorne, und so geht das immer weiter.

Der Trick der Rolltreppe besteht darin, den Redstone-Schaltkreis so zu verlegen, dass nicht alle Kolben gleichzeitig ausfahren, sondern *nacheinander*. Dazu dient die Verzögerungsfunktion im Verstärker, die vier Einstellungen kennt: 1, 2, 3 oder 4 Ticks Verzögerung – jeweils mit der rechten Maustaste um einen Schritt weiterstellbar. (1 *Redstone-Tick* ist eine Minecraft-interne Zeitspanne, die 1/10 Sekunde lang dauert.)

Aber Moment. *4* Ticks? Damit lassen sich also vier Kolben nacheinander timen. Was ist mit den weiteren Kolben? Die Rolltreppe hat doch insgesamt zehn Kolben. Die Lösung: Schalte zusätzliche Verstärker nacheinander in Reihe. Für den fünften Kolben verzögerst du dann beispielsweise um 5 Ticks, indem der erste Verstärker auf 4 Ticks steht, und der zweite dahinter auf 1. Darum benötigt der oberste Kolben mit 10 Ticks Verzögerung drei Verstärker: 4 Ticks + 4 Ticks + 2 Ticks.

Damit ergibt sich der Rhythmus der Redstone-Rolltreppen-Kolben:

Tick	Kolbenrichtung	Kolben auf Ebene	Verstärker-Tick-Einstellung
1	hoch	2	Verstärker Nr. 1: **1**
2	vor	6	Verstärker Nr. 1: **2**
3	hoch	3	Verstärker Nr. 1: **3**
4	vor	7	Verstärker Nr. 1: **4**
5	hoch	4	Verstärker Nr. 1: **4**, Verstärker Nr. 2: **1**
6	vor	8	Verstärker Nr. 1: **4**, Verstärker Nr. 2: **2**
7	hoch	5	Verstärker Nr. 1: **4**, Verstärker Nr. 2: **3**
8	vor	9	Verstärker Nr. 1: **4**, Verstärker Nr. 2: **4**
9	hoch	6	Verstärker Nr. 1: **4**, Verstärker Nr. 2: **4**, Verstärker Nr. 3: **1**
10	vor	10	Verstärker Nr. 1: **4**, Verstärker Nr. 2: **4**, Verstärker Nr. 3: **2**

1. Konstruiere zuerst die Stufenplattform mit den nach *oben* schiebenden Kolben. Benutze dazu ein beliebiges Material, fünf Stufen hoch und fünf Blöcke breit. (Dazu brauchst du gegebenenfalls Hilfsblöcke, um den Stufenanfang zu setzen.)

2. Montiere auf dem *äußersten linken* Block jeder Stufe einen nach oben ausgerichteten Kolben. Falls du im Überlebensmodus spielst, springst du dazu mit der Leertaste nach oben, während du direkt nach unten blickst und

blitzschnell mit der rechten Maustaste klickst. Im Kreativmodus fliegst du einfach an die richtige Stelle. Ganz oben setzt du noch zwei beliebige Blöcke als Ziel für die Rolltreppenfahrt – hier kommt man an.

3. Montiere auf jeder Stufe die Redstone-Verstärker, deren Verzögerungsticks du wie im folgenden Diagramm einstellst. Beachte, dass die Verzögerungen immer 2 Ticks hochgezählt werden, damit das Auslösen der Kolben später abwechselnd mit der anderen Plattform abläuft.

Verbinde danach alle Verstärker, indem du auf den restlichen Blöcken Redstone-Staub verteilst.

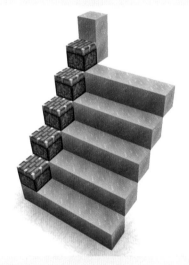 

1 2 Die fünf Blöcke breite Plattform der nach oben fahrenden Kolben

3 Platziere die Verstärker mit den individuellen Verzögerungseinstellungen, und verbinde alles mit Redstone-Staub.

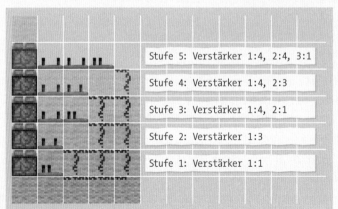

Stufe 5: Verstärker 1:4, 2:4, 3:1

Stufe 4: Verstärker 1:4, 2:3

Stufe 3: Verstärker 1:4, 2:1

Stufe 2: Verstärker 1:3

Stufe 1: Verstärker 1:1

3 Vorderansicht der Plattform mit nach »oben« bewegenden Kolben. Jeder Kolben, jede Stufe verzögert ein Verstärker um zwei weitere Ticks, die Aktivierung erfolgt jeweils zu Tick 1, 3, 4 + 1 = 5, 4 + 3 = 7, 4 + 4 + 1 = 9.

4. Nimm dir jetzt die andere Treppenplattform mit den vorwärts bewegenden Kolben vor: ebenfalls fünf Treppenstufen, vier Blöcke breit plus einen Kolben am Ende, einen Block höher. Entscheidend ist, dass du an der richtigen Stelle anfängst (siehe Abbildung) und nicht einen Block zu hoch oder zu weit vorne beginnst – die oberen und unteren Kolben müssen in genau der richtigen Position zueinander stehen.

Errichte dafür zunächst einen vier Blöcke hohen Hilfsturm vom Boden direkt vor dem ersten nach oben schiebenden Kolben. Daran entlang ziehst du die Blockreihen nach außen und arbeitest dich Stufe für Stufe hoch.

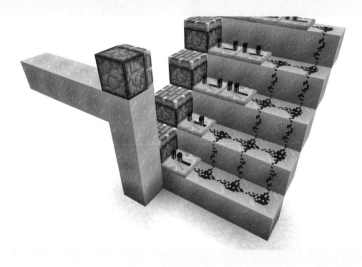

■4 Mit einem vier Blöcke hohen Hilfsturm ganz vorne beginnst du die linke Treppenplattform an der richtigen Stelle.

5. Verlege Verstärker mit den exakt eingestellten Verzögerungen (siehe Diagramm), und verbinde alles mit Redstone-Staub.

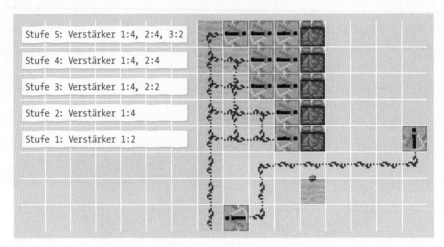

Stufe 5: Verstärker 1:4, 2:4, 3:2

Stufe 4: Verstärker 1:4, 2:4

Stufe 3: Verstärker 1:4, 2:2

Stufe 2: Verstärker 1:4

Stufe 1: Verstärker 1:2

5 Draufsicht: Die nach »vorne« schiebenden Kolben von oben – die Tick-Reihenfolge der Stufen ist 2, 4, 4 + 2 = 6, 4 + 4 = 8, 4 + 4 + 2 = 10.

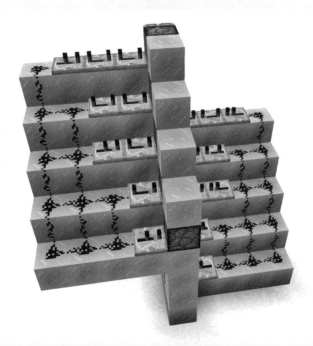

5 Die Redstone-Verdrahtung ähnelt der ersten Plattform, aber alle eingesetzten Verstärker beginnen genau 1 Tick später.

6. Verlängere die Außenkante der linken Treppenplattform diagonal nach unten, und zieh die Redstone-Staubspur nach unten.

6 Die Redstone-Leitungen beider Treppenplattformen laufen nach unten – hier werden sie gleich an die Stromquelle angeschlossen.

7. Zeit für den Rolltreppenschalter: Entferne die Hilfskonstruktion (die vier Blöcke) unter dem ersten waagerecht ausfahrenden Kolben, und bau stattdessen einen zwei Blöcke hohen Turm zwei Blöcke nach vorne versetzt. Auf die Rückseite, die der Rolltreppendiagonale zugewandte Seite, platzierst du einen Knopf.

7 Der Redstone-Stromquellen-Knopf muss gut vom untersten Kolben erreichbar sein, denn er aktiviert die Rolltreppe.

8. Zum Schluss verbindest du den Knopf (das ist die Redstone-Stromquelle) mit den nach unten geführten Redstone-Leitungen der beiden Plattformen. Kurz vor dem Übergang in die Leitungen der Plattformen setzt du

noch jeweils einen Redstone-Verstärker, damit das Signal auch stark genug ist, die vielen Treppen hochzusteigen und alle Kolben zu erreichen.

8 Eine lange Redstone-Leitung verbindet den Knopf mit den Verdrahtungen für die Kolben.

Zeit, die Rolltreppe auszuprobieren. Stell dich auf den untersten Kolben, betätige den Knopf, und warte einen kurzen Moment, bis du oben angekommen bist. Falls du irgendwo hängen bleibst, positioniere dich ein bisschen anders auf dem Kolben, und probiere es erneut. Klappt es immer noch nicht, überprüfe die Verzögerungseinstellungen der Verstärker vor den Kolben und die Kolben, ob sie wirklich auf der richtigen Position eingestellt sind.

Tipp: Ersetze den Startknopf durch einen Hebel, um die Positionen der nun ausgefahrenen Kolben zu prüfen. So findest auch heraus, ob die Redstone-Leitungen fehlerfrei sind.

Mit einem Hebel als Stromquelle überprüfst du alle Redstone-Leitungen und Kolbenpositionen.

Dein nächster Level

Einen Schönheitspreis gewinnt das Rolltreppendesign noch nicht. Um ein bisschen aufzu-räumen, entfernst du überflüssige Hilfsblöcke, die du zum Platzieren der Kolben und An-legen der Treppenstufen gebraucht hast (aber nicht diejenigen, auf denen Verstärker und Redstone-Staub liegen). Jetzt hast du etwas Freiraum, um dir zu überlegen, wie du den Me-chanismus ansprechend verkleidest. Am besten sieht man später keine Redstone-Leitungen mehr, sondern nur den diagonalen Rolltreppenschacht. Achte aber darauf, dass du nicht versehentlich eine Redstone-Leitung unterbrichst, lass also immer genug Luft darüber.

MUSIK ZUM ANFASSEN

Ein Thema kommt in Minecraft leider zu kurz, obwohl es eigentlich viel Spiel-raum für Kreativität bietet: Sounds und Musik. Im Abschnitt über Sounds in Ressourcenpaketen auf Seite 348 erfährst du zwar, wie du eigene Geräusche über die Standardsounds von Minecraft legst (z. B. ein noch grusligeres Zom-biestöhnen). Aber was ist mit musikalischer Begleitung abseits der eingebau-ten Melodien?

Bühne frei für den Notenblock! Mit ihm spielst du, von Redstone angetrieben, Töne aus einer Palette von zwei Oktaven, und zwar mit verschiedenen Instru-menten. Einziges Problem: Pro Ton benötigst du exakt einen Notenblock. Das »Nachbauen« einer vierstimmigen Fuge von Johann Sebastian Bach ist damit nicht nur mühsam, sondern eigentlich nur möglich, wenn du dir ein paar Mo-nate Zeit nimmst. Aber natürlich gibt es auch dagegen ein Mittel, das du in ein paar Seiten kennenlernst.

Zuerst die Theorie:

- Töne eines Notenblocks werden bis zu **48 Blöcke** weit gehört. Das ist *nicht* weit.
- Über dem Notenblock muss sich ein **Luftblock** befinden.
- Der Block, *auf* dem der Notenblock steht, bestimmt das **Instrument**:

Instrument	Block unter dem Notenblock
8-Bit-Chiptune	Smaragdblock
Banjo	Strohballen

Instrument	Block unter dem Notenblock
Basstrommel	viele Materialen, z. B. Koralle, Steine aller Arten, Erze, Prismarin, Ofen, Objekte aus Stein, Spender, Zaubertisch
Didgeridoo	Kürbis, Kürbislaterne, geschnitzter Kürbis
Flöte	Tonblock
Gitarre	Wolle
Glocke	Goldblock
Glockenspiel	Packeis
Harfe	alle anderen Materialien
Klanghölzer	Glas und Glasobjekte, Leuchtfeuer, Seelaterne
Klavier	Glowstone
Kontrabass	viele Materialen, z. B. Holz und Holzgegenstände, Truhen, Werkbank, Bücherregal, Banner, Tageslichtsensor, Pilzblock
Kuhglocke	Seelensand
Snare-Trommel	Kies, Sand, Trockenbeton
Metallophon	Eisenblock
Xylophon	Knochenblock

- Ein Ton wird gespielt, sobald der Notenblock ein **Redstone-Signal** erhält.
- Es gibt nur **eine (sehr kurze) Notenlänge**.
- Klickst du mit der rechten Maustaste auf den platzierten Notenblock, stellst du die **Notenhöhe** ein (ähnlich den vier Verzögerungsschritten des Redstone-Verstärkers). Zwei Oktaven sind möglich, also bis zu 24 Mausklicks nötig.

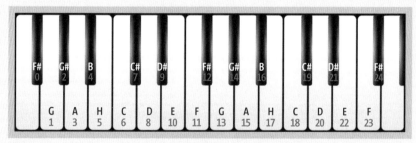

Zwei Oktaven lassen sich über Notenblöcke erreichen; unter den Noten liest du die Anzahl (rote Zahl) der notwendigen Rechtsklicks zur Einstellung des Notenblocks ab.

- Für **Pausen** zwischen den Noten verwendest du die Verzögerungsfunktion von Redstone-Verstärkern.

Mit diesem Grundwissen kannst du nun Melodien »bauen«. Die Redstone-Verdrahtung ist nicht kompliziert, da du einfach mehrere Notenblöcke nacheinander per Redstone aneinanderkettest. Eine Melodie ist also eine lange Redstone-Leitung mit vielen verzögernden Verstärkern, von der die zu spielenden Noten/Notenblöcke abzweigen. Und wenn du die Abzweigungen geschickt setzt, sind sogar mehrstimmige Arrangements möglich.

Ein kleines Beispiel anhand des bekannten Zirkustuschs:

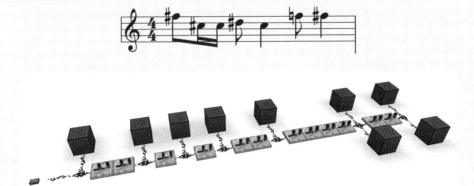

Materialien

- 17 Häufchen Redstone-Staub
- 1 Knopf
- 12 Redstone-Verstärker
- 9 Notenblöcke

So funktioniert's

Mit dem Knopf auf der linken Seite geht's los. Du startest den Redstone-Stromimpuls, der der Redstone-Staubspur folgt und sich von Verstärker zu Verstärker, von Notenblock zu Notenblock hangelt. Die Verzögerungsfunktion der Verstärker sorgt dafür, dass nicht alle Noten *gleichzeitig*, sondern *nacheinander* spielen. Der Verzögerungsschalter ist in diesem Beispiel bei allen Verstärkern auf Stellung 2 gestellt (nach dem Platzieren des Verstärkers *ein* weiterer Rechtsklick auf den Verstärker). Verwendest du Stellung 3 oder 4, wird die Melodie langsamer, bei Stellung 1 schneller. Vorsicht: Achte darauf, dass du die Verstärker in der richtigen Richtung positionierst. Leg sie, während du die Redstone-Spur verlegst, entlang der Melodie einfach vor dich (im Diagramm von links nach rechts).

Bei den zwei letzten Noten kommt eine zweite Stimme dazu (im Bild rechts). Da die Redstone-Staubspur beide Notenblöcke links und rechts der Spur *gleichzeitig* aktiviert, erklingen die Noten zusammen. Um die Notenhöhe pro Notenblock festzulegen, klickst du mehrere Male mit der rechten Maustaste darauf (siehe Klaviatur auf Seite 144). Dabei hörst du gleichzeitig, welche Note aktiv ist.

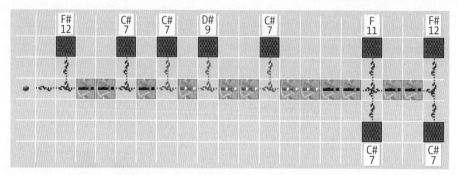

Die Tonspur verläuft von links nach rechts – am hellroten Redstone-Funkeln erkennst du, an welcher Stelle im Lied der Stromimpuls gerade anliegt. Unter den Notenhöhen im Diagramm steht die Anzahl der Rechtsklicks, die du pro Notenblock benötigst, um genau diesen Ton zu erhalten.

Damit wird klar, dass komplexe Melodien außerordentlich mühsam konstruiert werden. Ein falscher Klick, und der Notenblock spielt die falsche Note. Eine sorgfältige Planung, ein sauberes Notenblock-Layout anhand von Takten und eine Beschilderung der Notenblockspuren helfen ein bisschen.

In deiner eigenen Abenteuerwelt oder auf einem Multiplayer-Server mögen Notenblockmelodien dennoch für Staunen sorgen. Dafür wäre es aber praktisch, wenn die Konstruktion des Notenblock-Layouts schneller und weniger fehleranfällig vonstattenginge. Und das ist tatsächlich möglich: Das *Open Note Block Studio*, leider nur für Windows verfügbar, ist ein Tool, mit dem du entweder Melodien komponierst oder Musikdateien im MIDI-Format einliest und am Ende in deine Minecraft-Welt einbaust. (Zum Einbauen gibt es verschiedene Möglichkeiten, je nachdem, welche Minecraft-Version du benutzt. Im Kapitel »Weltenschöpfer – auf Slartibartfass' Spuren« erfährst du mehr über das Thema.)

Probiere zunächst eine einfache Melodie aus, um herauszufinden, ob der Import in Minecraft gut funktioniert.

So benutzt du das Open Note Block Studio, um Musik zu erzeugen.

1. Öffne in deinem Webbrowser die Webseite *https://minecraft-buch.de/mcnbs*, und klicke auf **Download**, um das Open Note Block Studio herunterzuladen.

1 Über den Weiterleitungs-Link »https://minecraft-buch.de/mcnbs« lädst du das Open Note Block Studio herunter. Das Programm stellt viele Funktionen bereit, um Minecraft-Musik selbst zu komponieren oder schon existierende Werke für Minecraft zu konvertieren.

2. Achte darauf, dass in deinem Download-Ordner eine ausführbare *.exe*-Datei liegt. Das Tool installiert sich mit einem Doppelklick.

3. Unter Umständen muss Windows noch zusätzliche Softwarekomponenten herunterladen, damit das Open Note Block Studio funktioniert. Das Programm erkennt das automatisch. Bestätige dann das Fenster mit **Feature installieren**. Es folgen die üblichen Installationsschritte, die du bestätigst.

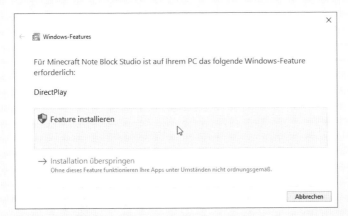

3 Das Open Note Block Studio verwendet zusätzliche Programmkomponenten, um mit der Soundkarte deines PCs zu arbeiten. Bei einigen Windows-Versionen muss die Komponente möglicherweise nachträglich installiert werden.

4. Starte das Open Note Block Studio, und wähle **Create a new song** für ein leeres Notenblatt.

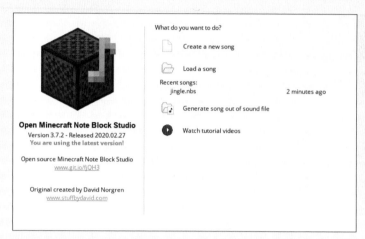

4 Nach dem Start vom Open Note Block Studio hast du die Wahl, ein neues Lied zu komponieren, ein bereits gespeichertes zu laden oder eine Sounddatei zu konvertieren.

Jetzt siehst du die Oberfläche vom Open Note Block Studio mit allen Bedienelementen, die du zum Komponieren und Bearbeiten von Liedern benötigst:

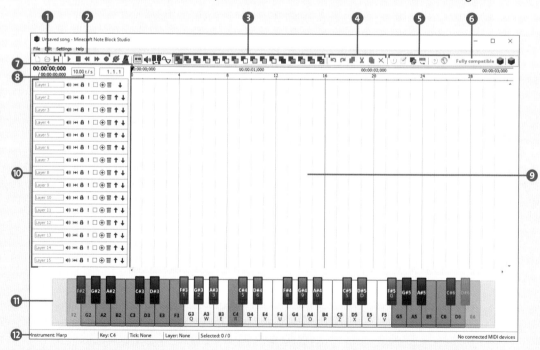

❶ Dateifunktionen: Buttons für ein neues Lied, Öffnen eines zuvor gespeicherten Liedes und Speichern des aktuell geladenen

❷ Steuerung: Mit diesen Buttons spulst du vor ▶▶ und zurück ◀◀, drückst Play ▶ zum Abspielen, Stopp ■ zum Anhalten oder, ganz rechts, nimmst Melodien mit der unten eingeblendeten Klaviatur oder dem angeschlossenen MIDI-Keyboard auf ●.

❸ Instrumentenwahl (von links nach rechts): Harfe, Kontrabass, Basstrommel, Snare-Trommel, Klanghölzer, Gitarre, Flöte, Glocke, Glockenspiel, Xylophon, Metallophon, Kuhglocke, Didgeridoo, 8-Bit-Chiptune, Banjo und Klavier

❹ Werkzeuge der **Zwischenablage**, die du auch mit ⌈Strg⌉ + ⌈C⌉ (Kopieren), ⌈Strg⌉ + ⌈X⌉ (Ausschneiden) und ⌈Strg⌉ + ⌈V⌉ (Einfügen) aktivierst

❺ weitere Fenster für detaillierte **Einstellungsmöglichkeiten**, z. B. welche Sounddatei auf deinem PC für die Wiedergabe verwendet werden soll oder die Konfiguration angeschlossener MIDI-Geräte

❻ Minecraft-Kompatibilität (ganz rechts): Anzeige, ob das aktuelle Lied in Minecraft genauso wiedergegeben wird, wie du es gerade hörst. Dazu muss dort in Grün Fully Compatible stehen. Ist das nicht der Fall, überprüfe vor allem die Geschwindigkeit des Liedes bei ❽.

❼ Cursorposition und Gesamtlänge: Wie bei Texteditoren zeigt der Cursor die aktuelle Stelle im Lied an, wo die nächste Aktion (Wiedergabe oder Aufnahme) stattfindet. Hier ist der Cursor eine lange senkrechte Linie, die du im Bild links siehst, versteckt zwischen der Spurenliste und dem Notenblatt, markiert mit einem kleinen schwarzen Dreieck ▼. Ist die Wiedergabe oder Aufnahme aktiv, wandert diese Linie am Zeitstrahl nach rechts.

❽ Geschwindigkeit des Liedes: Je größer die Zahl (Ticks pro Sekunde), desto schneller ist die Wiedergabe. Achte darauf, dass hier entweder **2.50**, **5.00** oder **10.00** steht, sonst lässt sich das Lied nicht korrekt in Minecraft wiedergeben.

❾ Notenblatt: Nach rechts verläuft der Zeitstrahl, von oben nach unten verlaufen die einzelnen Spuren. Jede Spur ist ein einzelnes Instrument. Mit der linken Maustaste setzt du einzelne Noten, mit der rechten löschst du sie. Mit dem Mausrad veränderst du die Notenhöhe, wenn du mit dem Mauszeiger über eine gesetzte Note fährst.

❿ Spurenliste: Jeder Spur auf dem Notenblatt ist ein Name (**Layer** xyz) zugeordnet sowie Buttons für die Lautstärke 🔊, eine Bearbeitungssperre 🔒,

Solo-Wiedergabe **!** (ohne die anderen Spuren/Instrumente) und Markierung aller Noten in dieser Spur ⟦ ⟧ (zum Einfügen in eine andere Spur per Zwischenablage/Copy & Paste). Für den Spurnamen kannst du dir irgendeine Bezeichnung aussuchen, die für Minecraft keine Bedeutung hat. Sie dient lediglich deiner Übersicht, z. B. »Obere Stimme – Klavier« oder »Schlagzeug«.

⑪ **Klaviatur**: Der weiß markierte Bereich zeigt die Noten, die in Minecraft abgespielt werden können – etwa zwei Oktaven. Mit der Maus kannst du die einzelnen Tasten drücken, damit die nächste im Notenblatt gesetzte Note genau diese Notenhöhe erhält – diese ist blau auf der Klaviatur markiert.

⑫ **Statusleiste**, die dir unter anderem das aktuell ausgewählte Instrument und die Notenhöhe zeigt, mit denen deine nächsten mit der Maus gesetzten Noten gespielt werden

Zurück zum kleinen Beispieltusch. Im Open Note Block Studio sieht er fast genauso aus, wie das fertige Minecraft-Konstrukt. Du siehst die erste Stimme mit verschiedenen Notenlängen/Pausen und am Ende die für zwei Noten hinzukommende zweite Stimme:

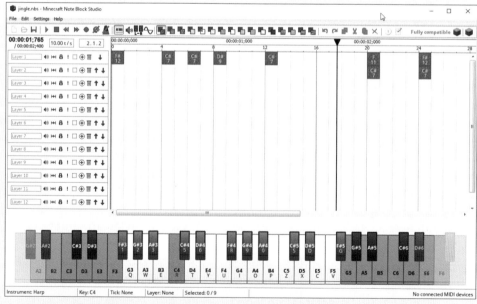

Mit der linken Maustaste setzt du Noten in das Notenblatt, mit dem Mausrad veränderst du die Notenhöhe, mit der rechten Maustaste löschst du Noten. Im Bild spielt gerade der Tusch ab, der Cursorstrich scrollt nach rechts.

Experimentiere mit dem Notenblatt, setze und bearbeite Noten, und versuch dabei, eine Melodie nachzubauen, vielleicht sogar mehrstimmig. Hast du ein Lied erschaffen, benutzt du das Menü **File** zum Speichern:

■ Über **File · Save song** speicherst du das erstellte Werk im Open-Note-Block-Studio-eigenen Format, um vielleicht später an dem Projekt weiterzuarbeiten.

■ Damit du das Stück in Minecraft einbauen kannst, gibt es verschiedene Möglichkeiten:

– Wählst du **File · Export as Schematic...**, erhältst du eine Datei in einem sogenannten *Schematic*; einem Modell, das sich in die Minecraft-Welt einbauen lässt. Bis Version 1.12.2 von Minecraft funktioniert das mit dem Programm *MCEdit*, das viele Jahre der Standard für solche Arbeiten war. Dann änderte sich jedoch die Art, wie Minecraft die Welten programmintern speichert, weshalb MCEdit (Version 1 und 2 mit seinen vielen Beta-Versionen) in neuen Minecraft-Versionen nicht mehr funktioniert. Zur Zeit des Erscheinens dieser neuen Auflage des Buches arbeiten die Entwickler an einer neuen Version namens *Amulet*, die du vielleicht schon verwenden kannst. Such im Internet nach »minecraft amulet«, und schau, ob das Programm schon fertig ist. (Weitere Hinweise zu MCEdit findest du im Kapitel »Weltenschöpfer – auf Slartibartfaß' Spuren«.)

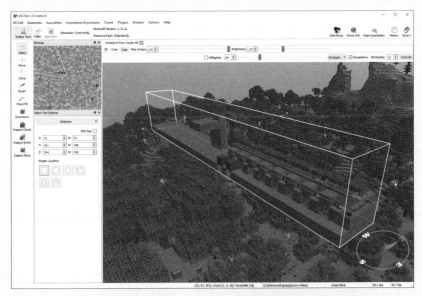

Bis Minecraft 1.12.2 lässt sich MCEdit für den Import beliebiger Schematic-Dateien verwenden. Im Bild siehst du die vom Open Note Block Studio erzeugte Musikmaschine.

- Spielst du mit der Forge-Version von Minecraft, in der sich Mods installieren lassen, benutzt du für den Schematic-Import das Minecraft-Mod *WorldEdit*. Wie das genau funktioniert, erfährst du im Kapitel »Weltenschöpfer – auf Slartibartfaß' Spuren«.

Mit dem Mod WorldEdit importierst du Schematic-Dateien per Befehl. Das funktioniert allerdings nur, wenn du mit der Forge-Version (oder ähnlich, z. B. Bukkit, Fabric oder Sponge) spielst.

- Die modernste Variante: Das Open Note Block Studio bietet auch eine Schematics-unabhängige Übertragung für Minecraft-Versionen ab 1.13. Dazu dient der Menüpunkt **File · Export as data pack…** Das erzeugte ZIP-Archiv schiebst du dann in den Ordner *%appdata%/saves/DeinWeltname/datapacks*. Ab sofort lässt sich das Lied im Spiel mithilfe des Befehls /function DeinLiedername:play abspielen.

In Data Packs lassen sich neue Minecraft-Funktionen unterbringen, sodass die Musik vom Open Note Block Studio ganz ohne Notenblöcke auskommt.

Zur Steuerung des Data-Pack-Liedes benutzt du die Befehle »/function DeinLiedername: play«, »/function DeinLiedername:pause« und »/function DeinLiedername:stop«.

Kein Talent zum Komponieren?

Hast du deine kreative musische Ader noch nicht entdeckt, verwendest du das Open Note Block Studio, um beliebige existierende Lieder zu konvertieren. Dafür kommt ein besonderes Dateiformat zum Einsatz, das alle Notendaten eines Liedes speichert: *MIDI* (*.mid*). Das steht für *Musical Instrument Digital Interface* und beschreibt die ganze Technologiewelt rund um die digitale Klangerzeugung mit Synthesizern, Keyboards und Sequencern. In MIDI-Dateien befinden sich keine echten Klänge, wie etwa in einer MP3-Datei. Gespeichert sind nur die Informationen, dass z. B. ein Klavier zu einem bestimmten Zeitpunkt eine bestimmte Note spielt – wie im Notenblatt von Open Note Block Studio. Welches Instrument dabei zum Einsatz kommt, bleibt demjenigen überlassen, der die MIDI-Datei abspielt, in diesem Fall Minecraft bzw. dem Open Note Block Studio.

Du findest MIDI-Dateien überall im Internet, wenn du nach einem Liednamen suchst und an deine Suchbegriffe »midi download« anhängst. Die meisten lassen sich sogar kostenlos herunterladen, denn viele Hobbymusiker erschaffen aus Spaß oder Interesse die passenden MIDI-Dateien. (Das Aufschreiben der Noten eines bekannten Liedes auf ein Notenblatt oder in eine MIDI-Datei nennt man übrigens *Transkribieren*). Diesem Beispiel dient ein Präludium von Johann Sebastian Bach als Konvertierungsvorlage:

1. Im Internet findest du das Präludium, ein kurzes instrumentales Einleitungslied, über die Suchbegriffe »präludium 846 midi download«. Du kannst an dieser Stelle natürlich auch nach deinem eigenen Lieblingslied suchen.

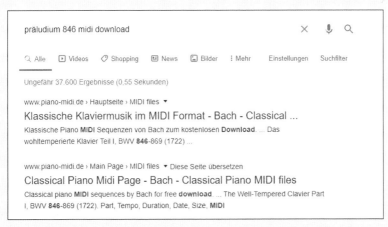

1 Im Internet findest du Tausende kostenloser MIDI-Dateien zu jedem Lied, das du dir vorstellen kannst. Häng einfach »midi download« an den Liednamen deiner Suchphrase.

2. Surfe durch die Suchergebnisse, bis du eine passende MIDI-Datei findest. Achte beim Download-Link auf die richtige Dateiendung der herunterzuladenden MIDI-Datei: *.mid*.

2 Beispiel für eine gefundene Download-Seite für das Präludium von Bach

3. Im Open Note Block Studio wählst du **File · Import from MIDI...** und dann die eben heruntergeladene MIDI-Datei aus.

4. Jetzt öffnet sich ein kleines Fenster, in dem du Feineinstellungen für den Import vornimmst. (Zum Beispiel änderst du das Instrument für eine bestimmte Stimme, was du aber besser später machst, wenn du weißt, auf welchen Spuren welche Instrumente liegen.) Wichtig ist das Häkchen neben **Remove silent parts at beginning**. Damit entfernt die Importfunktion leise Stellen vor dem Lied, wie sie manchmal bei MIDI-Dateien vorkommen.

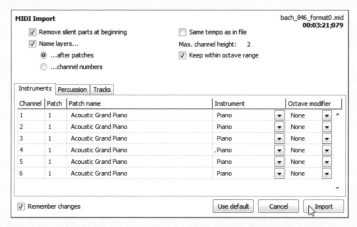

4 Die meisten Einstellungen für den Import kannst du auch nachträglich vornehmen. Lass aber das Häkchen bei »Remove silent parts at beginning« gesetzt.

5. Um probezuhören, wie sich das Lied in Minecraft anhört, drückst du auf den **Play**-Button ▶ in der oberen Button-Leiste. Klingt das akzeptabel, wählst du im Menü **File · Export as Schematic...** oder **Export as data pack...** und importierst das Lied, wie im letzten Abschnitt beschrieben. (Möglicherweise musst du vorher das Tempo anpassen, sodass das Lied Minecraft-kompatibel wird. Das Open Note Block Studio wird dich darauf hinweisen.)

Ein längeres Musikstück beansprucht mit mehreren hundert Notenblöcken eine ganze Menge Platz – hier ein Präludium von Johann Sebastian Bach.

Nach dem Import genügt ein Knopfdruck oder ein Play-Befehl, um das Lied abzuspielen. Je nach Komplexität der Melodie hörst du vielleicht heraus, wie begrenzt das Spektrum der Notenhöhen im Spiel ist. Aber dank Open Note Block Studio werden unerreichbare Töne nicht einfach ausgelassen, sondern um Oktaven nach oben oder unten verschoben, sodass das Lied trotzdem erkennbar bleibt.

Ab jetzt kannst du dich im Open Note Block Studio ein wenig für den Feinschliff umsehen. Vielleicht willst du die Geschwindigkeit anpassen oder einzelnen Noten oder ganzen Spuren ein anderes Instrument zuweisen. Dazu markierst du die betreffenden Noten, indem du mit gedrückt gehaltener linker Maustaste ein Rechteck um sie malst, oder du klickst vorne in der Spurenliste auf den Button ⌞⌝, um alle Noten auszuwählen. Dann öffnest du mit der rechten Maustaste das Kontextmenü und wählst **Change Instrument...** und dann ein Instrument aus.

SCHÖNWETTERMASCHINE

Verbeißt du dich mehrere Stunden in die Konstruktion eines imposanten Bauwerkes oder einer komplexen Redstone-Maschine, kann dir der Tag- und Nachtrhythmus ganz schön auf die Nerven gehen. Wenn dann auch noch ein Gewitter mit Regenschauern dazukommt, greift man schnell zur Befehlszeile und beeinflusst die Umwelt mithilfe der Befehle:

```
/weather clear 999999
/time set day
```

Und wenn man es nicht vergisst, schaltet man bei dieser Gelegenheit den Tag-Nacht-Rhythmus sogar komplett ab:

```
/gamerule doDaylightCycle false
```

Kannst du in deiner Welt Befehlsblöcke nutzen, nimmt dir ein kleines Redstone-Maschinchen die Arbeit ab. Im Kreativ- oder jedem anderen Modus mit eingeschalteten Cheats erzeugst du mit dem Kommando `/give @p command_block` zunächst Befehlsblöcke in deinem Inventar (zweimal für zwei Befehlsblöcke). Der Hauptdarsteller der Maschine ist allerdings nicht der Befehlsblock, sondern ein sogenannter Tageslichtsensor.

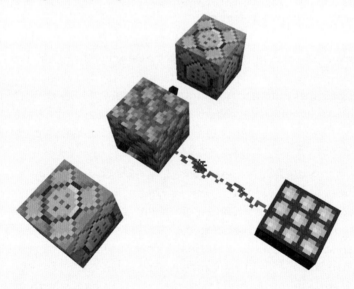

Materialien

- 1 Tageslichtsensor
- 2 Häufchen Redstone-Staub
- 2 Befehlsblöcke
- 2 Redstone-Fackeln

So funktioniert's

Der Tageslichtsensor misst das Umgebungslicht und gibt abhängig von der Lichtstärke Strom oder Nicht-Strom weiter. Die beiden dahinterliegenden Redstone-Fackeln aktivieren die beiden Befehlsblöcke, wenn es dunkel wird. Diese enthalten die Schönwettertageslicht-Befehle `weather clear 999999` und `time set day` (in Befehlsblöcken werden die beginnenden Schrägstriche weggelassen), um wieder schönstes Wetter bei strahlend hellem Tageslicht zu erzeugen. Regen braucht die Maschine nicht zu messen, denn die Zahl hinter `weather clear` sorgt für mindestens einen Tag schönes Wetter.

Im Einstellungsfenster des Befehlsblocks kannst du auch ablesen, wann der Befehl das letzte Mal ausgeführt wurde (»Letzte Ausgabe«). So lässt sich die Funktion der Schönwettermaschine überprüfen.

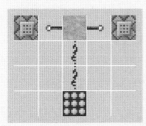

Draufsicht der Schönwettermaschine: Der Tageslichtsensor aktiviert die beiden Befehlsblöcke, die für Tageslicht und schönes Wetter sorgen.

ARCHITEKTUR – EINE KLEINE ZEITREISE

Wer sich rechtzeitig zur Abenddämmerung aus Bruchstein und
Erde einen kleinen Unterschlupf zusammenklickt, um vor nächt-
lichen Monsterattacken sicher zu sein, folgt schon einem
Designleitsatz aus der Architektur: »Form follows function«.
Dabei richtet sich die Gestaltung des Objekts nach dem ein-
gesetzten Zweck. Es wird auf Schnörkel und Verzierungen und
Dekowasserspeier verzichtet, zumindest im brachialen moder-
nen Bauhaus-Architekturstil. Doch auch Dekoration kann einen
Zweck haben, denn sie dient der Verschönerung des Bauwerkes.
Und da gibt es Jahrhunderte voll faszinierender Designrich-
tungen mit ihren ganz speziellen Stilelementen, aus denen du
für deine Minecraft-Gebäude schöpfen kannst. Dieses Kapitel
nimmt dich mit auf eine kleine Welt- und Zeitreise zu vier
Epochen und Regionen und zeigt dir, wie sich verschiedene
Architekturstile in Minecrafts eingeschränkte Blockwelt integrieren lassen.

WIKINGER

Das frühe Mittelalter war die Zeit, in der junge Abenteurer aus Skandinavien mit Booten aufbrachen, ferne Länder zu erkunden. Sie überquerten nicht nur die Nordsee und besuchten Island, sondern bewältigten auch den Atlantischen Ozean und schafften es bis nach Grönland und Nordamerika. Nicht immer waren ihre Absichten kriegerischer Natur, sie jagten und handelten auch mit den Völkern, auf die sie während ihrer Reisen trafen.

Dort, wo sie sich niederließen, entdeckt man heute manchmal noch Ruinen von *Langhäusern* – einfachen, lang gezogenen Gebäuden, die das Zuhause großer oder mehrerer Familien waren und die es übrigens nicht nur bei den Wikingern gab. Besuchst du skandinavische Länder, ist aber eine andere Gebäudeart viel eindrucksvoller in Szene gesetzt. Teils gut erhalten, teils frisch renoviert, gehören *Stabkirchen* zu den spektakulärsten Holzbauten. Und natürlich dürfen Wikingerschiffe auch nicht auf diesen Seiten fehlen, insbesondere die etwas übertrieben verzierte Variante des *Drachenbootes*. Alle diese Konstruktionen lernst du auf den folgenden Seiten kennen.

Langhaus

Die Langhäuser der Wikinger sind simple, schachtelförmige Gebäude, zwischen 5 und 10 Metern breit und 10 bis 80 Meter lang, mit einem einzelnen riesigen Raum. Als Baumaterialien kam alles zum Einsatz, was die Natur in der betreffenden Gegend bot, also Holz, Stein und sogar Gras, mit dem oft das Dach abgedeckt wurde. Dieses ragte entweder vollständig in oder bis kurz vor den Boden, um vor Wind zu schützen.

Da blieb nicht viel Platz für Fenster. Brauchte man aber auch nicht, da die Wikinger kein Glas hatten, weshalb die Häuser bis auf die Türen rundum verschlossen waren. (Im Wikingerhaus auf diesen Seiten sind trotzdem ein paar Fenster eingebaut – braun gefärbte Glasscheiben sind dafür dezent genug.)

Authentische Langhäuser in einem rekonstruierten Wikingerdorf in Haithabu (Hedeby), Schleswig-Holstein

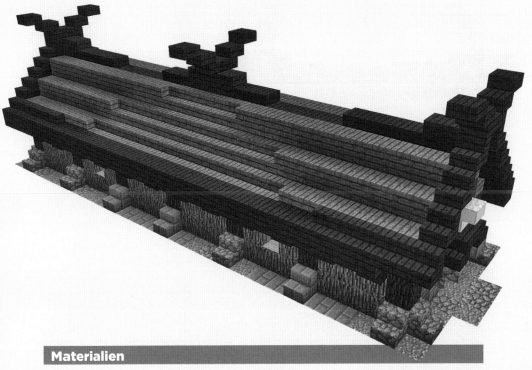

Materialien

- Bruchstein
- Andesit
- Steinziegeltreppen
- Fichtenholz
- Fichtenholztreppen
- Schwarzeichenholz-Bretter
- Schwarzeichenholz-Stufen
- 4 braun gefärbte Glasscheiben

- Steinziegel
- Bruchsteintreppen
- Eichenholz
- Fichtenholzbretter
- Fichtenholzstufen
- Schwarzeichenholz-Treppen
- 1 Quarztreppe

Die Konstruktion solch eines Hauses ist nicht schwierig. Einen Quader aus verschiedenen Holzsorten in den Boden gerammt und ein Giebel- oder Satteldach drauf – fertig. Mit solch einem unspektakulären Holzzelt mit Türen gewinnst du aber in keinem Multiplayer-Server-Architekturwettbewerb einen Preis. Darum helfen dir einige zusätzliche Stilelemente, etwas Pepp ins bzw. aufs Wohnhaus zu bringen. Zum Beispiel lässt sich das Dach in der Mitte ein wenig durchbiegen. Das ist nicht wirklich authentisch, wirkt aber gleich viel dynamischer.

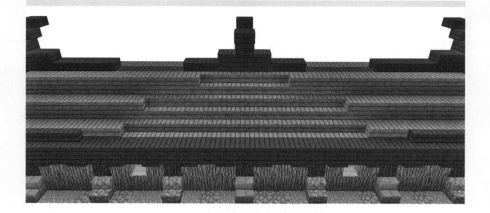

Mit Stufen und Treppen lassen sich leichte Wölbungen, z. B. im Dach, konstruieren.

Oder du arbeitest mit Dekorationen, die es vor allem bei größeren und wichtigen, festlichen Gebäuden gab, und zwar am Dach und der Fassade. Beispielsweise wurden die Giebelkanten oben etwas länger gezogen, manchmal sogar geschwungen. Benutze vor allem Holzstufen und -treppen, um feinere Details auszuarbeiten.

Eine Verlängerung der Giebelkanten war eine häufig bei Wikingerhäusern eingesetzte Verzierung.

Andere rustikale Dachformen

Durchgebogene, gewölbte Dächer sind ein geschicktes Mittel, um Dächer ansprechender zu gestalten, denn ein mit 45° gewinkeltes Satteldach sieht in Minecraft einfach zu langweilig aus. Abseits des Wikingerhausdaches gibt es noch weitere Möglichkeiten, Dächer zu verschönern:

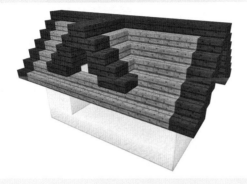

Am wichtigsten für Dächer sind Überhänge an allen Seiten, am besten farblich hervorgehoben. Auch sogenannte »Gauben«, Vorsprünge zur Beleuchtung und Belüftung mitten im Dach, helfen, Dächer interessanter zu gestalten. Praktisch in Minecraft ist die automatische Wahl der richtigen Eckverbindung, wenn du die dachdeckenden Treppen richtig platzierst.

Ein Flachdach erzeugst du durch den Einsatz von Stufen, sodass das Dach pro Block nach außen jeweils einen halben Block tiefer läuft. In diesem Beispiel sind noch einige Treppen eingestreut, um eine leichte Wölbung zu schaffen. Zur Zierde werden Steine (Steinknöpfe) eingesetzt, die das Dach (sieht man vor allem noch im Alpenraum) gegen starke Winde beschweren.

Krüppelwalmdach und Zwiebelhelm klingen kurios, gibt es aber wirklich. Wirf für weitere Dachinspirationen einen Blick auf die Wikipedia-Seiten *https://de.wikipedia.org/wiki/Dach* (bei »Dachformen«) und *https://de.wikipedia.org/wiki/Dachform*.

Auch ein stilisierter Drachenkopf lässt sich einsetzen, entweder am Dach selbst oder über der Tür. Und hier wird's schwierig in Minecraft. Denn der Enderdrachenkopf ist abseits des Kreativmodus schwierig zu beschaffen. Daher bleibt nur eine minimalistische Lösung, die dem Betrachter etwas Fantasie abfordert: eine Treppe. Das muss nicht unbedingt schlecht aussehen, denn Minecraft lebt von der Reduktion aufs Wesentliche. Die Treppe über der Tür verleiht dem Wikingerhaus einen zusätzlichen rustikalen Charakter. Wer geschickt mit Treppen und Stufen umgeht, geht einen Schritt weiter: die Rekonstruktion eines Drachenkopfes mit Hals an den Enden des Dachfirstes.

Die Treppe als Drachenkopf – mit etwas Fantasie und einem auffälligen Material (hier einer Quarztreppe) vorstellbar

Ist dir die Quarztreppe über der Tür nicht Drachenkopf genug, stellst du an den Enden des Dachfirstes aus Stufen und Treppen aufwendigere Drachenkopfkonstruktionen zusammen.

Stabkirche

Für den Bau von Kirchen haben sich Menschen schon immer besonders viel Mühe gegeben. In Skandinavien war das nicht anders, was man anhand der Stabkirchen bewundert, die sich auch heute noch besichtigen lassen. Ihr Name kommt von in den Boden gerammten Holzmasten, den Stäben, auf denen die gesamte Konstruktion inklusive Dach ruht. Besonders charakteristisch sind die senkrechten Wände und die großen schrägen Giebeldächer, die teils über mehrere Etagen ineinander verschachtelt sind. (Innen gibt es selten mehrere Etagen, sondern einen großen Saal.)

Als Baumaterial kommt fast ausschließlich Holz zum Einsatz, eine besondere Minecraft-Herausforderung, denn mit nur einer Holzsorte wirken Gebäude schnell langweilig. Das Geheimnis ist ein Mix aus Materialien mit verschiedenen, gut aufeinander abgestimmten Brauntönen, also nicht nur Holz in Baumstamm- und Plankenvarianten, sondern auch gebrannter, braun gefärbter Ton.

Als einfache Vorlage dient die berühmte Stabkirche in Torpo (Norwegen), denn trotz ihres einfachen Designs integriert sie alle architektonischen Elemente, die auch bei größeren Kirchen zum Einsatz kommen. Und wie bei den Originalen beginnst du mit dem wichtigsten, tragenden Skelett des Gebäudes – den Stäben.

Vorlage der Stabkirche in Torpo, Norwegen

1. Leg zuerst das Fundament, einen Rahmen aus Bruchstein 🔲 und Steinziegeln 🔳, um etwas Abwechslung hineinzubringen (Kantenlänge 13 Blöcke). An den Ecken und zukünftigen Rahmen für zwei Eingänge platzierst du dunkle Holzblöcke ⬛, entweder schon auf die unterste Ebene oder auf das Fundament. Dies werden die Stäbe der Stabkirche. Die Innenfläche füllst du mit Birkenholzbrettern ⬜ aus, die den Dielenfußboden der Kirche bilden. An der Vorderkante wird der Eingangsbereich entstehen, vor dem du schon jetzt einige Steinziegelstufen 🔲 platzieren kannst.

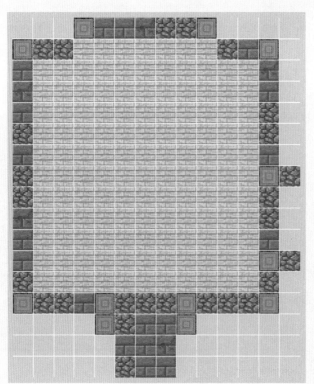

1 Das Stabkirchenfundament besteht innen aus Holzbrettern, außen herum verläuft ein Ring aus Stein, an den Ecken entstehen die »Stäbe«. Eine ungerade Kantenlänge (hier 13) ist übrigens praktisch, wenn du später einen spitz zulaufenden Dachfirst oder eine entsprechende Dachspitze haben möchtest.

2. Zieh jetzt die Stäbe nach oben, das Skelett der Stabkirche. Um dem Original der Kirche in Torpo möglichst nahezukommen, bietet sich eine Mischung aus Schwarzeichenholz-Brettern ⬛, Fichtenstämmen ⬛ und gebranntem braunem Ton ⬛ an – allesamt dunkle Brauntöne mit unterschiedlichen Strukturen. Dabei eignet sich der Ton insbesondere für die dunkleren Eckstäbe und die horizontal verlaufenden Träger.

2 Die nach oben verlaufenden Stützpfosten, die Stäbe, sind Namensträger für die Stabkirche. Variiere verschiedene dunkle Holzarten und andere dunkelbraune Materialien. Die Stäbe an den beiden Eingangsbereichen sind etwas auffälliger, da aus helleren Eichenbaumstämmen.

3. Fülle jetzt die Wände zwischen den Stäben mit Holz. Die senkrecht verlaufenden Latten der echten Kirche gibt es in Minecraft leider nicht. Die künstlerische Freiheit lädt ein, hier Baumstämme ⬛ einzusetzen, mit deren Muster eine senkrechte Linienführung möglich ist.

4. Ab der achten Ebene (Zählung inklusive Fundament) schaffst du das erste ringförmige Dach. Es steht nur einen Block über der Fassade nach außen und verläuft an jeder Seite drei Blöcke breit nach innen. Um die Schräge feiner umzusetzen, verwendest du statt Blöcken Stein- und Bruchstein-treppen ⬛ ⬛.

3 Die horizontale oder vertikale Ausrichtung von Baumstammblöcken erreichst du, indem du den Nachbarblock entweder seitlich oder von oben anklickst. Der Stamm orientiert sich immer an der Fläche, die du angeklickt hast.

4 Das unterste Dach ist drei Blöcke breit und steht einen Block weit über den Rand. Bei den Eingangsbereichen ziehst du die Treppen einen Block weiter nach außen. Für die Fenster schlägst du Löcher in die Wände und setzt Holzzäune hinein.

5. An der Innenkante des Daches setzt du die Wände der nächsten, der mittleren Etage auf. Jede Kante ist sieben Blöcke lang. Die linke und rechte Wand ist nur drei Blöcke hoch. Bei der vorderen und hinteren Wand erhöhen sich die Wände pro Block von außen nach innen um einen Block nach oben so weit, dass die Wand in der Mitte sieben Blöcke hoch ist. Die Vorder- und Hinterwand sehen also wie große Dreiecke aus.

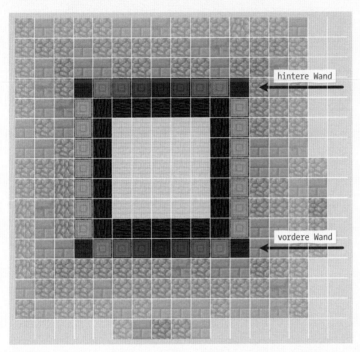

hintere Wand

vordere Wand

5 Das Dach für die mittlere Etage wird ein Giebeldach. Deshalb ist die vordere und hintere Wand wie ein Dreieck geformt und am Mittelpunkt sieben Blöcke hoch (im Diagramm an den dunkler gefärbten Baumstämmen erkennbar; dunkel ist höher; die dunkelste Stelle ist sieben Blöcke hoch).

6. Verlege nun das mittlere Dach mit Treppenstufen, die von links und rechts in die Mitte nach oben zulaufen. Variiere wieder zwischen Bruchstein- und Steinziegeltreppen 🪜 🪜, um etwas Abwechslung ins Muster zu bringen.

7. Abschließend entfernst du einen 5 × 5 Blöcke großen (Luft-)Würfel in der Mitte aus dem Giebeldach und errichtest die letzte Etage, wieder eine Mischung verschiedener Hölzer zur Unterscheidung von Wänden und Eckstäben.

Das oberste Dach läuft spitzer zu als die anderen, darum wechseln sich ganze Bruchsteinblöcke mit Treppen ab. Ganz oben in der Mitte platzierst du zuerst Bruchsteinblöcke und dann auf der Spitze Bruchsteinmauern 🪨 übereinander. Da es keine angrenzenden Blöcke gibt, mit denen sie sich verbinden könnten, sehen sie wie schlanke Steinsäulen aus.

6 7 Für feinere Dachschrägen verwendest du immer Treppen. Wird die Schräge steiler, wechselst du die Treppen mit normalen Blöcken ab.

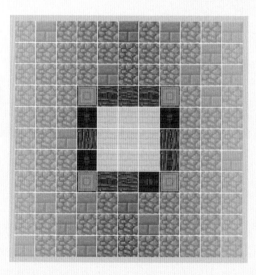

7 Die oberste Etage beginnt bereits in der Mitte des mittleren Daches und besteht wieder aus verschiedenen Holzblöcken.

8. Widme dich nun der Inneneinrichtung. Zum Beispiel kannst du Säulen einsetzen, die Wände verzieren und zusätzliche Fenster in die Wände schlagen. Als Altar eignet sich ein Zaubertisch 🧊.

8 Beispiel für Säulen: übereinandergesetzte Holzzäune, die zu senkrechten Stangen werden, deren Enden Baumstämme zieren

 Dein nächster Level

Torpos Stabkirche ist verglichen mit anderen gut erhaltenen Bauwerken ein eher kleines Exemplar. Versuch dich am Nachbau einer der größeren Kirchen, z. B. der Stabkirche in Borgund oder Gol in Norwegen. Die grundsätzlichen Wand- und Dachelemente unterscheiden sich nicht besonders von der Torpo-Kirche. Es ist alles nur eine Nummer größer, und die Ecken und Winkel sind etwas komplexer.

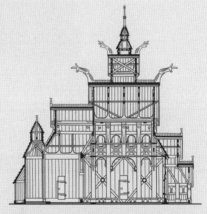

Per Suchmaschine findest du haufenweise Außenansichten der Stabkirche in Gol. Solch ein Foto zeigt beispielsweise die Größenverhältnisse zwischen Wänden und Dächern.

Auch Diagramme lassen sich im Internet finden. Lade sie in ein Grafikprogramm wie GIMP, um mit Linealen die Länge und Höhe von Mauern und Säulen abzumessen. Ein echter Meter entspricht in Minecraft einem Block.

Drachenboot

Für das Wikingerschiff, das Drachenboot, steht ein Besuch im Museum an. Und zwar im Lindholm-Høje-Museum in Aalborg, Dänemark. Dort findet man ein liebevoll detailliert ausgearbeitetes Modell mit all den typischen Merkmalen: langer, schlanker Rumpf, vorne und hinten stromlinienförmig und ein einzelner Mast in der Mitte umgeben von primitiven Sitzbänken.

Drachenboot aus dem Lindholm-Høje-Museum in Aalborg

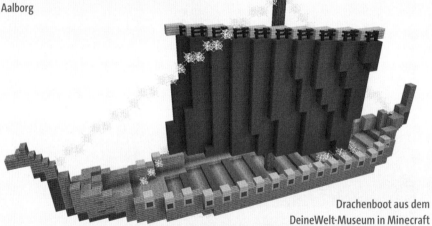

Drachenboot aus dem DeineWelt-Museum in Minecraft

Materialien

- 🟫 Eichenholzbretter
- 🖼 34 Rahmen
- 🟫 Eichenholzstufen
- 🟤 Fichtenholzstufen
- 🟫 Eichenholzstämme
- 🕸 Spinnennetze

- 🟫 Birkenholzbretter
- 🟫 Eichenholztreppen
- 🟫 Fichtenholzbretter
- 🟫 Birkenholzstufen
- 🚩 Schwarzeichenholz-Zäune
- 🟥 rot gefärbte Wolle

Beim Stöbern in den Archiven von Wiki*media* lassen sich wertvolle Schätze entdecken, z. B. ein Diagramm im Buch *Social Scandinavia in the Viking age* – ein Drachenboot aus dem späten 9. Jahrhundert, gefunden in Gokstad (Norwegen). Es wurde vielerorts in echt nachgebaut, um zu beweisen, dass Wikingerschiffe keine primitiven Nussschalen waren und es sogar mit Wind und Wetter auf dem Atlantischen Ozean aufnehmen konnten.

Praktisch für den Minecraft-Nachbau: Auf dem Diagramm (*https://minecraft-buch.de/drachenboot*) ist eine Person abgebildet, mit der sich ungefähr die Größe abschätzen lässt: Mit ausgestrecktem Arm ist das Männchen 2 Meter/ Blöcke hoch, die Schiffslänge (Lineal oder GIMP hilft) kommt also auf ungefähr 24 Blöcke.

Außerdem besagt der Begleittext der zitierten Buchseite, dass die Breite des Bootes *ein Viertel der Länge* beträgt (*The width was a little more than one fourth as great as the length*), also vier Blöcke. Damit wird klar, wie klein die Schiffe eigentlich waren. Mit so kleinen Konstruktionen lassen sich in Minecraft allerdings nicht viele Details ausarbeiten, und ein großartiger Hingucker wird es auch nicht. Darum kommt im Minecraft-Modell künstlerische Freiheit zum Tragen, und der Nachbau wird kurzerhand doppelt so groß konstruiert. Plus/ minus einen Block, um mit einer ungeraden Anzahl von Blöcken arbeiten zu können, damit beispielsweise ein spitzer Bug möglich wird.

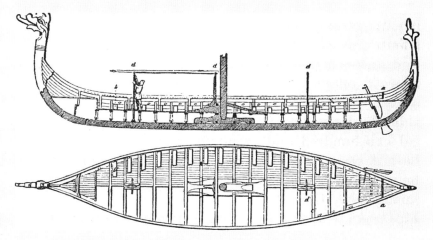

Diagramm des Drachenbootes von Gokstad

1. Beginne das Drachenboot mit der Reling, die die äußere Kontur – Breite und Länge – vorgibt. Da gleich darunter der Schiffsrumpf entsteht, platzierst du sie etwa zehn Blöcke über der Erde.

An den beiden Seiten der Reling wechselst du Eichenholz- 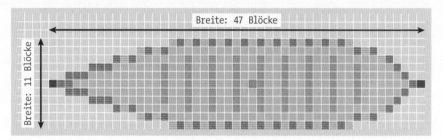 und Birkenholzbretter ab. Auf die helleren Birkenholzbretter setzt du jeweils einen
leeren Rahmen – das sind die außen montierten Schilde.

1 Die Konstruktion des Drachenbootes beginnt außen mit der Reling. Im Diagramm siehst du
bereits die späteren Positionen für die Sitzbänke und den Mast.

2. Bau unter der Reling den Rumpf (aus Eichenholzbrettern 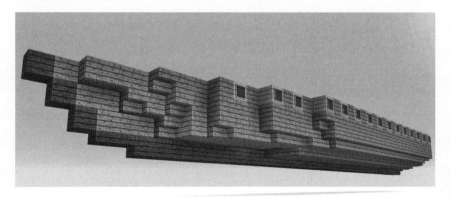), zuerst der
   Kontur der Reling folgend, nach einer weiteren Reihe langsam nach innen
   verlaufend (Treppen verbauen für einen feineren Kurvenverlauf), sodass
   der Bauch des Schiffs »runder« wird. Zum Bug (vorne) und Heck (hinten)
   verläuft der Rumpf höher, er läuft nach oben spitz zu. Mit Treppen und
   Stufen rundest du scharfe Kanten etwas ab. Für den Kiel verwendest
   du eine andere Holzsorte, z. B. Fichtenholz , das die Kontur des Schiffs
   hervorhebt.

2 Runde den Rumpf mit Treppen und Stufen ab.

3. Zieh Bug und Heck so hoch, dass sie spitz in die Luft ragen. Am Bug platzierst du, ebenfalls aus Treppen und Stufen, einen Drachenkopf als Galionsfigur.

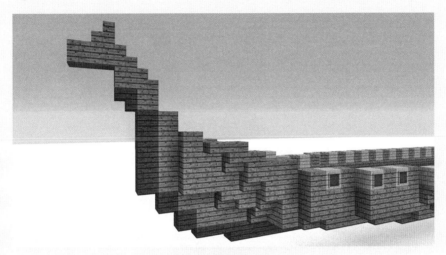

3 Für den Drachenkopf an der Spitze des Bugs kombinierst du Eichenholztreppen und -stufen.

4. Zwei Blöcke unter der Reling verlegst du innen das Deck aus Eichenholzbrettern ⬛. Die Mitte des Decks vertiefst du um einen weiteren halben Block und platzierst dann Sitzplatzreihen aus dunkleren Fichtenholzstufen ◣ darauf.

4 Außen befindet sich das Deck zwei Blöcke unter der Reling, innen ist es noch einen halben Block tiefer, damit die Sitzbänke dazwischenpassen.

5. Verziere jeden Fichtenholz-/Rahmen-Schild oben mit jeweils einer weiteren Birkenholzstufe ●. Zieh genau in der Mitte des Rumpfes einen 22 Blöcke hohen Mast aus Eichenholzstämmen ● nach oben.

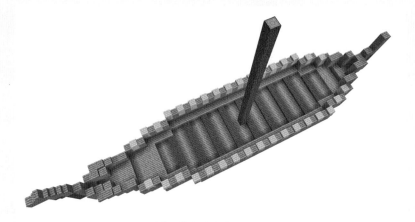

5 Die Fichtenholzstufen auf den Schilden verleihen der Reling etwas mehr Plastizität. Richtig plastisch wird das Boot aber erst mit Segel. Ein primitiver Baumstamm dient als Mast.

6. Verlege am oberen Ende des Masts aus Birkenholzbrettern ● die Rah, die quer verlaufende Holzstange, an der das Segel hängt. Montiere daran Schwarzeichenholz-Zäune ✚, das sind die Seile der Takelage. Verbinde die Spitze des Masts mithilfe von Spinnennetzen ▨ mit dem Bug und dem Heck. Diese Taue stabilisieren den Mast des Minecraft-Drachenbootes.

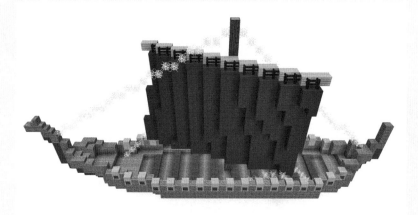

6 7 Arbeite dich von oben und unten gleichzeitig zur Mitte des Segels vor. Die Segelfläche sollte nicht glatt sein, sondern wegen des Windes leicht gewellt.

7. Raffe das Segel: Zieh zuerst mit rot gefärbter Wolle  eine Blockreihe direkt unter der Rah. Ganz unten, zwei Blöcke in der Luft über dem Deck, ziehst du eine andere Wollreihe , die nicht perfekt parallel zur oberen Wollreihe verläuft, sondern ein bisschen versetzt ist. Fülle den Raum zwischen beiden Reihen mit roter Wolle. Dabei musst du wegen des Versatzes gelegentlich um einen Block nach vorne oder hinten korrigieren, und das ist gut so, denn ein brettartiges, flaches Segel sieht nicht gut aus.

Ist die Segelfläche ausgefüllt, sieh dir das ganze Konstrukt aus einiger Entfernung an. Wirkt das Segel realistisch? Falls nicht, blähe es auf. Entferne und setze Blöcke so lange, bis Wind ins Segeltuch kommt.

Dein nächster Level

Leblosen Objekten Leben einzuhauchen ist eine besondere Herausforderung in Minecraft. Während Schiffsrekonstruktionen hier leider nicht auf den Ozeanen fahren können, lässt sich aber mit ein paar gestalterischen Tricks etwas mehr Dynamik in das Kunstwerk einarbeiten. So zeugt ein aufgeblasenes Segel von stürmischem Wind. Doch das bloße Abrunden des Segeltuchs reicht nicht, so einfach lässt sich das Auge nicht austricksen. Windströmungen sind komplex, und das spiegelt sich an vielen kleinen Details des Segels wider. Beobachte diesen virtuellen Segelmeister bei der Arbeit, und lerne »organische« Formen kennen: *https://minecraft-buch.de/segel*

MITTELALTER

Deutlich länger als die Hochzeit der Wikinger dauerte das Mittelalter in Europa. Fast ein ganzes Jahrtausend zählt man, angefangen beim Ende des Römischen Reiches bis zu Martin Luthers Kirchenreformation (1517) und der Entdeckung und Besiedlung von Amerika (1492). Mit dem Mittelalter wurde es chaotisch in Europa. Neue Religionen, neue Landesherren und neue Wissenschaften machten die Runde und sorgten für Zwist.

Wurde es brenzlig im Dorf, verzog man sich gerne mal in die schützende Burg des Grundherrn. Denn wozu bezahlte man sonst viel zu hohe Steuern? So ist das Mittelalter die Blütezeit für Burgen, die wie dafür geschaffen sind, in Minecraft rekonstruiert zu werden. Denn all die Holz- und Steinsorten sind ideal für Mauern, Türme, Wohnhäuser und Stallungen im richtigen Look.

> ### Fantasy-Inspirationen
>
> Mittelalterliche Bauwerke sind auch in Fantasy-Welten beliebt. Besuch das gigantische Minecraft/Game-of-Thrones-Projekt *WesterosCraft* für viele Inspirationen für Burgen und Städte: *https://minecraft-buch.de/westeros*

Wohnhaus

Blickt man auf die Geschichte, hast du grundsätzlich die Wahl: Bau deine Mittelalterhäuser aus Holz (frühes Mittelalter) oder Stein (später). Stein hat sowohl im echten Leben als auch in Minecraft den Vorteil, dass er nicht brennt. Und das war in Mittelalterstädten aufgrund fehlender Feuerwehr ein gutes Argument.

In Minecraft kommt noch der Schönheitsfaktor dazu. Nur aus Holz oder Stein, das ist mit der sich wiederholenden Blocktextur langweilig fürs Auge. Schöner sind Mischformen, die vielleicht auch ganz andere Materialien verwenden, die weniger offensichtlich sind – z. B. Wolle (Vorsicht, brennbar!), Quarz, Netherziegel oder Prismarin. Mit dem Survival-Buch hast du vielleicht schon ein ansehnliches Fachwerkhaus konstruiert, bei dem verschiedene Materialien zum Einsatz kommen. Darum an dieser Stelle, bevor du die passende Burg danebenstellst, einige Inspirationen für andere rustikale Mittelaltergebäude und -bestandteile.

Im Survival-Buch findest du die Bauanleitung für dieses ansehnliche Fachwerkhaus auf Seite 129.

Typisch reich verziertes Fachwerkhaus aus dem Frankreich des 15. Jahrhunderts. Mit Treppen ließen sich die Überhänge umsetzen, für die Balken setzt du Baumstämme ein.

Ein oft vergessenes Dekoelement sind Pflanzen und Blumen, und da gibt es in Minecraft ein üppiges Sortiment: Gräser, Farne, Löwenzahn, Mohn, Orchideen, Tulpen, Sonnenblumen, Rosensträucher und viele mehr. Hochgeklappte Falltüren machen sich übrigens ausgezeichnet als Blumenkästen.

Runde Torbögen sind im Mittelalter ein verbreitetes Element, das tragende Durchgänge schafft, die stabil genug sind, um darauf weitere Etagen oder ein Dach zu platzieren.

Warum nur ein Wohnhaus bauen? Errichte eine Kirche aus den gleichen Materialien und Elementen: mit Torbögen, Türmen, spitzen Dächern und einem Kreuz aus Minecrafts vielen Steinvariationen.

Es spricht nichts dagegen, die geschwungenen Wikingerdächer auch auf anderen Gebäuden einzusetzen. Das ist zwar nicht so authentisch, wirkt aber recht imposant.

Burg

In Minecraft eine Burg zu bauen ist ein Klassiker. Nicht nur, dass Steinziegel, bemooste Steinziegel, rissige Steinziegel und Bruchstein übereinandergetürmt von allein wie eine mittelalterliche Mauer wirken. Burgen sind gleichzeitig ein hervorragender Schutz gegen nächtliche Monsterangriffe. Sie sind die ideale Basis zum Ausbau eines imposanten Hauptquartiers mit vielen funktionellen und dekorativen Räumen (eigentlich schon Sälen), Lagerstätten, Endstationen für Gleissysteme und Zugängen für den Bergbau unter Tage. Umgeben von riesigen Mauern (und ausreichender Beleuchtung), bist du sicher. Und von den Türmen hast du eine exquisite Aussicht auf die Landschaft.

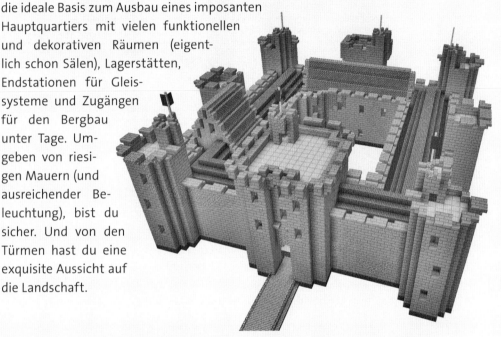

Materialien

- Seelensand
- rissige Steinziegel
- Bruchstein
- Bruchsteintreppen
- polierter Andesit
- Ziegelsteintreppen
- Eichenholztreppen
- dunkler Prismarin
- Banner
- grau gefärbte Glasscheiben

- Steinziegel
- bemooste Steinziegel
- Steinziegeltreppen
- Steinstufen
- Ziegelsteine
- Eichenholzbretter
- Eichenholzstufen
- Holzzäune
- Eisengitter

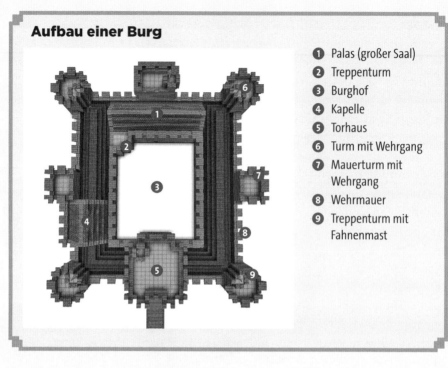

Aufbau einer Burg

1. Palas (großer Saal)
2. Treppenturm
3. Burghof
4. Kapelle
5. Torhaus
6. Turm mit Wehrgang
7. Mauerturm mit Wehrgang
8. Wehrmauer
9. Treppenturm mit Fahnenmast

Das Bodiam Castle in Südengland verfügt über alle Features einer ausgewachsenen Burg: Türme mit Wehrgängen, Wehrmauern, Palas (eine große Halle für Feste), Kapelle und Torhaus.

Das Bodiam Castle in Südengland ist wie aus dem Bilderbuch, geschaffen für eine Minecraft-Reproduktion.

Es lässt sich aufgrund des symmetrischen Designs recht einfach nachbauen – ideal, um mit verschiedenen Materialien und Architekturelementen zu experimentieren. Und Vorlagen gibt es haufenweise im Internet: Fotos, 3D-Modelle und sogar Diagramme. Der Grundriss eines Architekturjournals von 1844 (*The Archaelogical Journal, https://minecraft-buch.de/burg-grundriss*) ist die perfekte Vorlage, um im ersten Schritt die Größe der Burg auszumessen.

In der Legende ist ein Maßstab für 60 Fuß angegeben. Mit einem Lineal oder in GIMP (Pixel abmessen) kommt die vordere Wehrmauer auf 145 Fuß. Bei einer Umrechnung von 30,5 cm pro Fuß sind das etwa 44 Meter (Blöcke). In Minecraft ist es allerdings besser, mit ungeraden Zahlen zu arbeiten, damit du Türen, Fenster oder Turmspitzen genau in die Mitte setzen kannst. Also wird die vordere Mauer 43 Blöcke breit. Alle übrigen Maße lassen sich dann mit Lineal/GIMP genauso ausmessen und umrechnen.

Übersetzung des Grundrisses ins Blocklayout. Aus 44 Metern Breite der vorderen Mauer werden 43, da du mit einer ungeraden Blockzahl besser Türen und Fenster in der Mitte platzieren kannst.

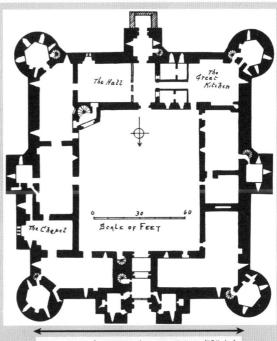

Etwa 145 Fuß entsprechen 44 Meter (Blöcke)

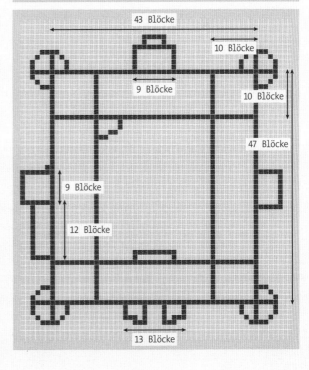

1. Verlege das Fundament auf Basis des Grundrisses; es stellt die unterste Ebene dar, auf der alle Mauern errichtet werden. Als Material kommt in diesem Beispiel keine langweilige Erde zum Einsatz, sondern Seelensand ⬛ aus dem Nether mit kontrastreichen Brauntönen.

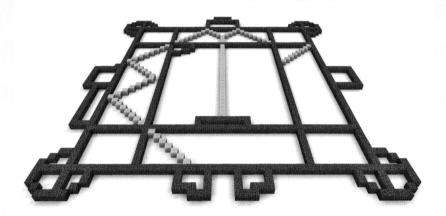

Die hellblauen Hilfsblöcke dienen später zum Abzählen, um z. B. die Mitte einer Mauer zu finden.

2. Zieh die Außenmauern und Wände der Türme mit Steinziegelblöcken ⬛ (und seinen Varianten) nach oben. Das ist ein relativ langweiliger Job, aber bei den lang gezogenen Mauerstücken geht es mit einem kleinen Trick schneller: Stell dich exakt auf die Linie, auf der die Mauer entstehen soll, und setze Blöcke vor deine Nase, während du dich mit der ⑤-Taste nach hinten bewegst. Dabei hältst du die rechte Maustaste dauerhaft gedrückt und korrigierst die Richtung mit Ⓐ oder Ⓓ, falls du stark nach links oder rechts abdriftest. Das funktioniert am besten mit Mauerreihen in Augenhöhe, aber mit etwas Geschick und konstanter Rückwärtsgeschwindigkeit auch für die unterste Reihe.

Die Höhen der Türme und Mauern sind nicht im Diagramm angegeben, lassen sich aber per Google herausfinden. Die Suchbegriffe »bodiam castle height« (englisch, denn die Burg steht in Südengland, also werden hauptsächlich englische Archäologen und Architekten über sie schreiben) finden die Antwort: Die runden und eckigen Türme sind 65 Fuß hoch (etwa 20 Meter inklusive Zinnen). Während die Türme drei Etagen hoch sein sollen, reichen die Gebäude und Mauern nur bis zur zweiten. In Minecraft werden daraus also 12 Meter/Blöcke inklusive Zinnen.

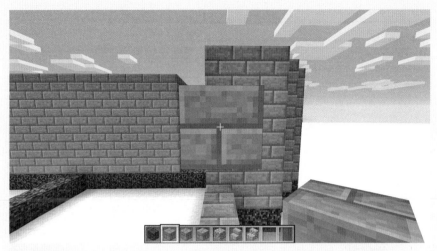

2 Um lange Mauern schnell zu ziehen, bewegst du dich rückwärts, während du die rechte Maustaste gedrückt hältst.

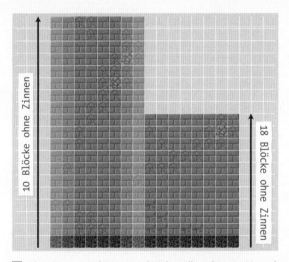

2 Ohne Zinnen sind Türme und Wehrwälle 18 bzw. 10 Meter hoch.

Folge beim Hochziehen der Mauern einfach dem Grundriss. Dabei entstehen vier runde Türme an den Ecken, ein Torhaus vorne und eckige Türme in der Mitte der seitlichen Mauern. Schaffe auch jetzt schon Löcher für Fenster und Durchgänge – insbesondere, wenn du im Überlebensmodus spielst –, um dich freier bewegen zu können. (In diesem Fall solltest du auch mit Hilfskonstruktionen und Treppen nicht sparen, um an alle Stellen zu kommen.)

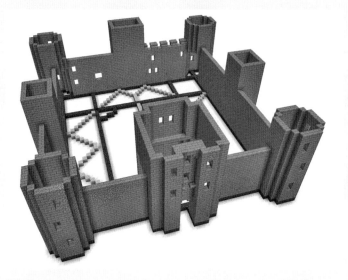

2 Ziehst du die Mauern auf 18 bzw. 10 Meter Höhe, entsteht schon das erkennbare Grundgerüst für die Burg.

Nicht nur eine Sorte Stein verwenden

Alle Wehrmauern mit Steinziegeln zu konstruieren ist langweilig. Da jeder Steinziegelblock dieselbe makellose Textur wie sein Nachbar hat, entstehen qualvoll eintönige Muster. Außerdem sind die Mauern dieser Burg über 600 Jahre alt!

Experimentiere mit Mischungen der *rissigen* und *bemoosten* Steinvarianten. Auch Bruchstein kannst du verarbeiten, wenn du dir vorstellst, dass die Übergänge zwischen einer intakten und einer beschädigten, zerbröselten Mauer fließend sind: Nimm dir eine Steinziegelwand vor, und ersetze einige Blöcke durch Bruchstein. Ersetze dann die den Bruchsteinblock umgebenden Blöcke mit rissigen Steinziegeln, und führe diese wie Risse über die Mauerfläche.

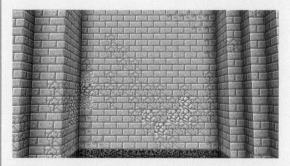

Ausgehend von zerbröselten Bruchsteinblöcken, setzen sich Mauerrisse mithilfe rissiger Steinziegel über die gesamte Mauer fort. Auch bemooste Steinziegel kannst du einsetzen. Platziere sie am besten in Ecken, wo nicht viel Luft hinkommt und sich Feuchtigkeit sammelt und deshalb Moos wächst.

Andere Ideen für Wehrmauern

Flache Steinziegelmauern lassen sich leicht mit gerissenen und bemoosten Steinziegeln oder sogar Bruchstein aufmotzen, aber ein beliebtes Mauermaterial ist auch gewöhnlicher Stein (erhältst du durch Schmelzen von Bruchstein im Ofen). Dieser hat nicht so viele Variationen, da sind also andere Ideen gefragt, wie sich die Eintönigkeit einer Wand durchbrechen lässt.

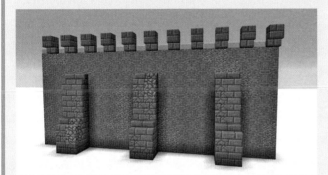

Diese Steinwand erhielt in regelmäßigen Abständen Stützmauern, die dank abgestufter Treppen unten etwas breiter hervorstehen als oben. Die Zinnen sind nach vorne stehende, umgekehrte Treppen mit einer weiteren Stufe obendrauf, damit sie etwas höher wirken.

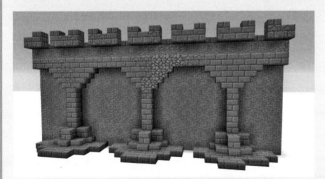

Etwas aufwendiger ist diese Mauer gestaltet, die mit den vielen Details schon fast zur Fassade wird. Die Torbögen wurden mit Treppen abgerundet; die Säulen, auf denen sie ruhen, breiten sich nach unten in alle Richtungen aus, sodass das gesamte Gebilde sehr kraftvoll wirkt. Dazu passen die breiten Zinnen, die Scharten zwischen ihnen bleiben aber schmal, damit kein Spinnengetier hindurchpasst.

Tipp: Auch Sandstein, gemeißelter Sandstein, glatter Sandstein und ihre Treppen-, Stufen- und roten Variationen eignen sich hervorragend für Wehrwälle (und natürlich Gebäude). Da ihre Farben sehr grell sind, eignen sie sich in Minecraft eher für orientalisch angehauchte Bauwerke, auch wenn Sandstein durchaus in kälteren Regionen Europas verwendet wurde.

3. Verkleide die Wehrmauern und Türme oben mit Zinnen. Die ragen mittels umgekehrt gesetzter Treppen 🪨 etwas über die Außenkante heraus. Sogar mehr als bei der echten Burg, weil das zum einen gut aussieht und zum anderen Spinnen draußen hält.

Tipp: Auch bei den Zinnen kannst du etwas Abwechslung in die Konstruktion bringen, indem du Steinziegel- und Bruchsteintreppen abwechselst.

3 Auf den Wehrmauern setzt du jeweils zwei umgekehrte Treppen nebeneinander und lässt einen Block Abstand – die sogenannte Zinnenscharte.

3 Auch auf den runden Türmen verwendest du umgedrehte Treppen und richtest sie immer von der Turmmitte gesehen nach außen aus.

3 Das Torhaus vorne in der Mitte hat etwas größere Zinnen – platziere dazu Steinziegelblöcke auf umgedrehte Treppen.

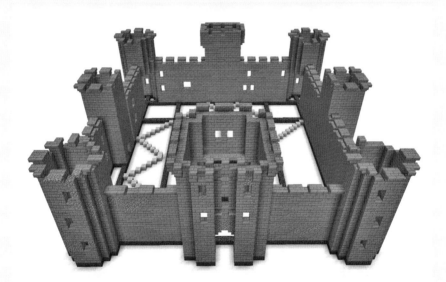

3 Sind die Zinnen gesetzt, erkennt man deutlich, dass es sich um eine Burg handelt.

4. Zieh jetzt die Innenmauer hoch, verziere sie ebenfalls mit Zinnen, und der Burghof ist fertig.

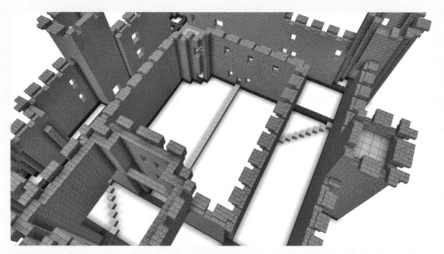

4 Die Innenmauer erhält ebenfalls Zinnen, denn auch in den Burghof könnten Feinde eindringen, die dann von oben bekämpft werden.

5. Zeit für den Dachdecker. In einigen Rekonstruktionen des Bodiam Castle ist erkennbar, dass in der Burg zwei Gebäude, eine Kapelle und der sogenannte Palas (großer Saal) mit großen klassischen Giebel-/Satteldächern standen. Die verlegst du mithilfe von Ziegelsteinen 🧱 und Ziegelsteintreppen 🧱. Wechselst du beide aufsteigend ab, erzeugst du einen steileren Winkel als den üblichen 45°-Winkel der Treppen.

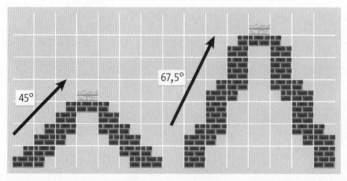

5 Durch Abwechseln von Treppen und ganzen Ziegelsteinblöcken wird das Dach spitzer als mit Treppen allein.

Für die Kanten und den First verwendest du zur Verschönerung Eichenholzblöcke 🟫, -treppen 🟫 und -stufen 🟫. Die eigentlichen Giebel, die Räume zwischen den Dachflächen, füllst du mit irgendeinem ansehnlichen Block, im Beispiel auf diesen Seiten kommt polierter Andesit ⬛ zum Einsatz, weil er eine ähnliche Farbe wie die Steinziegel hat, aber eine etwas andere Textur.

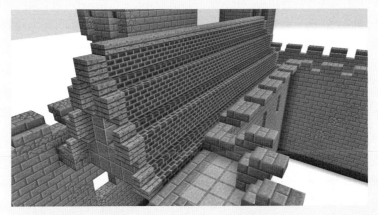

5 Achte darauf, dass Dächer in einen Mittelblock spitz zulaufen, sonst ist der Dachfirst zu breit. Darum ist es in Minecraft sinnvoll, Grundrisse immer mit ungeraden Blöcken Mauerlänge anzulegen.

6. Bei den noch übrigen leeren Flächen in der Außenmauer hast du die Wahl: Verbinde die Türme entweder mit einem flachen begehbaren Wehrgang oder, wie du in diesem Beispiel siehst, mit einem weiteren Dach. Das ist eine Gelegenheit, etwas mehr Form und Farbe in die Konstruktion zu bringen. In diesem Fall geschieht das mit dunklen Prismarinblöcken ⬛, die einer Kupferdachpatina ähneln.

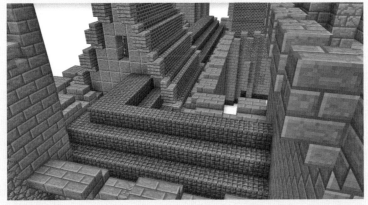

6 Kupfer ist zwar an sich kupferfarben, aber mit der Zeit entsteht durch Korrosion eine grüne Patina, eine Schutzschicht. Sie sorgt dafür, dass Kupferdächer jahrhundertelang Wind und Wetter trotzen.

7. Zu den Wehrgängen auf den Türmen: Verlege einen Boden (im Beispiel aus Steinstufen , die sich etwas heller von den vielen umgebenden Steinziegeln abheben), und setze jeweils ein kleines Treppentürmchen in eine Ecke. Platziere oben wieder eine Reihe aus Steinziegel-/Bruchsteintreppen . Ganz obendrauf setzt du vier Holzzäune übereinander, sodass ein Pfosten entsteht. Jeweils ein Banner an zwei Seiten des obersten Zauns sind die im Wind wehenden Fahnen. Das bringt Leben ins Bauwerk.

7 Fahnenmasten mit Bannern auf den Treppentürmen bringen Leben in die Burg.

8. Ab jetzt verbringst du Zeit mit der Ausarbeitung feinerer Details, z. B. mit den Fenstern. Einfach nur Glasblöcke in offene Löcher zu setzen ist billig. Aber dunkelgrau getönte Glasscheiben , einen Block weiter innen, sehen spannender aus. Damit sie an der richtigen Stelle halten, werden sie in einen Rahmen aus Eisengittern gesetzt – ein weiteres Element, das den rauen Charakter der Burg unterstützt. Verwende solche Eisengitter überall, wo du sonst Zäune einsetzen würdest, z. B. auch als Geländer für die Zugbrücke.

Damit steht das Grundgerüst der Burg, aber der Spaß ist noch lange nicht vorbei:

■ Zieh einen riesigen **Graben** um die Burg mit einer Zugbrücke.

■ Bau einen **Garten** – mit Brunnen – im Burghof.

■ **Richte dich ein**: Die Kapelle und der Palas mit den charakteristischen Satteldächern sind nur zwei der vielen Räume. Rundherum kannst du Ställe, Festsäle, Küchen, Schlafzimmer, Lagerhallen etc. einsetzen.

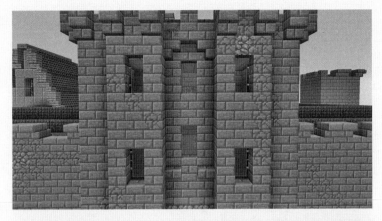

8 Außen- und Innenansicht der Fenster: Die dunkelgrau getönten Glasscheiben sind von innen mit Eisengittern befestigt.

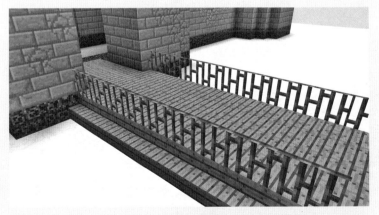

8 Statt Zäunen eignen sich auch Eisengitter hervorragend als Geländer.

Dein nächster Level

Siehst du dich im Internet ein bisschen um, z. B. über Googles Bildersuche, findest du reichlich Material, um einzelne Burgbestandteile zu verfeinern oder ganz andere Burgen nachzubauen. Es gilt: Je mehr Details du unterbringst und je mehr Zeit und Mühe du in die Materialauswahl steckst, desto spektakulärer werden die Gebäude. Und verzage nicht, wenn ein neu errichteter Turm in experimentellem Design katastrophal aussieht. Niemals sieht ein Bauwerk schon beim ersten Wurf richtig gut aus, und du solltest nicht zögern, so lange daran zu feilen, bis du zufrieden bist.

Warum Treppen immer nur ins Innere von Häusern und Mauern verbannen? Außen ringsum angebracht, wirkt dieser Turm sofort viel interessanter.

Die oben abgerundeten Fensterbögen sind typisch für manche Burgen. Statt Zinnen ziert diese Burg ein gewöhnliches Dach – Hauptsache, es hat zur Abwehr von Spinnen einen kleinen Vorsprung nach außen.

ASIATISCH

Für die kleine Architekturreise um die Welt begibst du dich nun auf die andere Seite des Globus, genauer gesagt in den Fernen Osten, nach China, Japan, Korea und Vietnam. In all diesen Ländern ist der Buddhismus weitverbreitet, und dieser gilt als Ursprung für ein besonderes Bauwerk, das charakteristisch für die ost- und südasiatische Architektur ist: die *Pagode*. Sie enthält Designelemente, die auch in anderen Gebäudearten wiederzufinden sind, jedoch nicht so markant wie bei diesem turmartigen Bauwerk, das je nach Land und Epoche als buddhistisches Grabmal, Wohngebäude oder Feng-Shui-Upgrade dient.

Wohler fühlen mit Feng-Shui

Hast du ein komisches Gefühl, wenn du mit dem Rücken zu einer Tür sitzt? Stellst du deine Trophäen auf dem Regal so lange um, bis das Arrangement irgendwie gut und »richtig« aussieht? Baust du dein Minecraft-Quartier am liebsten im schützenden Schatten eines Berges mit Ausblick aufs Meer? In China gibt es einen Namen dafür: *Feng-Shui*, übersetzt mit »Wind und Wasser«. Feng-Shui steht für eine Harmonielehre, deren Ziel es ist, dass die Umgebung (der Einsatz der Elemente) so gestaltet wird, dass sich der Mensch wohlfühlt. Das ist keine Naturwissenschaft und wird von vielen als esoterischer Schnickschnack angesehen. Bei den Chinesen geht diese Mischung aus Kunst und Wissenschaft jedoch bis auf 3000 bis 5000 vor Christus zurück und beeinflusst das Design von Gärten, Grabmälern, Wohnräumen, Häusern und natürlich Pagoden.

Beispiel für einen nach Feng-Shui-Richtlinien gestalteten Garten – eine Idee für dein Minecraft-Häuschen

Pagode

In Japan heißen Pagoden *Tō*, und ihr Zweck ist religiöser Natur, ähnlich dem Vorreiter der Pagode, dem indischen *Stupa*: Buddha zu verehren. Schöne Fotovorlagen sind einfach per Suchmaschine zu finden. Und da erkennst du die typischen übereinanderge-schichteten Dächer und geschwungenen Dach-vorsprünge, die jedem Minecraft-Gebäude auto-matisch einen asiatischen Touch verleihen.

Die hölzernen Verzierungen der Pagode des japanischen Tō-ji-Tempels (Original um etwa 880) stehen Pate für die Minecraft-Pagode.

Materialien

- Sandstein
- gebrannter grauer Ton
- Schwarzeichenholz-Treppen
- Birkenholzstufen
- Steinziegel
- Steinziegeltreppen
- Tropenholzzäune
- Birkenholzzäune
- Knöpfe
- Glowstone
- 1 Fackel

- Fichtenholz
- gebrannter brauner Ton
- Schwarzeichenholz-Bretter
- Tropenholzstufen
- Steinziegelstufen
- Fichtenholzbretter
- Schwarzeichenholz-Zäune
- Schilder
- braun gefärbte Glasscheiben
- 1 Tür

Mit konkreten Diagrammen und Abmessungen sieht es mager aus, zumindest im deutschsprachigen Teil des Internets, da hierzulande einfach nicht so viele Pagoden stehen. Aber in chinesischen oder japanischen Suchergebnissen sollte es doch entsprechendes Material geben? Man müsste nur die betreffende Fremdsprache beherrschen.

Da kommt Google Translate zu Hilfe, und zwar nicht von *Deutsch* ins Japanische, sondern von *Englisch* ins Japanische, denn hier sind die Übersetzungen viel genauer. Ein paar Wortkombinationen ausprobiert (»diagram« führt z. B. zu mehreren Ergebnissen, eines davon ist mit »drawing, diagram, plan, blueprint« genau richtig) und die japanischen Suchbegriffe für Turm/Tō 塔 und Diagramm 図面 sind gefunden. Nun hast du sicher keine japanische Tastatur. Also kopierst du die drei Zeichen nacheinander in deine Zwischenablage und jeweils in das Textfeld der Google-Bildersuche. Sofort erhältst du seitenweise interessante Diagramme, manche sogar mit Meterangaben in der Legende.

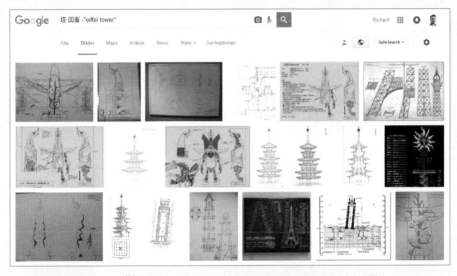

Bei der Bildersuche nach »塔図面« erhältst du überraschend viele Ergebnisse zum Eiffelturm. Die filterst du mit dem Suchbegriffzusatz »- "eiffel tower"« heraus.

Bei der auf diesen Seiten vorgestellten Stockwerkpagode handelt es sich um eine Mischung aus der historischen Pagode des *Itsukushima*-Schreins aus der Gegend um Hiroshima und der berühmten Pagode des *Tō-ji*-Tempels in Japans Kulturhauptstadt Kyoto. Sie besteht aus mehreren Etagen, in denen sich begehbare Plattformen und Dächer abwechseln, die nach oben schmaler werden. Der Grundriss ist quadratisch (es gibt auch sechs- oder achteckige und sogar runde Pagoden) und die Spitze detailliert und verspielt verarbeitet als Symbol für Buddhas Himmelsreich. Die infrage kommenden Materialien orientieren sich aufgrund des Alters von Pagoden wieder an Klassikern: Holz und Steinstufen, vor allem da hier genügend Stufen- und Treppenvarianten zur Verfügung stehen, um feinere Rundungen zu integrieren.

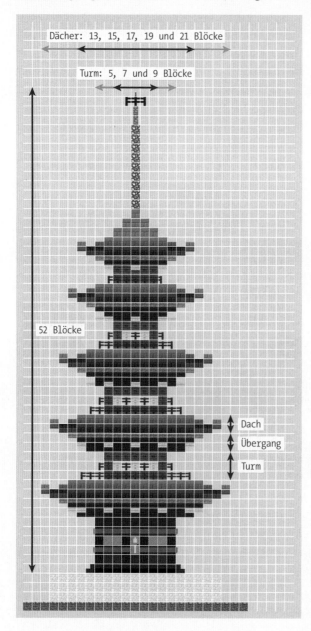

Seitenansicht der Pagode: Die Elemente der einzelnen Etagen wiederholen sich, sind aber unterschiedlich breit.

Du errichtest die Pagode Etage für Etage vom Fundament bis zur Spitze. Dabei unterscheiden sich die Etagen nicht großartig voneinander, sondern werden lediglich schmaler und bestehen aus drei übereinandergeschichteten Komponenten: Turm, Übergang zum Dach und Dach.

1. Leg ein Fundament, z. B. aus 19 × 19 Blöcken Sandstein ▦, und errichte darauf die unterste Etage des Pagodenturms. Das sind 9 × 9 Blöcke im Quadrat, fünf Blöcke hoch, aus gebranntem braunem ▦ und grauem Ton ▦ sowie Baumstämme aus Fichtenholz ▦, dem dunkelsten Baumstamm mit senkrechter Textur.

   In einige Aussparungen platzierst du braun gefärbte Glasscheiben ▦ und an der Vorderkante eine Tür ▮. Um etwas Plastizität auf die Oberfläche zu bekommen, setzt du zwei Ringe aus Schildern ▦ um das Mauerwerk und ziehst Schwarzeichenholz-Treppen ▦ um die unterste Ebene.

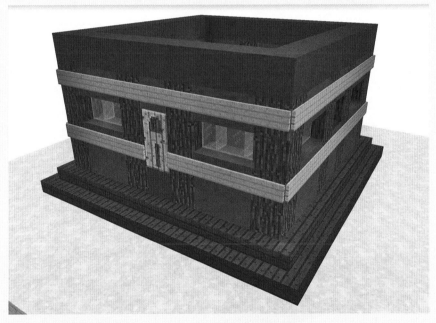

1 Verschiedene braun gefärbte Materialien bilden die Basis des Pagodenturms. Selbst grau gefärbter gebrannter Ton hat übrigens einen (sehr dunklen) Braunton.

2. Schaffe aus Schwarzeichenholz-Brettern ▦ und -Treppen ▦ sowie Tropenholzstufen ▦ einen sich nach oben ausweitenden Übergang zum Dach. In Abständen angebrachte helle Birkenholzstufen ▦ wirken wie hervorgehobene Dachträger.

2 Damit der Übergang zum Dach möglichst breit wird, setzt du versetzte (umgekehrte) Treppen und Stufen ein.

3. Setze das Dach aus Steinziegeln ▣, Steinziegelstufen- ◉ und -treppen ▣ auf die hölzerne Übergangsplattform; es ist in jeder Etage (außer ganz oben) nur zwei Blöcke hoch. Die charakteristische Schwingung von der Mitte zur Ecke entsteht durch gezieltes Platzieren der Stufen und Treppen: An den Kanten verläuft das Dach über Treppen nach unten, an den Ecken ziehst du es mit Treppen- und Stufenkombinationen wieder hoch.

3 Die nach oben gerichteten Dachecken sind typisch für asiatische Pagoden, aber auch für andere Gebäude aus dem Fernen Osten.

4. Die zweite Turmetage sieht etwas anders aus als das Erdgeschoss: Eine Plattform aus Fichtenholzbrettern ⬛ ist die Basis. Darauf entsteht der ringförmige Turm, ebenfalls aus Fichtenholzbrettern. Zäune aus Tropenholz 🪵 bilden
das äußere Geländer, und Zäune aus Schwarzeichenholz 🪵 und dem auffal-
lend hellen Birkenholz 🪵 sorgen für Abwechslung in den Fensteraussparun-
gen. Die Oberflächen verzierst du mit Knöpfen ● ● und Schildern 🪧.

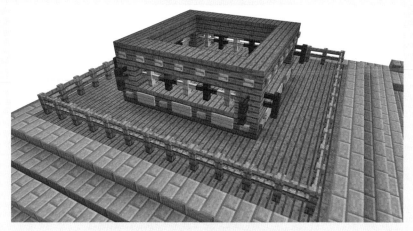

4 Mit verschiedenen kleine Objekten, z. B. Schildern und Knöpfen, verzierst du die
langweiligen Oberflächen und erzeugst Plastizität.

5. Ab jetzt wiederholt sich die Turm-Übergang-Dach-Kombination und wird
mit jeder Etage etwas schmaler:

5 Setze drei weitere Etagen auf das Bauwerk, und verkleinere dabei die Grundfläche von
Turm, Übergang und Dach anhand der Werte in der Tabelle.

Etage	Turm	Übergang	Dach
4	5 Blöcke	9 Blöcke	13 Blöcke
3	5 Blöcke	11 Blöcke	15 Blöcke
2	7 Blöcke	13 Blöcke	17 Blöcke
1	7 Blöcke	15 Blöcke	19 Blöcke
Erdgeschoss	9 Blöcke	17 Blöcke	21 Blöcke

Blockbreiten pro Etage der Pagode

6. Das oberste Dach ist spitzer als die übrigen. Zwar verfügt es ebenfalls über die typische Schwingung an den Ecken, zur Mitte hin sorgen die Treppen dann aber für einen 45° nach oben führenden spitzen Verlauf.

6 Das oberste Dach der Pagode läuft in der Mitte auf genau einen Block zu.

7. Die Spitze selbst besteht aus neun übereinandergestapelten Glowstone-Blöcken 🟫, dann zwei Steinmauern 🟫 darauf, die zur Säule 🟫 werden. Ein Kreuz aus Schwarzeichenholz-Zäunen 🚩 und eine Fackel ı obendrauf, und die Pagode ist fertig.

7 Pagodenspitzen symbolisieren Buddhas Himmelsreich und sind immer etwas verspielt.

Dieses Pagodenskelett kannst du natürlich beliebig verzieren. Je mehr Struktur du hineinbringst, desto interessanter wirkt das Bauwerk, und es entfernt sich vom langweiligen Klötzchenbau. Experimentiere mit Objekten, die keinen vollen Block einnehmen, z. B. Schilder und Knöpfe, Rahmen, Köpfe, Zäune, Zauntore, Falltüren etc., und montiere sie an die Wände. Oder gib den Ecken der Dächer mit grau gefärbten Teppichen den Extraschliff. Verbaust du einige Glowstone-Blöcke in die Decken, sorgst du zusätzlich für eine ansprechende Beleuchtung. Versenke die Blöcke aber etwas in der Oberfläche, damit sie nicht zu klotzig im Raum stehen.

Geschickt eingearbeitete Glowstone-Blöcke fallen nicht unangenehm auf, spenden aber reichlich Licht.

Auch auf den Dächern lassen sich weitere Details unterbringen, z. B. mithilfe einfacher Teppiche.

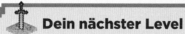

Dein nächster Level

Es gibt viele Elemente einer Pagode, an denen du basteln kannst: die Größe der Grundfläche, die Steigung der Schwingungen an den Dachecken, die Pagodenhöhe, die Anzahl der Plattformen und die Farben. Denn je nach Standort der Pagode kommen verschiedene Materialien zum Einsatz, die sich auf die Farbe auswirken, von Türkis oder Gelb bis zu Hellgrün oder sogar Knallrot. Errichtest du mehrere asiatische Bauwerke in deiner Welt, ändere das Farbschema aber nicht zu drastisch, damit alle Gebäude stilistisch zueinanderpassen.

Auch kräftige Farben kommen bei Pagoden zum Einsatz, sind aber gut auf die übrige Farbgebung abgestimmt.

Bei großen Dächern kannst du die Dachecken noch weiter nach oben ziehen – die Kombination aus Stufen und Treppen macht's möglich.

Weitere asiatische Architekturelemente

Die asiatische Architektur ist zwar nicht so unterschiedlich wie die europäische, aber die Stilelemente der Pagode lassen sich in verschiedene Richtungen ausarbeiten. Die chinesische und japanische Architektur ist sich übrigens sehr ähnlich, da es chinesische buddhistische Mönche waren, die diesen Stil im Mittelalter nach Japan brachten.

Für größere Pagoden eignen sich auch größere, feiner ausgearbeitete Spitzen.

Viele japanische Gebäude sind hauptsächlich aus Holz gebaut, denn es ist erdbebensicherer als andere Materialien. In diesem Gebäude aus der japanischen Kamakura-Periode siehst du neben den geschwungenen Dachecken auch einen besonders hervorgehobenen Dachfirst, den man in der chinesischen Architektur so nicht vorfindet.

Auch bei diesem japanischen Tempeltor ist der markante Dachfirst deutlich zu sehen, und es zeigt gut, wie du detaillierte Verzierungen mit einfachen Materialien erzeugst: Geschickt und großflächig platzierte Stufen, Zäune und Mauern genügen, um tolle Effekte zu erzeugen.

Ganz anders als bei der Pagode konzentrieren sich viele Architekturstile in China oder Japan nicht auf die Höhe, sondern die Breite. Beliebt sind flache Bauten, weite und groß-zügige Anlagen mit Höfen, Wegen, Terrassen und Plätzen. Dabei sind diese künstlichen Elemente oft symmetrisch – im Gegensatz zu Gärten, die zwar sauber und gepflegt sind, aber unregelmäßig angelegt wurden.

MODERNE

Das Motto des *Staatlichen Bauhauses* von 1919 könnte ebenso gut ein Minecraft-Splash-Text sein: »Das Endziel aller bildnerischen Tätigkeiten ist der Bau.« Der stark von der *Klassischen Moderne* geprägten Kunstschule ging es vor allem darum, den Abstand zwischen Handwerkern und Künstlern zu verkleinern. Das passt perfekt zu Minecraft: Blöcke im Spiel zusammenstellen, um mit Farben und Formen zu experimentieren. Ein Gebäude schaffen, das sowohl cool aussieht als auch vor Monstern schützt. Abenteuerwelten zusammenstellen, Texturen malen und Landschaften erzeugen. Ein Minecrafter ist ein wahres Multitalent und der ideale Student in Bauhaus-Lesungen.

Die eigentliche Designrichtung des Bauhauses ergibt sich aus den Konsequenzen der industriellen Revolution, nämlich Designs zu schaffen, die massenproduktionstauglich sind: klare Formen, gerade Linien, leicht zu verarbeitende Materialien – Hauptsache, es passt aufs »Fließband«. Das Fließband hat zwar nicht direkt mit Minecraft zu tun, aber das Ergebnis dieser Gestaltungsrichtung hat in der Pixelwelt seinen Reiz. Die sich wiederholenden Muster der Texturen, die in anderen Baustilen nicht wünschenswert sind, werden hier zum Vorteil. Der Trick ist, die richtigen Texturen, die passenden Blöcke zu wählen und auf die Kombination der Materialien zu achten, sodass ein stimmiges Gesamtbild entsteht. Entgegen der bisherigen Architekturstile kommen dabei gleichförmige, regelmäßige Texturen zum Einsatz, z. B. aus der großen Familie der Steinblöcke – Granit, Andesit und gemeißelte Steinziegel.

Galerie

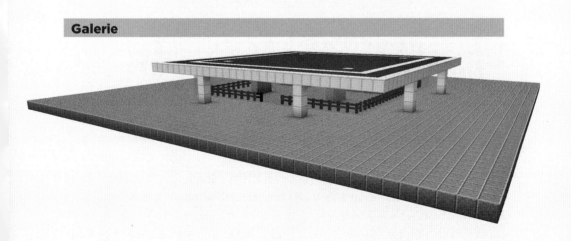

- 🧊 polierter Andesit
- 🧊 Eisenblöcke
- 🚩 Netherziegelzäune
- 🧊 gemeißelte Steinziegel
- weißer Teppich

- 🧊 polierter Granit
- 🧊 Tropenholzbretter
- 🟦 türkis gefärbte Glasscheiben
- 🟫 Glowstone
- grauer Teppich

Bühne frei für Berlins *Neue Nationalgalerie*, eine Ikone der Klassischen Moderne von 1968. Sie dient als Inspiration für eine Nachbildung in Minecraft und lädt zum Experimentieren mit verschiedenen Materialblöcken ein. Das Besondere an diesem Bauwerk ist, dass es zum Großteil aus Glas und Stahl besteht und das mächtige Dach auf acht Stahlstützen ruht, die sich außerhalb des Gebäudes befinden. Somit entsteht in der Mitte ein riesiger freier Raum als Ausstellungsfläche.

Die Neue Nationalgalerie ist ein Beispiel für die ausschließliche Verwendung von Glas und Stahl. Das wäre in Minecraft ein bisschen zu eintönig, darum wirst du einige zusätzliche Materialien einsetzen.

Damit die Diagramme auf diesen Seiten noch gut erkennbar bleiben, werden für diesen Beispielnachbau alle Maße um die Hälfte gekürzt. Das imposante Dach ist etwas über 60 Meter lang und breit, daraus werden 30 Minecraft-Blöcke. Fast 8 Meter, also vier Blöcke nach innen versetzt, befindet sich der quadratische Glaspavillon. Dieser ruht auf einer Granitterrasse mit einer Kantenlänge von knapp über 100 Metern, daraus werden also 50 Blöcke. Mit einem detaillierten Grundriss und etwas Geduld beim Verlegen der Blöcke ist das Gebäude sehr unkompliziert zu errichten.

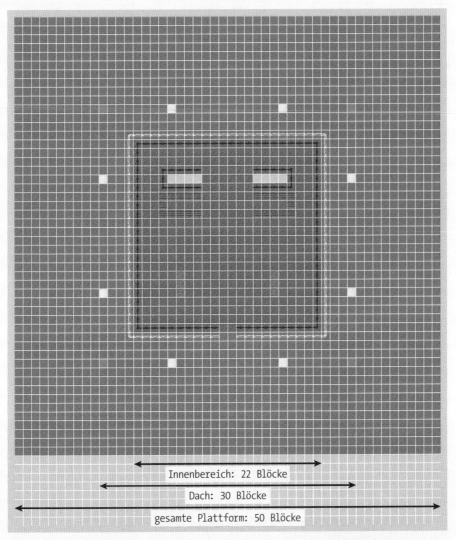

Innenbereich: 22 Blöcke

Dach: 30 Blöcke

gesamte Plattform: 50 Blöcke

Im Vogelperspektiven-Diagramm siehst du das Fundament aus poliertem Andesit, den Fußboden des Pavillons aus poliertem Granit (künstlerische Freiheit), die Glaswände, Garderoben und die von Geländern umgebenen Löcher für die Treppen nach unten. Die hellen Blöcke auf dem Fundament markieren die Säulen, die das Dach tragen; die mittelhellen Blöcke an den Ecken sind Marker für die Ecken des Daches.

Für den Bau eines so großen Bauwerkes ist es hilfreich, sich ein paar Skizzen zu machen. Die dienen vor allem der Konstruktion, dem Abzählen von Blöcken. Das geht natürlich in verschiedenen Programmen, aber auch einfaches kariertes Papier genügt. Der Vorteil des Papiers: Du kannst es überallhin mitnehmen.

Auf den folgenden Seiten siehst du einige Beispiele aus der Vogelperspektive für die ersten fünf Ebenen der Nationalgalerie, angefangen beim Boden über die Wände bis hin zum Dach. Der Trick ist, Muster zu finden, die das Zählen vereinfachen. Dabei sind insbesondere diagonale Linien wichtig, die sich in Minecraft besser abzählen lassen, weil die Oberflächentexturen sichtbar unterbrochen sind. Nach diesen Vorlagen kann man die eigentlichen Minecraft-Strukturen bauen.

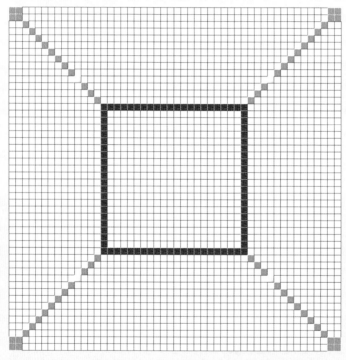

Ebene 1, der Boden: Abgrenzung der vier Ecken des großen Fundaments und des inneren Pavillonbodens

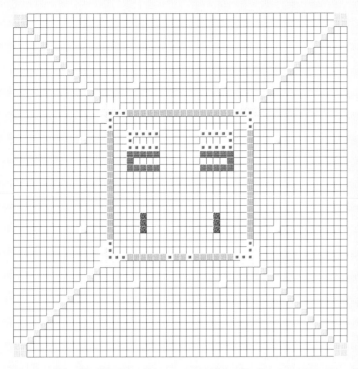

Ebene 2, von außen nach innen: Kennzeichnung der Außensäulen, der Glasfassade und des Gebäudeinneren, also des inneren Zauns, der Säulen (Bruchstein), der Garderobe (Holz) und des Treppengeländers (denn die Galerie hat eigentlich auch eine untere Etage)

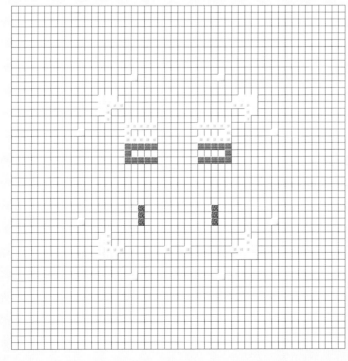

Ebene 3, Augenhöhe: Fortführung aller Säulen, der Glasfassade und der Inneneinrichtung

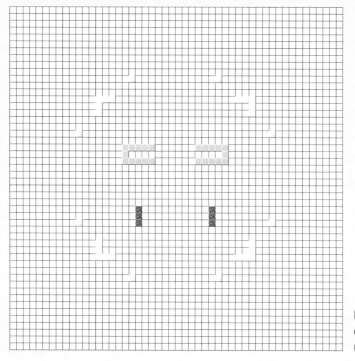

Ebene 4, kurz vor
dem Dach: Säulen
und Glasfassade

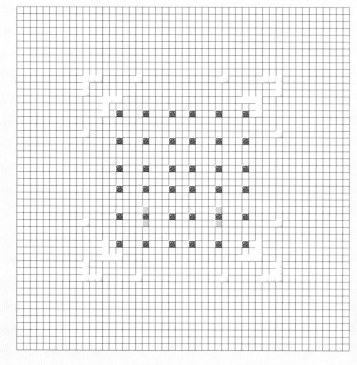

Ebene 5, das Dach:
Markierung der äuße-
ren Ecken und Platzie-
rung von Glowstone
zur Beleuchtung

Nun zum Nachbauen in Minecraft. Das ist nicht kompliziert, du folgst einfach deinen Skizzen:

1. Beginne innen mit dem Fundament des Gebäudes: mit 30 × 30 Blöcken aus poliertem Granit ⬤. Der entspricht zwar nicht dem Originalgebäude, bringt aber ein bisschen Farbe in deinen Nachbau. Schaffe darum einen sehr breiten Ring aus poliertem Andesit ⬤. Der ragt weitere 20 Blöcke in jede Richtung. Das gesamte Fundament ist somit 50 × 50 Blöcke groß.

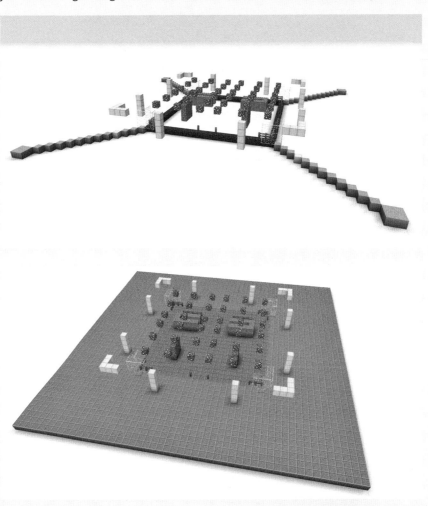

1 Setze zuerst die Ecken und Hilfsblöcke, damit du dich beim Ausfüllen nicht verzählst. Benutze für die Hilfsblöcke neutrale Farben wie Schnee oder Glas. Und entferne störende Hilfsblöcke sofort, nachdem der Zielblock an die richtige Stelle gesetzt wurde. Die in diesen Abbildungen bereits sichtbaren Glowstone-Blöcke kannst du freilich auch ganz zum Schluss ins Dach setzen.

2. Setze im durch den roten polierten Granitboden hervorgehobenen Innenbereich ringsum Netherziegelzäune ⚑. Lass auf der Vorderseite in der Mitte eine zwei Blöcke breite Lücke als Eingang. Im vorderen Innenbereich entstehen zwei jeweils drei Blöcke hohe Säulen aus Bruchstein und hinten die Garderoben aus Tropenholzbrettern ▦ und das Geländer (ebenfalls aus Netherziegelzäunen ⚑) für die nach unten führenden Treppen.

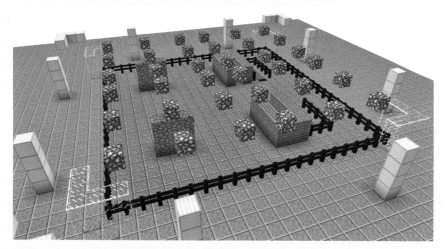

2 Mit den beiden inneren Säulen, den Tropenholzgarderoben und den nach unten führenden Treppengängen ist die Inneneinrichtung schon abgeschlossen.

3. Außerhalb des Innenbereichs errichtest du Säulen aus Eisenblöcken ▦, acht Stück, jeweils vier Blöcke hoch. Der Stahl der echten Neuen Nationalgalerie ist zwar etwas dunkler, aber die Eisenblöcke machen in Minecraft mehr her.

4. Zieh nun die drei Blöcke hohe Glaswand um das Granitfundament herum. Um etwas Pepp einzubringen, sollen es türkis gefärbte Glasscheiben ▦ sein, die unterstützen den kühlen Architekturstil.

5. Verbinde jetzt mit Eisenblöcken ▦ alle äußeren Eisenblocksäulen miteinander, sodass ein 30 × 30 Blöcke großes Quadrat entsteht: der Rahmen für das Dach.

6. Das mit gemeißelten Steinziegelblöcken ▦ aufgefüllte Dach besitzt ein besonderes Feature: die Beleuchtung. Hierzu bedienst du dich einfachen Glowstones ▦, denn der leuchtet von selbst, ohne Redstone-Strom anlegen zu müssen, und lässt sich als Block gut verbauen. (Fackeln sind in dieser modernen Architektur ausgeschlossen.)

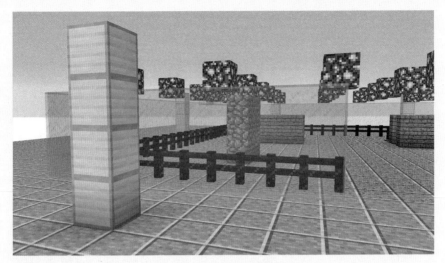

3 4 Für die Platzierung der Glaswände ist ein bisschen Geschick gefragt, um die Glasscheiben präzise aneinanderzukleben.

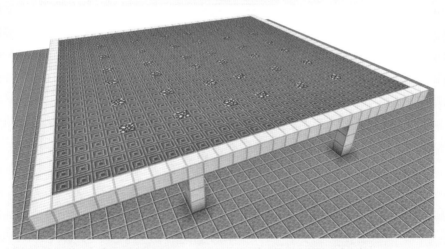

6 Fülle das Dach mit gemeißelten Steinziegelblöcken auf, und verteile zwischendrin Glowstone-Blöcke zur Beleuchtung.

7. Zu guter Letzt verkleidest du das Dach. Ein kurzer Blick in die **Earth**-Ansicht von Google Maps zeigt, welche Struktur dort aufliegt (*https://minecraft-buch.de/nationalgalerie*). Mithilfe gefärbter Teppiche ⬤ ◆ lässt sich das schwach erkennbare Muster rekonstruieren, zumindest ansatzweise, denn es geht hauptsächlich darum, die unordentliche Steinziegel- und Glow-

stone-Fläche nach oben zu verbergen und stattdessen klare, einheitliche Flächen darzustellen.

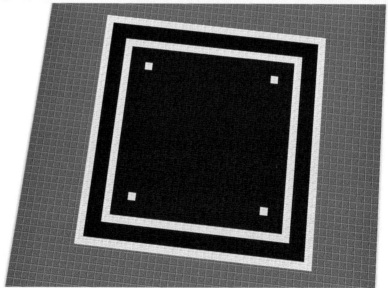

7 Die Satellitenaufnahme der Nationalgalerie verrät, wie das Gebäude von oben aussieht; mit gefärbten Teppichen verkleidest du schließlich die Steinziegel- und Glowstone-Fläche.

Experimentiere abschließend mit dem Material für die beiden Säulen im Innenraum. In der folgenden Abbildung erkennst du dort z. B. (pure) Andesitblöcke, die eine feinere Textur als grober Bruchstein haben.

Zusammengefasst ist das Besondere an Gebäuden der Klassischen Moderne in Minecraft die ästhetische Auswahl passender Materialien. Probiere es am besten mal mit anderen Blöcken, und erschaffe testweise Flächen und Wände, um zu beurteilen, welchen Effekt sie haben, wenn du mehrere Dutzend von ihnen im Quadrat platzierst.

Dank des Glowstones ist das Innere der Nationalgalerie stets gut beleuchtet; im Bild siehst du auch, dass Andesitblöcke für die Säulen edler aussehen als simpler Bruchstein.

 Dein nächster Level

Wie wäre es, die Neue Nationalgalerie in ihren Originalmaßen nachzubauen, also mit einem 100 × 100 Blöcke großen Fundament und einem 60 × 60 Blöcke großen Dach? Außerdem ist der Glaspavillon nur die halbe Miete. Denn die Treppengänge im Inneren führen in Wirklichkeit in eine untere Etage, die ebenfalls als Ausstellungsfläche dient. Finde per Suchmaschine einige Fotos, und führe dort den Bauhaus-Architekturstil fort. Falls du dieses Gebäudedesign zu Wohnzwecken nutzt, spricht natürlich nichts dagegen, dort einen Swimmingpool zu verbauen, ein Minenlager, deinen Verzauberungen-Hobbyraum oder eine Loren-Achterbahn.

Weitere Bauhaus-Gebäude

Lass dich von diesen Bauhaus-Gebäuden für weitere Minecraft-Projekte inspirieren. Denk immer daran, dass die Materialwahl in diesem Architekturstil das Wichtigste ist und Strukturen und Flächen gut aufeinander abgestimmt sein sollten.

Das Gropius-Haus in Lincoln, Massachusetts, wurde von Walter Gropius, dem Begründer des Bauhaus-Stils, persönlich gebaut und bewohnt. Es demonstriert die charakteristische Formenlehre und sieht schon fast aus wie ein Minecraft-Klötzchengebäude.

Die klaren, geraden Formen von Bauhaus-Häusern sind wie geschaffen für die Minecraft-Welt. Zwar bilden scharfe Kanten am Gebäude keinen Kontrast zu Minecrafts kantigen Blöcken der umgebenden Landschaft. Aber mit der richtigen Materialwahl fallen sie trotzdem auf. Bei diesem Haus hilft weiße Wolle für die Mauern. Sie erinnert an Schnee, besitzt aber eine besondere Textur.

Etwas größer als das berühmte Familienhaus ist das berühmte Bauhaus-Gebäude in Dessau. Die dunkle Glasfassade mit dem hellen, dünnen, fast zierlichen Rahmen fällt besonders auf. Man ahnt es bereits: Das Haus diente viele Jahre als Schule.

Das Olympiastadion München zeigt, dass Bauhaus-Architektur nicht unbedingt kantig und eckig ist. Nach wie vor gelten die Prinzipien eines klaren und offenen Konzepts mit einfachen, sich wiederholenden Elementen. Allerdings gibt es in Minecraft leider keine Glastreppen oder -stufen, wodurch eine Umsetzung nur mit klobigen Glasblö-cken und geschickt gesetzten Glasscheiben möglich ist. Vielleicht fällt dir eine Lösung ein? Beim nächsten Bauhaus-Bauwerk stehen die Chancen allerdings besser.

Amerikanische Städte mit ihren Wolkenkratzern sind vollgepackt mit Bauhaus-Architektur.
Hier entsteht der Reiz bereits durch aufeinander abgestimmte Glas-Stahl-Kombinationen.
Ebenfalls wichtig: die Größe. Die vielen Etagen des Gebäudes betonen das Bauhausmuster.

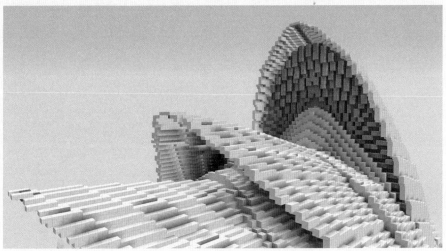

Das Opernhaus im Hafen von Sydney ist dem Münchner Olympiastadion in einigen Elementen ähnlich. Aber zum Glück kommt hier kein Glas zum Einsatz, sodass Treppen und Stufen für die komplexe Form des Opernhausdaches verwendet werden können. Im Nether gibt es genau das richtige Material dafür: Quarz und die daraus gecrafteten Quarzblöcke, -treppen und -stufen.

BILDHAUER – 2D-/3D-KUNSTWERKE KONSTRUIEREN

Sich mit Freunden auf einem Multiplayer-Server zu treffen und gemeinsam ein gigantisches Bauwerk zu errichten gehört sicher zu den spannendsten und kreativsten Minecraft-Beschäftigungen. Wer aber nicht völlig planlos bauen möchte, benötigt eine Blaupause, eine Vorlage, die angibt, wo welche Klötzchen im 3D-Modell zu platzieren sind, damit die Freiheitsstatue oder der Eiffelturm möglichst real wirkt. Dieses Kapitel zeigt dir, wie du 3D-Modelle in Minecraft-Kunstwerke verwandelst, welche Tools du nutzt, um sie dir Pixelebene für Pixelebene anzeigen zu lassen, damit du sie per Hand nachbauen kannst. Außerdem erfährst du, wie du riesige Bilder oder Fotos in deine Welt hängst. Der »Import« funktioniert über sogenannte Schematic-Dateien. Mehr über den Umgang mit den Dateien erfährst du auch im nächsten Kapitel »Weltenschöpfer – auf Slartibartfaß' Spuren«.

3D-MODELLE PER HAND NACHBAUEN

3D-Modelle in Minecraft nachzubauen ist wirklich eine Kunst. Die Herausforderung besteht darin, hochauflösende detailreiche Vorlagen in grobe Klötzchenmuster umzuwandeln, um dann mit endlosen Mausklicks sorgfältig ausgewählte Materialblöcke übereinanderzuschichten. Bei den Ausmaßen, die solch eine Konstruktion in einer Minecraft-Welt einnimmt, ist es schwierig, die Blöcke nach Gefühl zu setzen. Eine Vorlage muss her, eine Blaupause, die präzise Positionen preisgibt, um das Bauwerk so Ebene für Ebene zu errichten.

Zur Erstellung solcher Vorlagen sammelst du dir aus dem Internet einige Tools, die die Modelle vorbereiten und dann möglichst übersichtlich darstellen. Ein bewährtes Programm zur Darstellung der 3D-Modelle heißt *viewvox*, und es ist leider nicht so komfortabel zu bedienen wie andere Minecraft-Tools. Dafür glänzt es mit einem besonderen Feature: der schichtweisen Darstellung des zu bearbeitenden Modells.

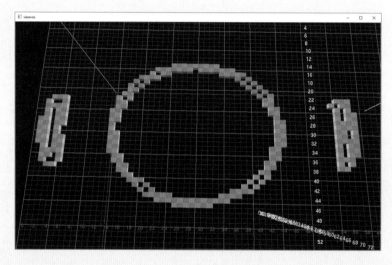

Mit viewvox stellst du individuelle Ebenen eines 3D-Modells dar, um Blöcke und Abstände exakt abzählen zu können.

Die folgenden Seiten beschreiben dir den Weg vom 3D-Modell zur schichtweisen Darstellung:

- **Finden** eines 3D-Modells
- **Konvertieren** des Modells ins richtige Format mithilfe von *binvox*
- **Darstellen** des Modells und Bedienung von *viewvox* während des Nachbauens

3D-Modell finden

Idealerweise findest du dein 3D-Modell bereits im richtigen Format, das das Betrachtungsprogramm viewvox verwendet: Dateien mit der Endung *.binvox*. Solche Modelldateien sind jedoch schwer ausfindig zu machen. Glücklicherweise hat viewvox eine Softwareschwester, *binvox*, ein Tool, das 3D-Modelle in verschiedenen anderen Formaten in das notwendige *.binvox*-Format konvertiert. In der Praxis arbeitet es am besten mit dem weitverbreiteten Dateiformat OBJ, das heißt, die Modelldatei-Originale enden auf *.obj*.

Und so begibst du dich im Internet auf die Suche nach »free 3d models« und landest vielleicht auf einer Website wie *https://free3d.com/* oder *https://www. cgtrader.com/*. Dort lässt sich zum einen nach kostenlosen Modellen suchen, zum anderen die Modellliste nach dem Dateiformat **OBJ** filtern.

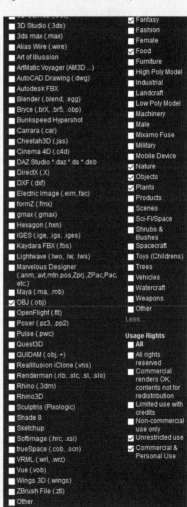

Der Teufel steckt allerdings im Detail, und »free« heißt nicht, dass die 3D-Objekte für alle Verwendungszwecke lizenziert sind. Solange du die Modelle privat, in deiner persönlichen Minecraft-Welt, einsetzt, gibt es kein Problem. Rekonstruierst du ein Modell allerdings auf einem öffentlich erreichbaren Multiplayer-Server, wird es schon komplizierter.

Die Website *https://www.sharecg.com/*, Menüpunkt **3D Models**, ist eine mögliche Alternative. Dort stellst du im Filter links nicht nur den passenden Dateityp, **OBJ (.obj)**, ein (auf **More...** klicken), sondern markierst auch die beiden Häkchen bei **Unrestricted use** und **Commerical & Personal Use**. Optional begrenzt du die Suche auch auf bestimmte Kategorien. Das Modell der magischen Lampe für das Beispiel in diesem Kapitel wurde auf diese Art und Weise gefunden. (Achte auch auf die Sortierung **Sort by...**, z. B. **Sorted by Rating** – nach Bewertung sortiert.)

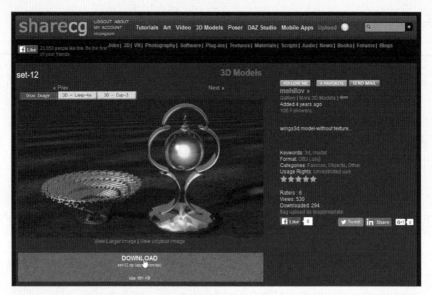

Auf »www.sharecg.com« findest du Hunderte von 3D-Modellen, die du nach Art, Dateiformat und Lizenz filtern kannst.

Richte dir zuerst ein Arbeitsverzeichnis ein, in dem du künftig deine 3D-Modelle und auch die Tools speicherst, die zum Einsatz kommen:

1. Erzeuge einen neuen Ordner, z. B. auf dem Desktop, mit dem Namen *3d*.

2. Lade dein ausgewähltes 3D-Modell herunter, es muss die Endung *.obj* haben. Falls es sich um ein ZIP- oder RAR-Archiv handelt, entpacke es, um sicherzustellen, dass sich darin ein OBJ-Modell befindet. (Für RAR-Archive benötigst du zum Entpacken ein zusätzliches Tool wie 7-Zip oder WinRAR.)

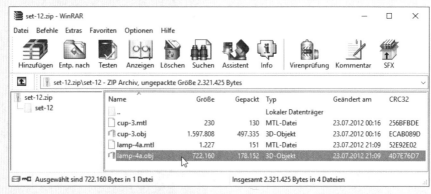

2 Viele Modelle werden als ZIP- oder RAR-Archiv heruntergeladen, aus denen du die ».obj«-Datei in deinen Arbeitsordner entpackst.

3. Verschiebe die *.obj*-Datei in das neue Verzeichnis, und verpasse ihr einen neuen, möglichst kurzen beschreibenden Namen, z. B. *lampe.obj*. Das macht es dir später leichter, da die Tools binvox und viewvox über die Kommandozeile zu bedienen sind.

3d

lampe.obj

Eigene 3D-Modelle entwerfen

In Dutzenden von Galerieseiten nach dem geeigneten 3D-Objekt zu stöbern ist eine Sache. Eine ganz andere ist es, deiner eigenen Kreativität freien Lauf zu lassen und geometrische Figuren in allen drei Dimensionen zu entwerfen. Dabei ist der Knackpunkt die Software, die du einsetzt, um deine Ideen in Bits und Bytes zu verwandeln. Dies sind einige Beispiele:

- **SketchUp**

  Mit SketchUp (*https://www.sketchup.com/*), das einst dem Suchmaschinenriesen Google gehörte, um Häusermodelle für Google Earth zu entwickeln, erzeugst du einfache 3D-Modelle über die Zeichenwerkzeuge oder importierst Objekte aus dem reichhaltigen SketchUp-Internetfundus (eine Internetsuche nach »sketchup models«, Dateiendung *.skp*, genügt, da das Programm recht weit verbreitet ist). Anleitungen gibt es z. B. zuhauf bei YouTube (*https://minecraft-buch.de/skup-videos*), den Export als *.obj*-Datei erreichst du einfach über das Menü **Datei · Exportieren · 3D-Model...**

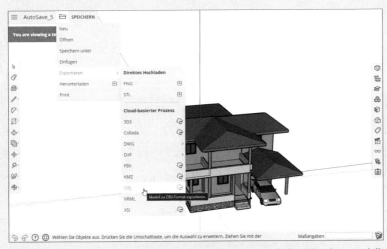

Über »Speichern · Exportieren · 3D-Model...« exportierst du beliebige SketchUp-Modelle als ».obj«-Datei.

■ Ein professioneller Renderer, z. B. Blender

Das ist die Softwaregattung, von der die Rede ist, wenn man von einem 3D-Modellentwurf spricht. Auch Renderer haben nicht direkt etwas mit Minecraft zu tun, sondern kommen für Grafiken, aber auch für Videoanimationen zum Einsatz (z. B. für »Toy Story« oder alle anderen Filme von Pixar). Personen und Lebewesen werden wie echte Gliederpuppen an ihren Gelenken und Muskelgruppen gedreht, gezogen, gedrückt und animiert, verschiedenste geometrische Figuren können miteinander kombiniert und an jedem Eck- oder Kurvenpunkt in beliebige Richtungen verzogen werden, während alle Oberflächen realistische Texturen mit natürlich wirkenden Oberflächen erhalten. Am Ende sind Fahrzeuge, Flugzeuge und ganze Wohnzimmereinrichtungen nicht mehr von echten Fotos zu unterscheiden.

Doch so viel Professionalität hat ihren Preis. Nicht etwa in der Software, Blender ist kostenlos unter *https://minecraft-buch.de/blender* herunterladbar, sondern in deiner Einarbeitungszeit und -mühe. Bevor du deine 3D-Modelle als *.obj*-Datei für binvox exportierst, wirst du den einen oder anderen Tag mit Tutorials und Referenzbüchern verbringen. Dafür ist dieser Next-Level-Guide natürlich zu klein. Wenn dich das Thema weiter interessiert, halte nach guten Büchern (*https://minecraft-buch.de/blender-buch*) und kostenlosen YouTube-Anleitungen (*https://minecraft-buch.de/blender-videos*) Ausschau.

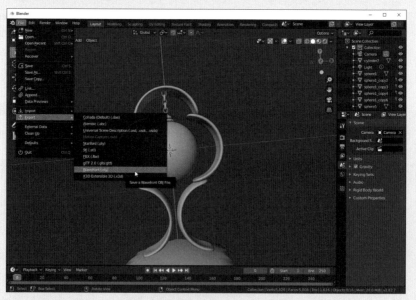

Auch mit Blender exportierst du 3D-Modelle als »*.obj*«-Datei, damit du sie mit binvox weiterkonvertieren kannst.

OBJ-Modell mit binvox konvertieren

Nun besorgst du dir das Programm binvox:

1. Besuch die Download-Seite von binvox unter *https://minecraft-buch.de/binvox*, scrolle bis zum Bereich **Download**, und klicke auf einen der Links, je nachdem, welche Art Rechner du benutzt.

Download

version 1.21, added 30 May 2015

- **Linux 64 bit executable**
  compiled under CentOS 6.4, 64-bit, let me know if it doesn't work for you

  In the Linux version: you can make **binvox** render to an offscreen buffer instead of to an onscreen window (if available). This increases the maximum dimension of the voxel grid from 1024 to 4096, depending of course on how much memory your system has (the memory use is dominated by the voxel grid, 1 byte per voxel).

- **Mac OS X 10.10 executable**
  compiled under Yosemite, using the Xcode tools
  Note that for newer versions of OS X, **X11** has disappeared. You'll have to install **XQuarts** before you can run **binvox**

- **Windows 64 bit executable**
  compiled using a cross compiler. You also need to have glut.dll in your path (or the same directory as **binvox**).
  Search for glut32.dll or glut64.dll online (depending on whether you're running a 32 or 64 bit system, these days most are 64 bit), and rename it to glut.dll. This executable also runs under Linux using **Wine**.

---

1 Die URL »https://minecraft-buch.de/binvox« ist eine Abkürzung zur Download-Seite von binvox. Dort findest du Download-Links und Installationshinweise für alle Betriebssysteme.

2. Kopiere die heruntergeladene Datei (unter Windows z. B. *binvox.exe*) in dein *3d*-Verzeichnis, das Programm muss nicht separat installiert werden.

3. **Mac**-Benutzer benötigen je nach Betriebssystemversion das Fenstersystem XQuartz: *www.xquartz.org*

4. Öffne nun eine Kommandozeile (oder Terminal); in Windows ist das beispielsweise das Programm Eingabeaufforderung.

▨ Was ist die Kommandozeile/Eingabeaufforderung?   − ☐ ✕

Die Kommandozeile ist je nach Betriebssystem und Computer unter vielen Namen bekannt: Eingabeaufforderung, Terminal, Konsole/Console – sie alle öffnen ein Fenster, in das du Befehle über die Tastatur eingibst. (Manche Betriebssysteme verfügen nicht einmal über Fenster und öffnen allein die Kommandozeile nach dem Rechnerstart.) Stell dir all das, was in diesem Fenster geschieht, wie eine einfachere Version deines Datei-Explorers (Windows-Explorer, Finder, etc.) vor. Du kannst durch Verzeichnisse navigieren, neue erstellen, überflüssige löschen, Dateien kopieren oder Programme starten. Nur eben über die Tastatur und ohne bequeme Benutzeroberfläche. Und das ist der Grund, warum für binvox (und viewvox) die Kommandozeile eingesetzt werden muss: Diese Programme haben keine Benutzeroberfläche. Das liegt daran, dass sie so einfacher zu programmieren sind und sich leichter auf andere Betriebssysteme übertragen lassen.

---

5. Navigiere mithilfe des Befehls `cd` (change directory) zu deinem *3d*-Ordner. Hinter `cd` gibst du den Ordner an, zu dem du wechseln möchtest. Windows-Beispiel: Nach Öffnen der Eingabeaufforderung befindest du dich in deinem Kontoverzeichnis. Wenn du deinen *3d*-Ordner auf dem Desktop erstellt hast, lautet der `cd`-Befehl:

```
cd Desktop/3d
```

6. Starte die Konvertierung mit diesen zunächst kryptisch erscheinenden Optionen. An das Ende stellst du den Dateinamen deiner *.obj*-Datei:

```
binvox -e -ri -d 50 -cb lampe.obj
```

Nun erscheint eine ganze Menge Meldungen mit technischen Details zur Konvertierung im Kommandozeilenfenster. Die Konvertierung ist abgeschlossen, sobald du in der letzten Zeile `done` siehst und den nächsten Befehl eingeben kannst. Im *3d*-Ordner befindet sich nun die neue Datei *lampe.binvox*, die gleich von viewvox eingelesen und dargestellt wird.

5 6 Wechsle mit »cd« zu deinem »3d«-Ordner und führe »binvox« aus – das Modell ist fertig, sobald du »done« liest.

Was verbirgt sich hinter den kryptischen Optionen zwischen `binvox`-Befehl und *.obj*-Datei? Eine vollständige Beschreibung dieser Parameter siehst du, wenn du nur `binvox` ohne irgendwelche Optionen eingibst. Für die Konvertierung in diesem Beispiel sind wichtig:

■ `-e`: Sorgt für eine sehr detaillierte Konvertierung.

■ `-ri`: Entfernt Blöcke, die von anderen verdeckt werden (»interne«), damit ist die Modellvorlage später einfacher zu überblicken.

■ `-d 50`: Bestimmt die Größe des Modells in der *.binvox*-Datei anhand der Blockanzahl. An dieser Stelle kannst du eine beliebige Zahl eingeben, je nachdem, wie groß und detailliert dein Modell werden soll. Beachte aber, dass Minecraft-Welten maximal 256 Ebenen hoch sind, der Meeresspiegel bei Ebene 62 liegt und die Wolken bei Ebene 128 den Blick stören. Für riesige Konstruktionen sind also Werte zwischen `100` und `140` realistisch.

■ `-cb`: Zentriert das Modell auf dem 3D-Gitter, das erleichtert später das Drehen und Heranzoomen.

Diese Parameter benötigst du, falls das 3D-Modell falsch herum ausgerichtet ist:

■ `-rotx` und `-rotz`: Siehst du dein Modell später in viewvox von der falschen Seite, ist es z. B. um irgendeine Achse um 90° gedreht, behebst du das über diese Parameter. Probiere es am besten aus, ob `-rotx`, `-rotz` oder beide Achsendrehungen dein Modell gerade drehen.

Hinweis: Du wirst binvox sicher mehrere Male starten, um den idealen Wert für die Größe (`-d Blockgröße`) zu finden. Dazu nutzt du die ⬆-/⬇-Tasten, um zwischen früheren Kommandozeilenbefehlen hin- und herzuwechseln. Standardmäßig überschreibt binvox die erzeugte Datei allerdings nicht, sondern nummeriert weitere Varianten mit Endungen *_1*, *_2* etc. durch. Berücksichtige den richtigen Dateinamen, wenn du die *.binvox*-Datei gleich in viewvox lädst. Eine gute Idee ist es darum, vor dem nächsten Konvertierungsversuch die aktuelle *.binvox*-Datei zu löschen.

».binvox«-Datei in viewvox ansehen

Für die Anzeige des konvertierten 3D-Modells setzt du nun viewvox ein:

1. Lade viewvox von dieser Webseite herunter: *https://minecraft-buch.de/viewvox*

1 Auch für viewvox gibt es verschiedene Betriebssystemversionen; nach dem Download verschiebst du das Programm in deinen »3d«-Ordner.

2. Schiebe das Tool von deinem Down-load- in den neu angelegten *3d*-Ord-ner, in dem auch binvox und alle Vari-anten deines 3D-Modells liegen.

3. Öffne die Kommandozeile, und starte viewvox mit diesem Befehl:

```
viewvox.exe lampe.binvox
```

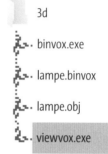

3d

binvox.exe

lampe.binvox

lampe.obj

viewvox.exe

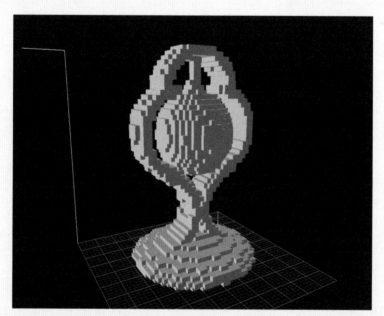

3 Nach dem Öffnen von viewvox siehst du das gesamte Modell; mit der Taste ⓢ schaltest du in die Ansicht für einzelne Schichten um.

Nun öffnet sich ein Fenster mit dem 3D-Modell – deine zukünftige 3D-Vorlage. Starte Minecraft, und begib dich in die Welt, in der du das Modell bauen möchtest. Arrangiere Minecraft- und viewvox-Fenster so auf deinem Monitor, dass du immer beide siehst. Gut wäre es, wenn du das Kommandozeilenfenster ebenfalls unterbringst, um hilfreiche Meldungen zu sehen. (Idealerweise arbeitest du mit zwei Monitoren: einen für Minecraft, den anderen für viewvox und die Kommandozeile.)

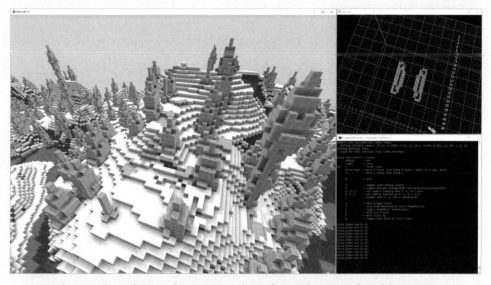

Um mit der 3D-Vorlage arbeiten zu können, musst du mindestens das Minecraft- und das viewvox-Fenster gleichzeitig sehen – wer zwei Monitore angeschlossen hat, ist im Vorteil.

viewvox bietet einige Tastenbefehle, mit denen du das 3D-Modell sprichwörtlich auseinandernimmst. Diese Tasten drückst du unmittelbar nach dem Start des Tools, die Reihenfolge spielt keine Rolle:

- ⬛ [A] : Aktiviert zwei Farben (statt einer) für die Blöcke, sodass du sie besser abzählen kannst.
- ⬛ [1] : Blendet Zahlenachsen zum besseren Zurechtfinden ein.
- ⬛ [S] : Schaltet die Ansicht um, sodass immer nur eine Schicht zu sehen ist.

So steuerst du viewvox während des Nachbauens:

- ⬛ Mit gedrückt gehaltener **linker Maustaste** drehst du das Modell.
- ⬛ Mit gedrückt gehaltener **rechter Maustaste** zoomst du näher oder entfernst dich, indem du die Maus nach links oder rechts bewegst.

- ◼ ⎡J⎤ und ⎡K⎤: Mit diesen beiden Tasten kletterst du jeweils eine Schicht hinauf oder hinunter. Halte zu Beginn eines Nachbauprojekts die ⎡J⎤-Taste eine Weile gedrückt, um zur untersten Ebene zu wechseln.

- ◼ ⎡G⎤: Schiebt das Hilfsgitter auf die Schicht, die gerade dargestellt wird; andernfalls ist das Abzählen von Blöcken schwierig.

Alle Tastenbefehle siehst du auch beim Start von viewvox im Kommandozeilenfenster. Während das Tool läuft und du mit den Tasten ⎡J⎤ und ⎡K⎤ zwischen den Ebenen wechselst, liest du dort übrigens immer die Ebenennummer ab, die gerade eingeblendet ist (slide_index now is *xy*). Das ist besonders praktisch, wenn man sich bei komplexen Strukturen etwas verzettelt und noch mal abstimmen möchte, ob man in Minecraft gerade die richtige Ebene bearbeitet. Mit ⎡F3⎤ liest du dort die aktuelle Ebene oben links bei den Koordinaten ab (y-Wert).

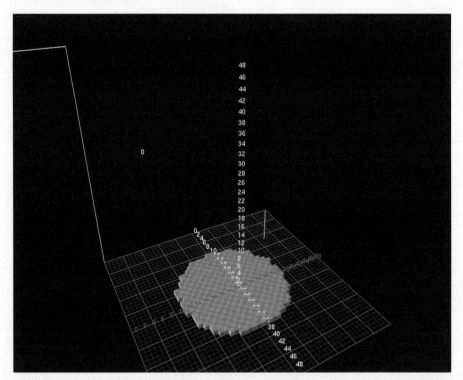

Beginne dein Bauwerk mit der niedrigsten Ebene, indem du die Taste ⎡J⎤ gedrückt hältst und danach mit ⎡G⎤ das Hilfsgitter einblendest, um die Blöcke besser abzuzählen.

Spielst du im Überlebensmodus, vergewissere dich, dass du genügend Exemplare des Hauptbaumaterials beschaffen kannst. Für die Beispiellampe sind das Goldblöcke aus einem Dutzend Ozeanmonumenten.

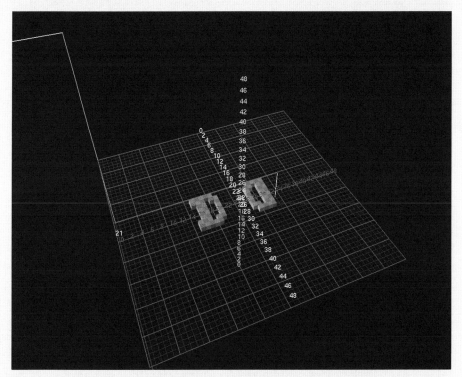

Mit der Taste 1 blendest du hilfreiche Achsen ein; drehe das Modell mit gedrückt gehaltener linker Maustaste so lange, bis du die Blöcke und Abstände zwischen ihnen abzählen kannst.

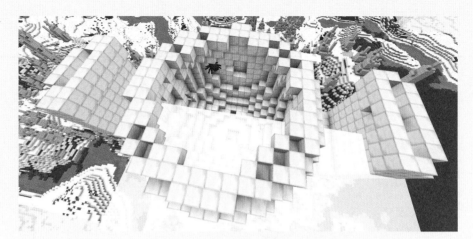

Gerätst du über Ebene 128, werden dir Wolken die Sicht erschweren (Lösung: Wolken versteckst du über Esc ▪ »Optionen...« ▪ »Grafikeinstellungen...« ▪ »Details...« ▪ »Wolken« auf »Aus«). Verbringst du auch die Nacht auf deinem Bauwerk, bekommst du unangenehme Besucher, die aber meist an verwinkelten Stellen hängen bleiben. Vorsicht allerdings vor Creepern. Sie reißen mit einer einzelnen Explosion ein Riesenloch in deine Konstruktion. Stell den Minecraft-»Schwierigkeitsgrad« sicherheitshalber auf »Friedlich«.

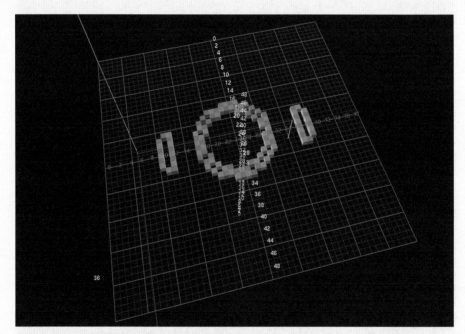

Im Bild sichtbar – die Abstände zwischen den drei Ringen auf Ebene 36 sind zu weit, um über sie springen zu können. Spielst du im Überlebensmodus, schaffe dir Hilfskonstruktionen aus einem beliebigen anderen Material, die du später wieder abbaust.

Verschaffe dir nach einigen Ebenen immer wieder mal einen Überblick, ob das Modell richtig aussieht, indem du von weiter weg darauf schaust. Es ist ärgerlich, später feststellen zu müssen, dass man versehentlich eine oder zwei Ebenen vergessen hat.

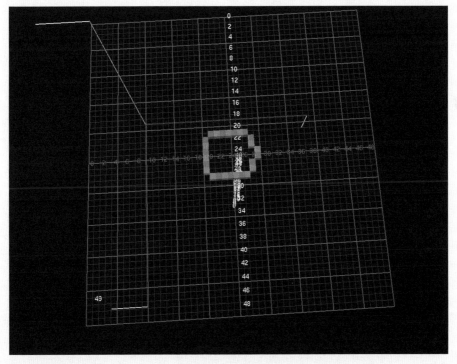

Mit aktivierten Achsenwerten siehst du auch die aktuell eingeblendete Ebene in viewvox (im Bild »49«). Hast du diese Darstellung ausgeblendet, liest du die Ebene im Kommandozeilenfenster ab.

Hohe Bauwerke im Überlebensmodus

Errichtest du dein Bauwerk in Minecrafts Überlebensmodus, kann es in schwindligen Höhen schnell gefährlich werden – ein falscher Tritt, und du stürzt ab. Gegenmaßnahmen:

- Halte beim Laufen immer die ⬆-**Taste** gedrückt, sodass sich deine Spielfigur nie über den Rand eines Blocks bewegt.
- Leg am Fuß deines Bauwerkes einen **See** mit mindestens zwei Blöcken Tiefe an. Stürzt du ab, nimmst du dann keinen Schaden.
- Nimm genug Material mit, um dir **Hilfskonstruktionen** zu schaffen: ringförmige Plattformen und Treppen – möglichst weit außen herum, um nicht mit dem eigentlichen Bauwerk durcheinanderzukommen. Als Material setzt du Blöcke ein, die du schnell beschaffen, setzen und wieder abbauen kannst und die auch nicht viel wert sind, sollten sie nach unten fallen, z. B. Holz, Erde oder Schnee.

Hast du das Modell in Minecraft fertiggestellt, kannst du noch einige Feinabstimmungen vornehmen:

- **Unregelmäßigkeiten korrigieren**

  Durch die Konvertierung von binvox sind vielleicht einige Kurven nicht richtig rund, und einige Ecken haben überstehende Blöcke. Solche kleinen Fehler findest du am besten, wenn du rund um das Modell fliegst und es gesamtheitlich betrachtest.

Im Bild befindet sich in der Mitte links ein Block zu viel – solche Unregelmäßigkeiten bei der Konvertierungsberechnung reparierst du nachträglich per Hand.

Bessere Materialien einsetzen

Während der Modellkonstruktion in Minecraft weiß man bei besonders großen Modellen nicht unbedingt, an welcher Stelle des Modells man gerade arbeitet. Dabei den richtigen Materialblock einzusetzen ist schwierig. Falls du dein Modell erst mal aus einem einzelnen Material gebaut hast, ist jetzt der Zeitpunkt, die Oberfläche abzufliegen und diese Standardblöcke gegen Blöcke mit richtiger Textur und Farbe auszutauschen.

Für die Beispiellampe wurde der gesamte innere Bereich durch Redstone-Blöcke, orangefarbenes und rotes Glas ersetzt. (Damit die Lampe nachts auch leuchtet, sind zudem einige Fackeln im Inneren und auf der Skulptur verteilt.)

Übergänge verfeinern

Verwendest du als Material Stein oder Holz, hast du die Möglichkeit, mit Stufen und Treppen Rundungen, Überhänge, Bögen etc. auszuarbeiten, sodass sie weniger blockartig wirken.

Mit Stufen und Treppen (links) schaffst du etwas feinere Übergänge bei Rundungen.

3D-MODELLE ERZEUGEN

Schematic ist ein Minecraft-spezifisches Dateiformat, das Teile einer Minecraft-Welt in einer einzelnen Datei speichert, die sich besonders gut zum Teilen, Herunterladen und Integrieren in eine bestehende Welt eignet.

Vorlagen finden

Im Internet findest du Galerien, z. B. bei *https://www.minecraft-schematics.com/*, mit Dutzenden von Häusern, Tempeln, Türmen, Dungeons, Fahrzeugen und sogar ganzen Städten und Redstone-Maschinen. Nach einer kurzen Anmeldung mit deiner E-Mail-Adresse stehen dir diese Schematics zum Download zur Verfügung.

Natürlich kannst du auch eigene Schematic-Dateien erzeugen, um z. B. 3D-Modelle aus anderen Quellen zu nutzen oder eigene Objekte in einem Editor abseits von Minecraft zu erstellen. Im Gegensatz zum Nachbauen im vorangegangenen Abschnitt sind hier nur ein paar Mausklicks und Tastendrücke notwendig. Dabei kommt wieder binvox zum Einsatz, das du bereits für die Konvertierung für viewvox-Vorlagen kennengelernt hast.

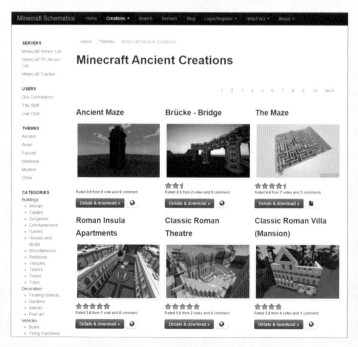

Auf »https://www.minecraft-schematics.com/« suchst du über die Kategorie-Links auf der linken Seite nach beliebigen Schematics.

Zur Integration deiner fertigen Schematics in deine Minecraft-Welten blätterst du zum nächsten Kapitel »Weltenschöpfer – auf Slartibartfaß' Spuren«.

Schematic mit binvox

Hast du im Internet ein geeignetes 3D-Modell gefunden, das aber nicht als Schematic für einen einfachen Import vorliegt, sondern z. B. als OBJ-Datei, kommt ein bekanntes Tool zum Einsatz: Dem Kommandozeilenprogramm binvox ist es ein Leichtes, aus vorhandenen 3D-Modellen verschiedener Formate (aber vorzugsweise dem OBJ-Format) eine Schematic-Datei (statt einer binvox-Datei) zu erzeugen. Der Konvertierungsbefehl ist quasi identisch mit dem im letzten Abschnitt und unterscheidet sich nur im letzten Parameter für das Ausgabeformat:

```
binvox -e -ri -d 50 -t schematic -bi 41 lampe.obj
```

Zwei neue Parameter beeinflussen die Schematic-Erzeugung:

- ■ -t schematic: Teilt binvox mit, eine *schematic*-Datei zu erzeugen.
- ■ -bi 41: Verwendet als Material den Block mit der ID 41 – Goldblöcke.

Mit dem Befehl »//schematic load Dateiname« lädst du eine Schematic in Minecraft/ WorldEdit, mit »//rotate *x y z*« (falls »roty«/»rotz« mit binvox nicht funktioniert) drehst du sie in der Zwischenablage, mit »//paste« setzt du die Schematic in die Minecraft-Welt.

Es ist also nur möglich, ein bestimmtes Material für das gesamte Objekt festzulegen. In Minecraft ersetzt du dann nach Belieben Teile des Objekts durch andere Materialien. Und wie es ab hier weitergeht, nämlich mit dem Import der Schematic in Minecraft, findest du ab Seite 291, wo die Bedienung von MCEdit behandelt wird.

Schematic mit Minecraft Structure Planner

Der Minecraft Structure Planner ist ein Tool, das schon etwas in die Jahre gekommen ist, aber trotzdem eine besondere Art der Bearbeitung für Minecraft-Objekte und -Konstruktionen bietet. Statt der dreidimensionalen Bearbeitung siehst du bei diesem Programm immer die Vogelperspektive deiner Konstruktionen, hangelst dich per Mausklick von Ebene zu Ebene und setzt und löschst Blöcke, ähnlich wie in viewvox mit der Einzelschichtansicht, aber mit der Möglichkeit der Bearbeitung.

Damit ist es schwierig, komplexe 3D-Kunstwerke anzulegen, denn trotz einer zuschaltbaren 3D-Ansicht ist die Bearbeitung vertikaler oder mehrdimensionaler Strukturen umständlich. Der Minecraft Structure Planner eignet sich eher für flächige Modelle oder Landschaftselemente, z. B. ein Labyrinth, verwobene Plattformen oder Hallen. Einen Haken gibt es allerdings: Wegen des Alters des Programms stehen viele der neueren Materialien nicht zur Verfügung. (Das ist gleichzeitig ein Vorteil, denn die meisten vom Structure Planner erzeugten Objekte funktionieren in den meisten Minecraft-Versionen.)

Unter *https://minecraft-buch.de/mcsp* findest du einen aktuellen Verweis auf das Programm. Das ist zum aktuellen Stand ein RAR-Archiv (ein ähnliches Format wie ZIP). Du benötigst gegebenenfalls ein separates Programm zum Entpacken, z. B. WinRAR, oder einen Dateimanager, der mit Archiven umgehen kann. Im RAR-Archiv befindet sich ein Java-Programm, es ist also plattformunabhängig wie viele andere Minecraft-Tools.

Du startest das entpackte Java-Programm für den Minecraft Structure Planner mithilfe der Java-Laufzeitumgebung, die mit Minecraft (und dem Minecraft Launcher) mit installiert wurde. Klicke dazu im Minecraft Launcher auf den Tab **Installationen** und auf den Drei-Punkte-Button hinter einer dieser Installationen, dann auf **Bearbeiten**. Klicke auf **Mehr Optionen**, dann neben **Java-Programmdatei** auf **Durchsuchen**. Es erscheint ein Dateidialog, in dessen Ordnerpfad (oben) du klickst und mit Strg/cmd + C in deine Zwischenablage kopierst.

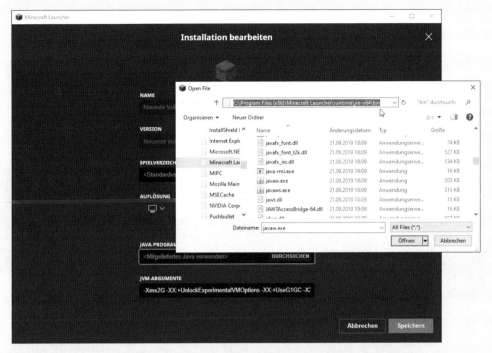

Den Minecraft Structure Planner startest du über die sogenannte Java-Laufzeitumgebung. Den ersten Teil dieses Startbefehls erhältst du über die Java-Konfiguration im Minecraft Launcher.

Öffne jetzt deinen Lieblings-Texteditor und stell den Startbefehl zusammen:

```
"C:\Program Files (x86)\Minecraft Launcher\runtime\jre-x64\bin\
java.exe" -jar MinecraftStructurePlanner.jar
```

1. Der vordere Teil ist der Pfad, den du eben in deine Zwischenablage kopiert hast, gefolgt vom Namen der Java-Laufzeitumgebung *java.exe*. All das muss wegen der vielen Leerzeichen in Anführungszeichen gesetzt werden.

2. Hinter dem Java-Startbefehl teilst du der Laufzeitumgebung mit, welches Java-Programm gestartet werden soll: -jar *JavaProgramm*. Für den Minecraft Structure Planner lautet die heruntergeladene Datei *Minecraft-StructurePlanner.jar*.

3. Kopiere den gesamten Befehl mit ⌷Strg⌷/⌷cmd⌷ + ⌷C⌷ in deine Zwischenablage.

4. Öffne eine Eingabeaufforderung (oder Konsole oder Terminal), und geh ins Verzeichnis, in das du den Minecraft Structure Planner exportiert hast, z. B. einen Unterordner deines Download-Verzeichnisses. Unter Windows ist das möglicherweise `cd Download` und `cd Minecraft Stricture Planner` (»i« statt »u« ist ein bekannter Fehler).

Starte das Programm durch Einfügen des Befehls aus der Zwischenlage: Strg / cmd + V .

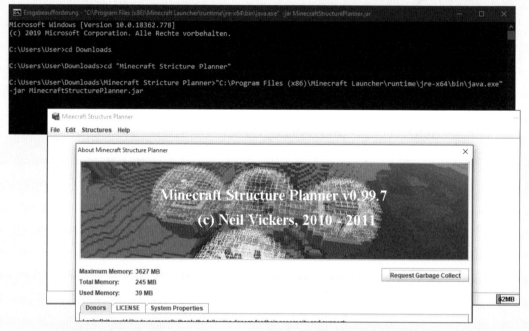

Den Minecraft Structure Planner startest du per Kommando über die Java-Laufzeitumgebung, die mit Minecraft mit installiert wurde.

Am besten lernst du den Minecraft Structure Planner kennen, indem du als erste Übung eine Grundstruktur erzeugst und diese dann schichtweise zu einem kleinen Gebäude ausbaust:

1. Starte den Minecraft Structure Planner, und wähle aus dem Menü **Structures · Domed Roof**.

2. Wie groß dieses Kuppeldach werden soll, stellst du über die Zahlenfelder auf der rechten Seite ein:

   – **Width**: Breite (in Blöcken, x-Achse), z. B. »20«

- **Depth**: Tiefe bzw. Länge (z-Achse), z. B. »20«
- **Dome Rise**: Höhe der Kuppel (oberer Teil an der y-Achse), z. B. »10«
- **Base Height**: Anzahl der Blöcke, die die Kuppel angehoben wird – eine Art Basis unter der Kuppel, aus der später die Gebäudemauern werden (unterer Teil an der y-Achse), z. B. »10«

3. Klicke auf **Generate**, um die Kuppel zu erzeugen.

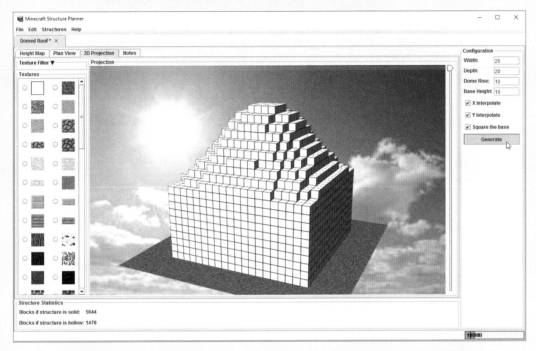

2 3 Jede Struktur verfügt auf der rechten Seite über verschiedene Werte, die du einstellst, um z. B. Größe, Durchmesser oder Materialien zu bestimmen, bevor du auf »Generate« klickst.

4. Wechsle nun zum Tab **3D Projection**, um das erzeugte Modell mit der Maus unter die Lupe zu nehmen. Mit dem Mausrad zoomst du hinein oder heraus, mit gedrückt gehaltener Maustaste drehst du die Szene.

5. Wähle jetzt aus der **Textures**-Liste auf der linken Seite das Material, aus dem das Dach bestehen soll. Da dem **Domed Roof** insgesamt nur ein einzelnes Material zugewiesen werden kann, bestehen auch die Mauern daraus. Die lassen sich aber später einfach durch ein anderes Material ersetzen.

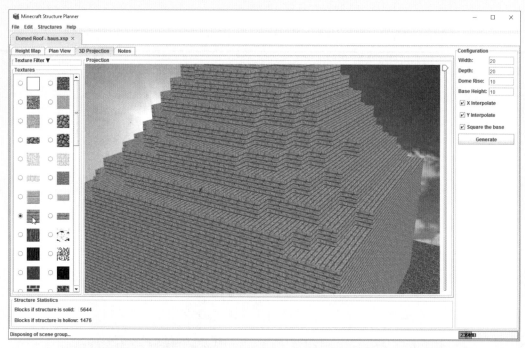

4 5 Du kannst Strukturen zunächst nur eine einzelne Textur zuweisen; für die grobe Nachbearbeitung lädst du dein Modell neu als »Freeform« **7**.

6. Mehr lässt sich an dieser Stelle nicht mit der Kuppelstruktur anfangen. Speichere die Basisstruktur des Gebäudes irgendwo (z. B. auf dem Desktop) über das Menü **File · Save as…** als **Minecraft Structure Planner File**, z. B. als *haus.xsp*.

7. Lädst du nun das Projekt neu über das Menü **File · Load…**, siehst du plötzlich eine ganz andere Bearbeitungsoberfläche. Durch diesen Speichern-/Laden-Trick wird nämlich aus der starren Domed-Roof-Struktur ein sogenanntes *Freeform*-Projekt, in dem du die Stärken des Schematic-Editors nutzt. (Du kannst Freeform-Projekte auch direkt über **Structures · Freeform** starten, beginnst dann allerdings mit einer leeren Schematic.) Stell sicher, dass du dich auf dem linken Tab **Plan View** befindest, der Hauptbearbeitungsansicht:

Bedienelemente des Minecraft Structure Planners

1. **Modelltab:** Jede geladene Struktur ist über einen individuellen Tab erreichbar.
2. **Plan View:** Tab zur Bearbeitung deines Modells
3. **3D Projection:** Dreidimensionale Ansicht deines Modells – bewege die Kamera mit gedrückt gehaltener Maustaste, und zoome mit dem Mausrad.
4. **Height Map:** eine Vogelperspektiven-Ansicht, in der du siehst, wie hoch die Blocksäulen deiner Struktur sind
5. **Notes:** für deine Notizen – vielleicht eine Liste, was du schon alles am Modell verändert hast und was du noch vorhast
6. **Texture Filter** und **Textures:** Wähle das Blockmaterial aus, mit dem du in der **Plan View**-Ansicht malst.
7. **Draw** ✏️/**Fill** 🪣: Setze mit **Draw** einzelne Pixel, oder fülle abgeschlossene Flächen mit dem **Fill**-Werkzeug.
8. **Add column** /**Remove column** : Füge an der rechten Seite weitere Blockreihen hinzu, oder lösche sie.
9. **Add row** /**Remove row** : Füge an der unteren Kante weitere Blockzeilen hinzu, oder entferne sie.

⑩ **Add layer** /**Remove layer** : Setze weitere Schichten oben auf das Modell, oder entferne sie.

⑪ **Trim edges** : Schneidet das Modell so zurecht, dass keine Leerräume außen herum übrig bleiben.

⑫ **Copy layer** /**Paste layer** : Kopiert eine gesamte Schicht in die Zwischenablage bzw. aus der Zwischenablage auf die gerade angezeigte Schicht. Das ist eine außerordentlich praktische Funktion, die du häufig einsetzen solltest.

⑬ **Schichtenregler** : Der *wichtigste* Regler, mit dem du zwischen den zu bearbeitenden Schichten wechselst. Die aktuelle Schicht siehst du als Überschrift des Bearbeitungsfensters neben **Layer – Layer**.

⑭ **Zoom** : Je nach verfügbarer Fenstergröße passt du hier den Zoomfaktor an, um entweder einen guten Überblick zu behalten oder Blöcke präziser zu setzen. Das ist insbesondere bei größeren Modellen nützlich, bei denen Dutzende von Blöcken in der Breite und Länge platziert werden.

8. Verschiebe den Schichtenregler , um nacheinander die verschiedenen Schichten (**Layer**) anzuzeigen und nach Belieben mit dem **Draw**- oder **Fill**-Tool aus der Werkzeugleiste zu bearbeiten und zwischen Texturen zu wechseln.

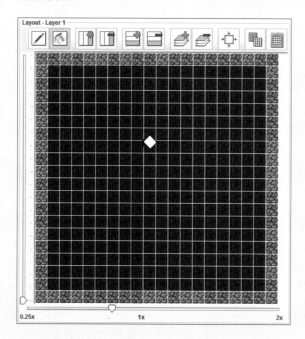

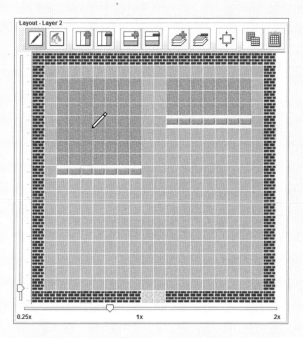

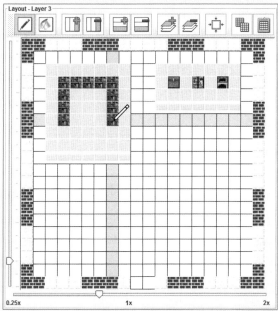

8 Beispiel für die Bearbeitung der untersten drei Schichten (Layer 1 bis 3): Schicht 1 besteht aus einem Fundament mit Boden. In Schicht 2 befinden sich Podeste mit Stufen, außen herum eine Ziegelmauer. In die Mauern von Schicht 3 sind Glasblöcke eingefasst, und auf den Podesten stehen Bücherregale (für einen Zaubertisch), Truhe, Werkbank und Ofen.

9. Bist du mit der Bearbeitung fertig, speicherst du das Modell über das Menü **File · Export Schematic...** und im Dateidialog **Dateityp** als **MCEdit Schematic File**. Wie du die Schematic-Datei in deine Welt importierst, liest du im Kapitel »Weltenschöpfer – auf Slartibartfaß' Spuren« ab Seite 263.

Das rohe Grundgebäude steht dank Minecraft Structure Planner; jetzt kommen die Feinarbeiten – Abrundungen mit Stufen und Treppen und gezielterer Einsatz verschiedener Materialblöcke.

Allein mit dieser Technik gewinnt man sicher keine Designpreise. Das Konstruieren über das Schichtenmodell ist zwar sehr ordentlich und übersichtlich, aber für raffinierte, feine Detailarbeiten zu grob. Du kannst Glasscheiben oder Treppen nicht vernünftig platzieren, mit der **3D Projection** ist es nicht möglich, *in* ein Modell zu blicken, und es fehlen viele Materialien der letzten Minecraft-Versionen. Aber: Du schaffst dir damit eine *Grundlage* für Gebäude oder andere Bauwerke, die du dann in Minecraft ausarbeitest.

Grundstrukturen mit Minecraft Structure Planner erzeugen

Wirfst du noch mal einen Blick in das Menü **Structures**, befinden sich dort außer dem **Domed Roof** und der **Freeform**-alles-ist-erlaubt-Schematic eine ganze Reihe weiterer Menüpunkte, z. B. **Circle**, **Sphere**, **Torus** und sogar verschiedene Brücken (**Bridges**) und Irrgärten (**Mazes**). Diese vorprogrammierten Strukturen haben alle unterschiedliche Parameter im rechten Kasten, für Kreis und Kugel z. B. den Durchmesser (**Radius**) und für die komplexen Modelle sogar spezielle Felder zur Zuweisung von Materialien. Nutze diese Grundstrukturen als Basis für deine eigenen Modelle, denn eine perfekte Kugel freihändig in Minecraft zu erschaffen ist nicht nur kompliziert, sondern auch sehr zeitaufwendig.

Der Punkt **Structures · Pixel Art** wird übrigens gleich noch detaillierter besprochen.

2D-PIXEL-ART ERZEUGEN

Pixel-Art ist eine grafische Kunstrichtung, bei der die stark begrenzte Auflösung und Farbvielfalt der Computer der 1980er- und 1990er-Jahre im Vordergrund steht. Das heißt, die Bilder *sollen* verpixelt wirken, und feine Farbverläufe fotorealistischer Bilder sind eher unerwünscht. Klingt doch fast wie eine Minecraft-Welt? Pixel sind Blöcke, Farben sind Blockmaterialien. Natürlich ist das Ziel, die Bilder möglichst schön in Szene zu setzen, und das ist nicht einfach. Auf diesen Seiten lernst du drei Tools kennen, mit denen du dir das Setzen einzelner Pixel ersparst. Sie haben unterschiedliche Stärken und Schwächen. Beachte bitte, dass manche Tools im Laufe Zeit mit neuen Minecraft-Versionen vielleicht nicht mehr superaktuell sein werden. Das betrifft insbesondere die Materialauswahl.

Pixel-Art mit Minecraft Image Converter

Das erste Tool, der *Minecraft Image Converter*, läuft vollständig im Internet und ist unter *https://minecraft-buch.de/mci* erreichbar. Du wirst den folgenden Prozess sicher mehrere Male ausprobieren, um die richtigen Größen und Materialien zu finden.

Der Minecraft Image Converter läuft vollständig im Internet. Die erzeugten Schematic-Dateien lädst du herunter.

1. Starte das Tool mit dem Button **Go to Editor** (oder versuch den direkten Link *https://minecraft-buch.de/mci-editor*), und lade dein Bild mit **Choose a file** hoch. Alternativ kannst du die Datei auch per Drag & Drop in das Fenster ziehen.

2. Wähle die Größe des Bildes, die es später in Minecraft haben soll. Beachte, dass du in der Höhe auf 256 Pixel/Blöcke beschränkt bist und dass dein Boden wahrscheinlich auch nicht auf Ebene 1 anfangen soll. Probiere für den Anfang vielleicht einen y-Wert (**Height**) von »150«.

3. Entscheide dich, welche Blöcke für die Farben berücksichtigt werden. Am besten fängst du mit **All** an und schränkst die Blöcke über **Survival** oder **Custom** erst ein, wenn es später bei der Darstellung in Minecraft Schwierigkeiten geben sollte.

4. Wähle die richtige **Minecraft version** der Welt, in die das Bild platziert wird. Das *kann* ein Problem sein, da Minecraft-Versionen manchmal schneller erscheinen, als dieses Tool aktualisiert wird. Unterschiedliche Minecraft-Versionen stellen verschiedene Materialien zur Verfügung. Wähle aus der Liste an dieser Stelle am besten die höchstmögliche Version.

5. Klicke auf **Convert!**, und warte einige Sekunden, bis das fertig konvertierte Bild erscheint. Du kannst es genauso schon verwenden oder verschiedene Mal- und Füllwerkzeuge zur Nachbearbeitung verwenden.

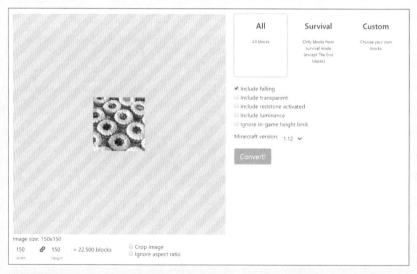

2 3 4 5 Nach der Auswahl des Bildes entscheidest du dich für die Minecraft-Version (möglichst die, mit der du spielst) und schränkst die zu verwendenden Materialblöcke gegebenenfalls weiter ein.

6. Nach dem Klick auf **Save as...** wird die Schematic-Datei im *Downloads*-Ordner gespeichert. Von dort ziehst du sie an die zu importierende Stelle, z. B. *%appdata%\.minecraft\config\worldedit\schematics* für den WorldEdit-Import mit `//schematic load` *Dateiname*. (Siehe auch die detaillierten Erklärungen im nächsten Kapitel »Weltenschöpfer – auf Slartibartfaß' Spuren«.)

6 Für einen ersten Import-Versuch speicherst du das Bild über die »Save as...«-Funktion.

Mithilfe eines Import-Tools wie WorldEdit baust du Schematic-Objekte in deine Minecraft-Welt ein.

Im Plätzchenbild-Import siehst du in diesem Beispiel ein typisches Versions-problem, wenn das Konvertierungstool nicht ganz auf die verwendete Mine-craft-Version abgestimmt ist. Es fehlen Materialen, und wo sie fehlen, be-finden sich Löcher. Denn Minecraft-intern gibt es zwischen verschiedenen Versionen immer wieder Änderungen, das heißt, Blöcke/Materialien fallen weg oder werden umbenannt. Wie schlimm das ist, unterscheidet sich von Bild zu Bild und von Minecraft-Version zu Minecraft-Version. In diesem Fall füllst du die Lücken einfach per Hand oder benutzt eine praktische Funktion im Minecraft Image Converter: **Replace**. Damit ersetzt du ein Material durch ein beliebiges anderes:

- ■ Nach der Wahl von **Replace** aus dem Menü klickst du auf das linke Quadrat und wählst mit der Mauspipette das zu ersetzende Material.
- ■ Klicke danach auf das rechte Quadrat, und wähle das neue Material – ent-weder aus dem Bild (per Mausrad lässt es sich vergrößern) oder aus der Materialpalette auf der rechten Seite. Jetzt klickst du den Button **Replace**.

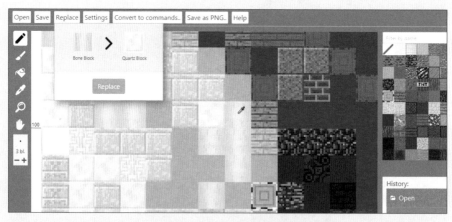

Wähle das Material aus, das du ersetzen möchtest (per Pipette aus dem Bild oder aus der Material-liste auf der rechten Seite), und danach das Material, das es ersetzen soll. Im Beispiel fehlen Knochen-blöcke, deren weiße Farbe auch durch Quarzblöcke ersetzt werden kann.

Solche Nachbearbeitungsmechanismen kannst du beliebig oft durchführen. Wiederhole dann jedes Mal wieder die Schematic-Speicherung über **Save as…**, und importiere die Schematic-Datei erneut in deine Minecraft-Welt.

Dank »Replace« füllst du versionsbedingte Materiallöcher besonders schnell.

Pixel-Art mit Minecraft Structure Planner

Doch jeder Pixelkünstler fängt klein an, und bevor du in Minecrafts Über-lebensmodus eine himmelhohe Anime-Figur erschaffst, lernst du eine Spe-zialfunktion von Minecraft Structure Planner kennen, die dir nicht nur eine Bildvorlage zum Nachmalen einblendet, sondern das Bild per Knopfdruck auch vollautomatisch in Minecraft-Blöcke konvertiert. So eine Automatik ist im Sinne echter Pixel-Art natürlich gemogelt, aber du hast auch einfache Zei-chenwerkzeuge an der Hand, die du nach der Konvertierung nutzt, um einige Verbesserungen vorzunehmen.

So gehst du vor:

1. Falls noch nicht geschehen, lade den Minecraft Structure Planner unter *https://minecraft-buch.de/mcsp* herunter, und entpacke die RAR-Datei, z. B. mit dem Tool 7-Zip. Starte dann das Java-Programm (mit der Endung .jar), wie im letzten Abschnitt auf Seite 243 beschrieben.

2. Wähle aus dem Menü **Structures · Pixel Art**.

3. Klicke rechts unter **Configuration** bei **Image** auf das leere Vorschaufeld.

4. Im sich öffnenden Dateidialog wählst du deine Pixel-Art-Vorlage, irgendei-ne Bilddatei.

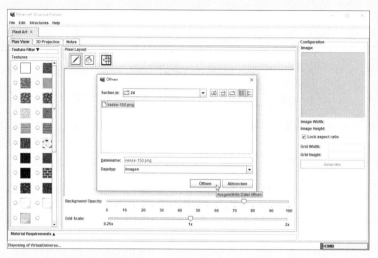

4 Lade als Pixel-Art-Vorlage eine beliebige Bilddatei in den Minecraft Structure Planner.

5. Das Vorschaufeld zeigt nun dein Bild. Darunter gibst du neben **Grid Width** (Breite) und **Grid Height** (Höhe) die Anzahl der Blöcke ein, die die Pixel-Art groß werden soll. Es genügt die Angabe *eines* Wertes, denn wenn das Häkchen neben **Lock aspect ratio** gesetzt ist, rechnet der Minecraft Structure Planner automatisch den anderen Wert aus. Klicke auf den Button **Generate**.

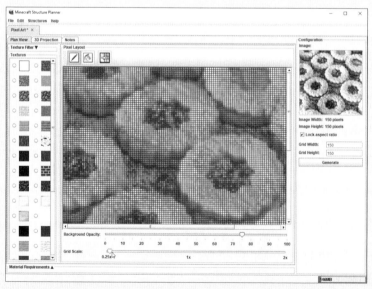

5 Nach dem Klick auf »Generate« liegt ein Hilfsgitter über der Malfläche, jedes Kästchen entspricht einem Minecraft-Block. Bewege den Regler »Grid Scale« zum Vergrößern/Verkleinern des Bildes.

6. Klicke jetzt auf den Button **Auto-convert** ▦, und warte einige Sekunden oder Minuten, je nachdem, wie groß dein Bild ist.

7. Nun kannst du über die Werkzeuge **Draw** ✎ oder **Fill** ◢ Korrekturen an der Pixel-Art vornehmen. Wähle dazu aus der linken Liste **Textures** den passenden Minecraft-Block, und male mit dem **Draw**-Werkzeug entweder einzelne Pixel, oder fülle mit **Fill** ganze Flächen auf einmal aus. Die oberste linke Textur – ein weißer Block ○ ☐ – steht übrigens für *keinen* Block, löscht also das angeklickte Feld wie ein Radiergummi.

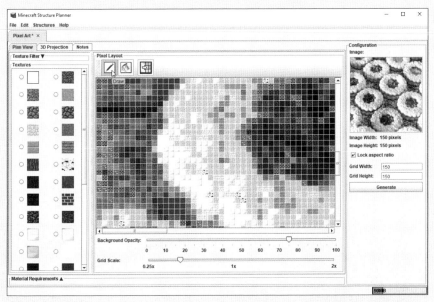

6 7 »Auto-Convert« ▦ konvertiert das Bild zu Minecraft-Materialien. Mit den beiden anderen Buttons malst du einzelne Blöcke ✎ oder füllst mit dem »Fill«-Werkzeug ◢ Flächen aus.

Unter **Texture Filter** (links oben) hast du außerdem die Möglichkeit, verschiedene Minecraft-Block-Sammlungen anzuzeigen. Die große Auswahl hast du mit der Einstellung **All**. Allerdings ist der Minecraft Structure Planner schon einige Jahre alt und wurde lange nicht mehr aktualisiert. Du wirst viele Materialien der neueren Minecraft-Version also nicht in der Liste finden.

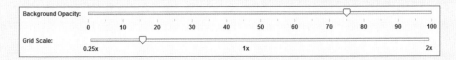

Die zwei Regler **Background Opacity** und **Grid Scale** helfen dir dabei, die Leuchtkraft des Vorlagenbildes anzupassen und in die Malfläche hinein- oder aus ihr herauszuzoomen.

8. Speichere jetzt deine Pixel-Art über das Menü **File · Save as...** zunächst als Minecraft-Structure-Planner-Datei, damit du später an diesem Projekt weiterarbeiten kannst. Speichere das Kunstwerk danach über das Menü **File · Export Schematic...** als Dateityp **MCEdit Schematic File**. In diesem Beispiel heißt die Exportdatei einfach nur *kekse.schematic*.

9. Importiere nun das Schematic in deine Minecraft-Welt. Welche Möglichkeiten es da gibt, liest du im nächsten Kapitel »Weltenschöpfer – auf Slartibartfaß' Spuren«.

Starte Minecraft, lade deine Welt, und mach einen Ausflug zum frisch importierten Pixel-Art-Kunstwerk.

Pixel-Art mit PixelStacker

PixelStacker verwendet zusätzliche Tricks mit geschichteten Materialien, um noch mehr Farbnuancen zu erreichen. Die Ergebnisse sind ein echter Hingucker. Der Nachteil: Das Programm läuft nur auf Windows-PCs. Du lädst es unter *https://minecraft-buch.de/pixelstacker* herunter.

Such auf der weitergeleiteten Website »https://minecraft-buch.de/pixelstacker« nach dem »Download«-Link für das Programm PixelStacker.

1. Entpacke das heruntergeladene ZIP-Archiv, und starte PixelStacker per Doppelklick auf *PixelStacker.exe*.

2. Wähle aus dem Menü **File · Open** das zu konvertierende Bild aus.

3. Konvertiere das geladene Bild über **Tools · Render** in eine Konstruktion aus Minecraft-Materialien.

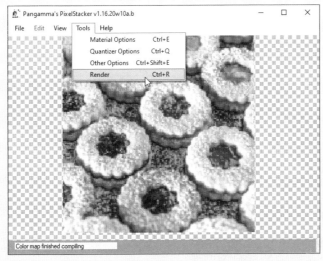

3 »Tools« · »Render« konvertiert das geladene Bild in Minecraft-Materialien. Immer, wenn du etwas an der Konvertierungskonfiguration änderst, musst du »Render« neu ausführen.

4. Benutze die linke Maustaste und das Mausrad, um in das konvertierte Bild hineinzuzoomen. Du erkennst dann die Minecraft-Blöcke, die für die Farben eingesetzt werden.

4 Nach Ausführen des »Render«-Befehls setzt PixelStacker anstelle der Pixel die Minecraft-Materialien. Durch Drehen des Mausrades zoomst du in das Bild hinein, mit gedrückt gehaltener Maustaste verschiebst den Ausschnitt.

5. Wähle **File · Save**, um das konvertierte Bild zu speichern. Im Dialogfenster der Dateiauswahl nimmst du den **Dateityp · Schematic**.

5 Falls du später Probleme mit dem Import des Schematic-Exports hast, versuch es mit dem Dateityp »Schem«.

6. Speichere das Bild im Ordner, aus dem du es importieren wirst, z. B. *%appdata%\.minecraft\config\worldedit\schematics* für den WorldEdit-Import mit //schematic load *Dateiname*, und starte deinen Import-Prozess. (Siehe auch die detaillierten Erklärungen im nächsten Kapitel »Weltenschöpfer – auf Slartibartfaß' Spuren«.)

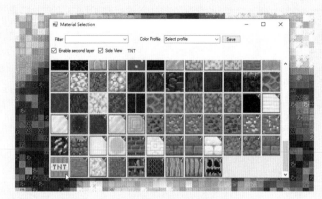

Tipp: Explodieren deine Bilder nach dem Import in deine Minecraft-Welt, wähle im PixelStacker »Tools« • »Material Selection«, und deaktiviere die Benutzung von TNT. (Klicke auf Materialien, um sie zu aktivieren/ deaktivieren.)

Die Ergebnisse von PixelStacker erreichen eine besonders hohe Farbqualität durch Verwendung übereinandergeschichteter Materialien. Im PixelStacker-Programm siehst du diese Schichten über das Menü »View« • »Layer Filtering« und die dort gelisteten Optionen zum Ansehen der Materialebenen.

Pixelinspirationen

Ein Museum in einer Minecraft-Welt – warum nicht? Über die auf den letzten Seiten beschriebene Technik lassen sich ja beliebig viele große Kunstwerke erzeugen und ausstellen. Lass dich inspirieren: *https://minecraft-buch.de/mc-galerie*

30 Stunden Arbeit für ein Pixel-Art-Bild? In diesem beeindruckenden YouTube-Video siehst die Konstruktion eines wirklichen Kunstwerkes im Zeitraffer: *https://minecraft-buch.de/zeitraffer-kunstwerk*

Ab Minute 3:25 siehst du das Endergebnis und warum TNT als rote Farbe eingesetzt wurde.

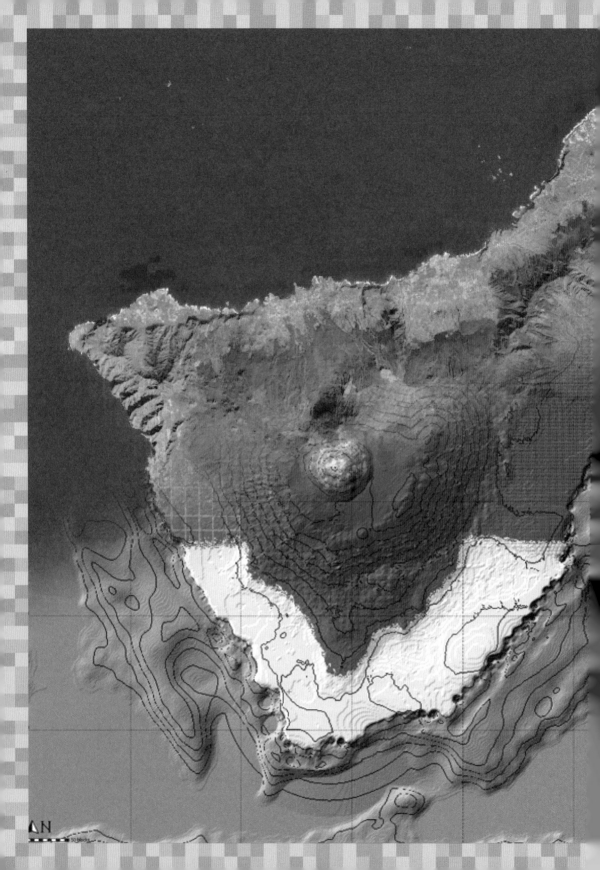

WELTENSCHÖPFER – AUF SLARTIBARTFASS' SPUREN

Bei der Weltgenerierung kryptische Seed-Werte einzugeben ist die eine Möglichkeit, spektakuläre Landschaften zu erkunden. Die andere ist, sich solch eine Welt selbst zu schaffen, so wie Slartibartfaß im Roman »Per Anhalter durch die Galaxis«. Nicht mehr per Zufallsgenerator Berge, Wüsten, Flüsse und Canyons platzieren lassen, sondern selbst mit der Maus Inseln aus dem Ozean trockenlegen, ganze Vulkane hochziehen und am Ende über alles einen Dschungel- und Sumpfteppich legen, am besten noch verziert mit völlig neuen Baumarten, die du aus dem Internet herunterlädst. Und vielleicht versiehst du deine Welt auch schon mit dem einen oder anderen imposanten Bauwerk, das du ebenfalls in Minecraft-Internetportalen zum Download findest. Dieses Kapitel widmet sich den Tools, die dabei zum Einsatz kommen, und zeigt dir Schritt für Schritt, wie du eine Schatzinsel konstruierst – so, wie du sie dir vorstellst.

WELTGENERIERUNG IN MINECRAFT ANPASSEN

Bevor du neue Tools aus dem Internet herunterlädst, installierst und kennenlernst, um Minecraft-Welten außerhalb des Spiels zu erschaffen, genügen dir vielleicht einige Minecraft-interne Optionen, die die Weltgenerierung maßgeblich beeinflussen und die du schneller bedienst. Seeds — Startwerte — sind die eine Möglichkeit. Im Einzelspieler-Bildschirm **Neue Welt erstellen · Weitere Weltoptionen…** verbirgt sich aber noch ein Schalter, der dir Zugang zu einer Reihe weiterer Einstellungsfenster gewährt. Klickst du dich unter **Welttyp** zu den Optionen **Flachland** oder **Buffer**, erscheint darunter nämlich ein weiterer, unscheinbarer Button: **Anpassen**. Für das Flachland sind diese Anpassungen durch einfaches Übereinanderlegen von Block-/Materialschichten und Verteilen von Dörfern, Tempeln oder Minen überschaubar. **Welttyp: Buffet · Anpassen** ist ein anderer Ansatz, bei dem du das grundsätzliche Biom deiner Welt festlegst. Eines lässt sich in Minecraft allerdings nicht steuern: das *exakte* Layout der Welt — dafür nutzt du dann WorldPainter im nächsten Abschnitt.

Anpassen des Welttyps »Flachland«

Das Flachland ist der wohl unspektakulärste Welttyp, der mit dem Erkunden von Biomen und Entdecken toller Landschaften, Höhlen und Schätze nicht mehr viel zu tun hat. Er richtet sich vor allem an Konstrukteure im Kreativmodus, die keine Schluchten auffüllen oder Berge abtragen wollen, um ihr Projekt auf einer weiten, flachen Ebene durchzuführen.

1. Der Klick auf **Anpassen** führt dich zu einer einfachen Liste, die die Materialien zeigt, die Schicht für Schicht von einem Horizont zum anderen übereinandergestapelt werden. Außer Schichten aus dieser Liste zu entfernen, kannst du hier nicht viel beeinflussen. Klicke deshalb auf den Button **Vorlagen** für das nächste Fenster.

2. Der Titel **Vorlage auswählen** dieses Bildschirms ist etwas irreführend, denn dank des Textfeldes über den Vorlagen (**Klassisches Flachland, Traum des Tunnelbauers** etc.) hast du die volle Kontrolle über die Schichtenplatzierung. Der in der unteren Abbildung auf der nächsten Seite im Textfeld dargestellte *Generierungscode* erklärt sich am besten über ein Beispiel.

Klicke auf die Vorlage **Oberwelt**, markiere den gesamten Text, und kopiere ihn in einen Texteditor, um ihn auseinanderzuklamüsern: im Textfeld
`Strg` + `A`, `Strg` + `C`, dann im Editor `Strg` + `V` drücken.

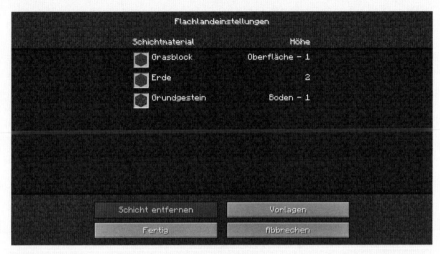

1 Die Schichtenliste, aus der du mit dem Button »Vorlagen« zum nächsten Schritt gelangst, über den du die Schichten steuerst

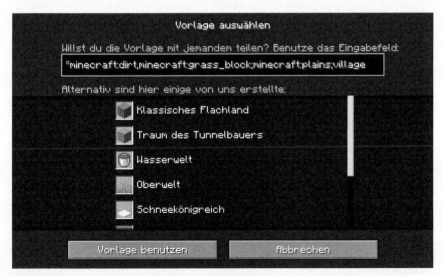

2 Über den Schritt »Vorlage auswählen« entscheidest du dich für eine Schichtenvoreinstellung. Im oberen Textfeld entsteht der Generierungscode.

Der Generierungscode besteht aus vier Bereichen, die durch ein Semikolon voneinander getrennt sind:

```
minecraft:bedrock,59*minecraft:stone,3*minecraft:dirt,
minecraft:grass_block;minecraft:plains;pillager_outpost,village,
biome_1,decoration,stronghold,mineshaft,lake,lava_lake,dungeon
```

- `minecraft:bedrock,59*minecraft:stone,3*minecraft:dirt,`
  `minecraft:grass_block`
  Liste aller Schichten von unten nach oben, durch ein Komma getrennt. In diesem Beispiel liegt ganz unten eine Schicht Grundgestein (`bedrock`), dann folgen 59 Schichten Stein (`stone`), drei Schichten Erde (`dirt`) und schließlich eine Schicht Gras (`grass`).

- `minecraft:plains`
  ID-name des Bioms, in diesem Fall für eine Ebene. Eine Liste der ID-Namen findest du bei *https://minecraft-buch.de/biom-ids*.

- `village,biome_1,decoration,stronghold,mineshaft,lake,`
  `lava_lake,dungeon`
  Ebenfalls durch ein Komma voneinander getrennt folgen Besonderheiten der zu generierenden Welt. `village` erzeugt Dörfer, `biome_1` verteilt biomtypische Tempel, `decoration` sorgt für Erzadern, Gras und Bäume. Des Weiteren gibt es Festungen (`stronghold`), Minen (`mineshaft`), Seen (`lake`), Lavaseen (`lava_lake`) und Verliese (`dungeon`).

  Um dein Flachland auf diese Weise aufzubauen, benötigst du also die vielen IDs und Begriffe, aus denen sich der Generierungscode zusammensetzt. Die findest du im offiziellen Minecraft-Wiki unter *https://minecraft-buch.de/flachland*.

Doch die Welterschaffung über solch eine kryptische Zeichenkette ist mühsam. Es geht einfacher: Unter *https://minecraft-buch.de/flatworld* findest du einen Webeditor mit bequemerer Bedienung. Wähle einfach die fraglichen Materialien aus, um sie in die Ebenenliste auf der linken Seite zu übernehmen.

Im unteren Teil **Options** wählst du die Besonderheiten, die in die Welt gespawnt werden sollen. Einstellen kannst du sogar die Dorfgröße und die Häufigkeit von Minen und Verliesen.

Bist du mit deiner Schichtenzusammenstellung zufrieden, kopierst du die Zeichenkette mit **Create the Preset** und dem Kopier-Button zuerst in die Zwischenablage und anschließend in das Textfeld des Minecraft-Bildschirms

Vorlage auswählen. Dann klickst du auf den Button **Vorlage benutzen**. Das Preset-Kommando wurde von Minecraft korrekt eingelesen, wenn du die aktualisierte Schichtenliste siehst. Klicke auf **Fertig** und schließlich **Neue Welt erstellen** – und dein benutzerdefiniertes Flachland wird generiert.

Der Flachland-Editor erzeugt den Generierungscode (»Preset«), den du über die Zwischenablage zur Minecraft-Welterstellung kopierst.

Der Befehl zum Erzeugen der Schichtenwelt kann sich zwischen Minecraft-Versionen unterscheiden. Aktuell für neue Versionen ist das in Minecraft 1.13 eingeführte Schema.

Optionen des Welttyps »Buffet«

Eine andere Art, die Weltgenerierung in Minecraft anzupassen, ist der **Welt-typ: Buffet**. Hier hast du einige Schalter, die die Oberfläche anpassen:

1. **Weltgenerator:** Besteht die Welt aus einer normalen **Oberfläche**, aus unterirdischen **Höhlen** ohne Himmel oder aus **Inseln**, die ohne Untergrund in der Luft schweben?

2. **Biom:** Wähle hier die Art der Landschaft.

Beispiel für eine angepasste »Buffet«-Welt mit »zerklüfteten Bergen« auf »schwebenden Inseln«.

WORLDPAINTER

Noch mehr Kontrolle über Aussehen und Aufteilung der Minecraft-Welt hast du, wenn du dir eine malst. Das klingt unglaublich, ist aber mit einem speziellen Programm möglich, das es für alle Plattformen wie Windows, Mac oder Linux kostenlos im Internet gibt: WorldPainter unter *https://minecraft-buch. de/worldpainter.*

Für dieses Beispiel erschaffst du eine Schatzinsel zum Erforschen oder vielleicht später (Kapitel »Bühnenbildner – eigene Abenteuerwelten entwerfen«) als Schauplatz für ein Abenteuerspiel. Um herauszufinden, wie solch eine Insel aufgebaut ist, hilft ein Blick auf eine realistische Vorlage.

Teneriffa, die größte der Kanarischen Inseln, bietet sich an, mit einem aufregenden Vulkanberg in der Mitte (dem Teide, spanisch ausgesprochen etwa »Däide«) und interessanten klimatischen Bedingungen, die die Landschaft und Pflanzenwelt bestimmen. Die Insel befindet sich etwa auf demselben Breitengrad wie die Sahara; der südliche Bereich ist trocken und wirkt ausgedörrt.

Winde und Kondensierung von Wolken und Nebel sorgen dafür, dass die Nordseite feuchter ist und die Fauna üppiger – zur Abbildung eignen sich deshalb Minecrafts Dschungel- und Sumpfbiome und -features besonders gut. Last, but not least sind die Vulkanebenen für ihre Kiefernwälder bekannt, ebenfalls eine verbreitete Baumsorte in Minecraft.

Aber wozu überhaupt eine wirklich existierende Insel als Vorlage verwenden und nicht drauflosmalen? Weil das sicher deine erste Insel ist und du durch das Studium einer echten Insel die vielen Details bemerkst, die sie ausmachen: die zerklüfteten Küsten und Bergkämme, die Abhänge und pflanzenreichen Ebenen. Lade einfach mal Google Maps im Browser, stell auf die Satellitenansicht um (**Satellit** in der Ecke links unten), und besuch Lanzarote, Bali, Kuba oder Niuafo'ou.

Um eine Insel zu bauen, empfiehlt sich ein schrittweises Vorgehen:

- Entwurf der grundsätzlichen Form, der **Küstenlinie**
- Aufbau der **Topografie**, des Höhenprofils, der Berge und Hügel
- Überlagern der **Biome**, die das Klima und Farbtöne für Gras und Laub bestimmen
- Austausch der Standardblöcke des Bodens durch realistischere Varianten – Verteilen von **Stein, Erde, Wüste** etc.
- Aufsetzen von Details wie **Bäume, Flüsse, Seen**

Klingt nach viel Arbeit, aber es lohnt sich. Mit jedem Schritt gewinnt die Insel an aufregenden Details, die einen Überflug im Kreativmodus unwiderstehlich machen. Aber letzten Endes macht es einfach Spaß, eine eigene Welt zu erschaffen.

Lade WorldPainter herunter, installiere das Programm, und starte es. Du wirst mit einer kleinen Standardkarte begrüßt, die für das Inselvorhaben zu klein ist. Aber sie eignet sich gut, einige Funktionen vorab auszuprobieren – ein erster Blick auf die grundsätzlichen Bedienelemente von WorldPainter:

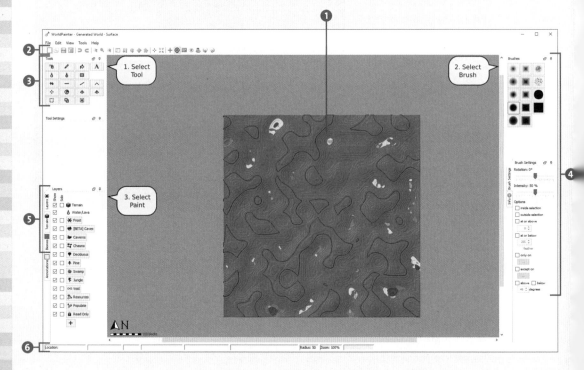

❶ **Vogelperspektivendarstellung** deiner Welt

❷ **Button-Leiste** mit vielen übergeordneten Funktionen, z. B. Speichern, Zoomen, Weltkonfiguration bearbeiten, Spawn-Punkt setzen, Gitternetz ein-/ausblenden, Fotovorlage ein-/ausblenden

❸ **Werkzeuge** (Tools): Der jeweils aktivierte Button beeinflusst, was du mit der Maus auf der Karte veränderst. Zum Beispiel hast du eine Sprühflasche (**Spray Paint** `📷🅱`), die Blöcke zufällig verteilt, Wasser- und Lavaquellen `💧` `💧` und Pinsel (**Pencil** `✏`), mit denen du die Landschaft hebst, senkst `↟` (Maustaste gedrückt halten) oder in Flachland `—` verwandelst. Probiere am besten alle nacheinander aus. Wenn du mit der Maus 1 Sekunde über dem Button bleibst, erscheint eine kurze Beschreibung.

Bearbeitungstipp: Mit dem Mausrad veränderst du die Größe des Pinsels.

❹ **Pinselformen** (Brushes) und **Werkzeugeinstellungen**: Mit einigen Werkzeugen malst du auf der Karte – in dieser Leiste stellst du die Pinselform und -intensität ein. Im unteren Bereich filterst du mit Häkchen und Höhenangaben, in welchem Bereich der Pinsel funktioniert. So kannst du z. B. nur die Spitze eines Berges mit Schnee bedecken.

❺ **Ebenen** (Layers), **Landschaft** (Terrain), **Biome** (Biomes): Wähle hier Biom, Landschaftselement, Material oder einen beliebigen anderen Block aus, mit dem du die Karte bearbeitest: Die Auswahl auf dem Tab **Biomes** setzt die Grundeigenschaften der Landschaft. Auf dem Tab **Terrain** wählst du das Material, aus dem die Landschaft besteht (Gras, Sand, Schnee etc.). Über den Tab **Layers** verteilst du schließlich Besonderheiten wie Bäume, Höhlen, Sümpfe oder sogar Erze im Boden. Du erkennst, dass diese Layer-Unterteilung ziemlich genau den eingangs erwähnten Aufbauschritten für die Insel gleicht.

❻ **Statuszeile**: Hier siehst du, welches Biom und Material unter dem Mauszeiger eingestellt ist und wie hoch das Terrain dort ist.

Oben links findest du also die Werkzeuge, unten links die Minecraft-Elemente und auf der rechten Seite die Einstellungen zum ausgewählten Werkzeug. Los geht's.

Vorlage einblenden und Konturen malen

Zuerst erzeugst du eine neue Blankowelt und überlagerst sie mit einem Satellitenbild von Teneriffa, um die Küstenlinie nachzumalen:

1. Besorge dir ein Satellitenbild (z.B. von hier: *https://minecraft-buch.de/teneriffa-bild*), und speichere es auf deinem Desktop.

1 Vogelperspektivenvorlagen findest du im Internet leicht, indem du das Wort »satellite« deinen Suchbegriffen hinzufügst.

2. In WorldPainter wählst du **File · New World...** ⬚, um eine neue, größere Welt zu erschaffen. Hinterlege unter **Name** eine Bezeichnung, z.B. »Meine Schatzinsel«. Wähle das **Map format** anhand der Minecraft-Version, die du benutzt, und gebe bei **Dimensions** jeweils »1024« (Blöcke) ein. Das ist natürlich nicht Teneriffas wahre Größe, aber eine 1:1-Nachbildung wäre übertrieben. Alle anderen Einstellungen bleiben bestehen, klicke auf **Create**.

3. Speichere diese neue Welt gleich über **File · Save World as...**, z.B. als *meine-schatzinsel.world*.

4. Drücke nun ⌨Strg + ⌨-, um eine Stufe aus der Welt herauszuzoomen.

5. Klicke in der oberen Button-Leiste auf **Enable or disable image overlay** 🖼, in dem folgenden Dateidialog wählst du das eben gespeicherte Satellitenbild aus.

6. Benutze die Felder **Scale**, **X offset** und **Y offset**, um das Bild genau über die Weltkarte zu legen. Klicke auf **Close**. (Dieses Dialogfenster erreichst du jederzeit im Menü **View · Configure view...**)

   Ab sofort nutzt du den Button **Enable or disable image overlay** 🖼, um die Bildvorlage aus- und zur gelegentlichen Kontrolle wieder einzublenden.

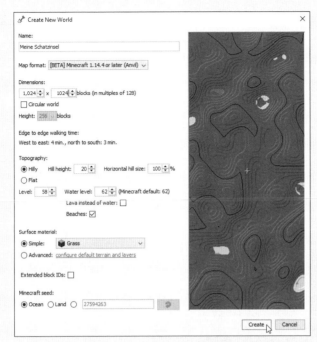

2 Keine Sorge, wenn du beim Erschaffen einer neuen Welt noch nicht sicher bist, wie groß sie werden soll. Die »Dimensions« lassen sich auch nachträglich noch anpassen.

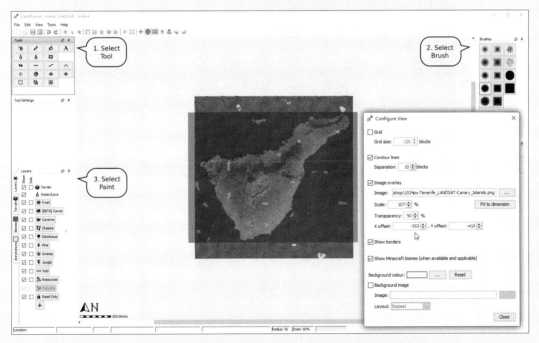

5 6 Mit »Scale«, »X offset« und »Y offset« platzierst du die Vorlage exakt über die Minecraft-Karte. Über »Transparency« steuerst du, wie stark sie durchscheint.

WorldPainter **273**

7. Wähle das Werkzeug **Height** 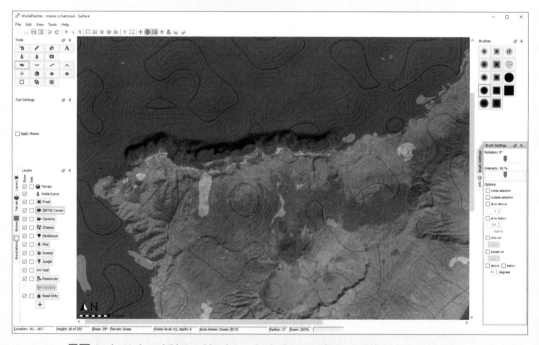 und den **Brush Plateau Circle** , und drehe am Mausrad für eine geeignete kleinere Pinselgröße. (Probiere auch an-
dere Brushes aus, **Noise** eignet sich z. B. hervorragend.) Hiermit schaffst
du die Küstenlinie, indem du die Welt rund um die Insel auf Meeresgrund-
höhe absenkst.

8. Zoome zu einer sichtbaren Küstenlinie (Strg + + , das funktioniert vielleicht nur über das + -Zeichen auf der Zehnertastatur), und halte die *rechte* Maustaste gedrückt, während du langsam die Kontur über dem Meer
nachfährst (die linke Maustaste ist fürs Anheben). Ab einer bestimmten
Tiefe füllt WorldPainter den Bereich automatisch mit Wasser.

7 8 Ist das Vorlagenbild eingeblendet, malst du die Küstenlinie möglichst genau nach, um
gleich das umliegende Meer abzusenken.

Variiere die Pinselgröße, je nachdem, wie viele Details der Küstenlinie du
ausarbeiten möchtest. Je weiter du dich von der Küste entfernst, desto
größer kann der Pinsel sein und desto weniger gründlich musst du vorgehen. Du kannst die **Intensity** höher stellen, je weiter du raus gehst, damit
das Absenken schneller und tiefer vonstattengeht.

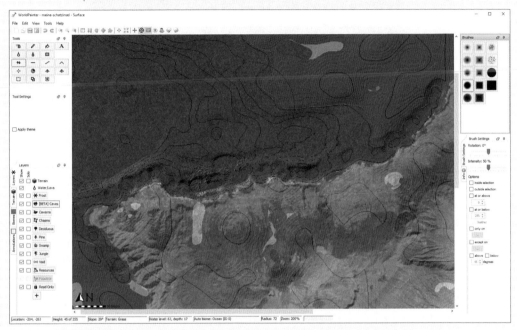

7 8 Je weiter du dich von der Küstenlinie entfernst, desto größere Pinsel kannst du verwenden, da du nicht mehr so präzise malen musst.

9. Ist die Küstenkontur fertig (jetzt kannst du auch das **Image Overlay** ausschalten) und ergießt sich Meerwasser in alle Ecken der Welt, sieht der Meeresboden noch sehr hügelig aus. Das ist grundsätzlich kein Problem, weil das ja auch in Wirklichkeit so ist. In diesem Fall sieht alles aber zu künstlich aus, was am gleichmäßigen Pinsel liegt.

   Wähle den Pinsel **Noise**, und wechsle zwischen den Werkzeugen **Flatten** — und **Smooth**, um den Grund einzuebnen. Bei **Flatten** — streichst du bei gedrückt gehaltener linker Maustaste von den tiefen Bereichen in die höher gelegenen, wodurch diese abgesenkt werden, da das Meer in der Regel tiefer ist, je weiter du dich von der Küste entfernst. Mit **Smooth** schaffst du sanftere Übergänge zwischen Land und Wasser.

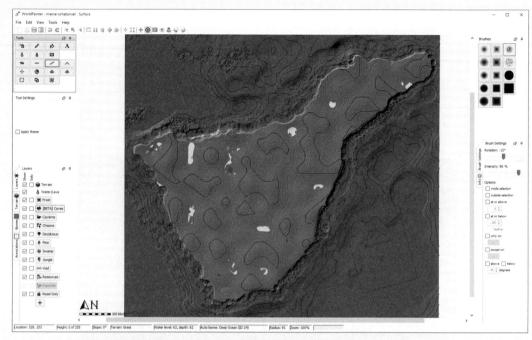

9 Beim Absenken des Meeresgrundes nutzt du Werkzeuge wie »Flatten« ▭ und »Smooth« ✎, um größere Flächen einzuebnen.

Tipp: Blende auch gelegentlich die Satellitenbildvorlage ein, um zu prüfen, ob die Kontur noch stimmt. Sie muss natürlich nicht perfekt sein, sondern dient nur als Anhaltspunkt. Drücke außerdem gelegentlich [Strg] + [S], um deine Welt zwischenzuspeichern, sicher ist sicher.

Topografie aufbauen, Berge wachsen lassen

Teneriffas höchster Vulkanberg in der Mitte, der Teide, ist etwa 3.700 Meter hoch, unmöglich in Minecraft nachzustellen, da die höchste y-Koordinate 256 ist – das sind also nicht einmal 256 Meter, da der Meeresspiegel schon bei y 62 liegt. Aber die Maße der virtuellen Insel sind ohnehin viel kleiner, es wird also genügen, den Berg und das ihn umgebende Land bis maximal Ebene 200 hochzuziehen.

1. Blende wieder die Satellitenkarte ein (▦), um die Berge und Bergkämme zu erkennen.

2. Wähle das Werkzeug **Raise Mountain** ∧ , wechsle zum Pinsel **Sine Circle** ● bei mittelhoher **Intensity**, und zieh den Berg vorsichtig in kreisenden Bewegungen nach oben. Dieses besondere Berg-Werkzeug hat den Vorteil, dass WorldPainter automatisch verschiedene Materialien wie Erde, Stein und Schnee einsetzt. Achte auch immer auf die Höhenangabe in der Statuszeile.

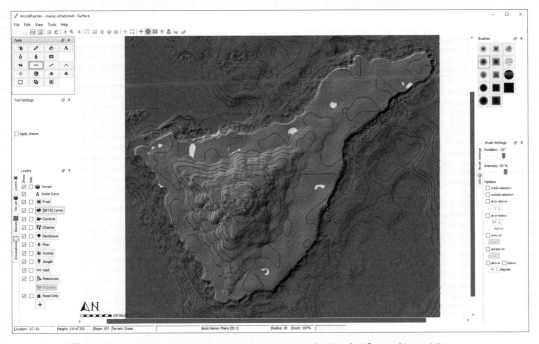

2 Experimentiere mit verschiedenen Werkzeugen, Pinseln, Pinselgrößen und Intensitäten, um die Berge und Täler deiner Insel zu formen.

3. Die Ausläufer des Berges sind – ähnlich der Insel – wie ein Y geformt. Hier senkst du den Berg schwächer ab im Gegensatz zu den Flanken, die ruhig etwas steiler sein dürfen.

4. Eine Besonderheit: Der Teide ist nicht nur ein langweiliger Berg, sondern befindet sich auf einer Hochebene *in einer Caldera*, in einem Vulkankrater. Von der Seite sieht das so aus:

Für die Caldera nutzt du daher das Werkzeug **Smooth** ⟋ und den Pinsel **Plateau Circle** ●, um den Berg oben abzuflachen. Abschließend wechselst du wieder zu einem Kreispinsel und **Raise Mountain** ∧ bei mittlerer **Intensity** für den Gipfel des Teide.

Nun wird es Zeit für einen ersten Rundflug über die Insel. Wähle **File · Export ▸ · Export as new Minecraft map…**, und stell den **Mode** (unten links) auf **Creative**, dann klickst du auf **Export**. WorldPainter erkennt automatisch das Verzeichnis, in dem Minecraft alle Welten (*saves*) speichert, und hat dieses schon automatisch unter **Directory** hinterlegt. Warte, bis der Export beendet ist, und wechsle zu Minecraft. Dort klickst du auf dem Titelbildschirm auf **Einzelspieler** und siehst bereits die neue Welt oben in der Liste. Wähle sie an, klicke auf **Ausgewählte Welt spielen**, und drehe ein paar Runden über die Insel.

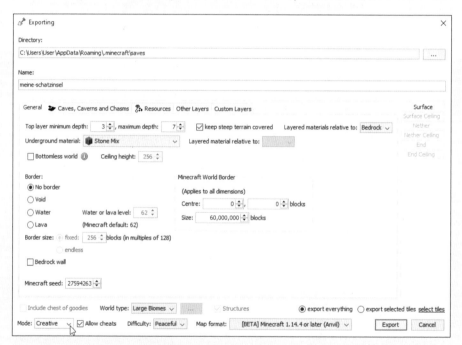

Das »Exporting«-Fenster bietet Dutzende von Einstellungsmöglichkeiten; jetzt gerade ist nur wichtig, dass du die Welt im Kreativmodus exportierst (»Mode: Creative«).

Die Grundform der Insel steht, jetzt kommt das Feintuning. Dabei hilft dir insbesondere der Pinsel **Cracks** 🕸 (mit dem Mausrad sehr groß aufdrehen), der in Kombination mit dem Werkzeug **Height** ⬍ und einem vorsichtigen

Intensity-Wert im unteren Drittel fast zufällige Unregelmäßigkeiten erzeugt. Wurden einige Kanten zu schroff, gleichst du sie wieder mit **Flatten** ─ aus.

3D-Ansicht der vorübergehenden Topografie der Insel. Die Erhebungen wirken noch künstlich und werden später mit speziellen Pinseln verfeinert.

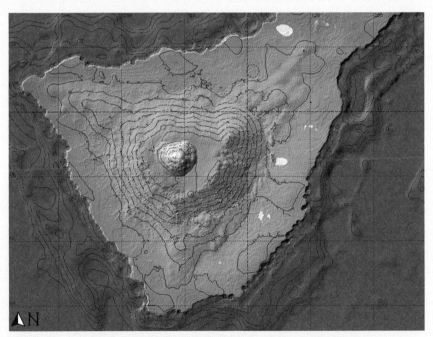

Vogelperspektive der Insel mit fertigem Vulkanberg inklusive Caldera. Mit dem Pinsel »Cracks« 🔲 wurde die künstliche Landschaft etwas natürlicher gestaltet.

Biome platzieren

Mit Biomen beeinflusst du das Wetter und die Farben von Gras und Laub. Die Nordseite der Insel hat ein feuchtes Klima mit üppigem Pflanzenwachstum, wofür sich das Dschungel- und das Sumpfbiom eignen. Die der Sonne zugewandte südliche Seite ist eher ausgedörrt: Wüsten und Savannen sind ideal dafür. Die Mesa, die Hochebene, kommt schließlich beim Vulkanberg zum Einsatz.

1. Zuerst zum Flachland, das den Berg umgibt. Um hier Biome gezielt zu verteilen, wählst du als Werkzeug den **Pencil** ✎ , als Pinsel den **Constant Square** ■, bei **Intensity 100 %** und, besonders wichtig, eine Höhenbegrenzung, sodass du nur die Ebenen 62 (Meeresspiegel) bis 75 (hier beginnt etwa der Berg) bearbeitest: Bei **Options** auf der rechten Seite setzt du neben **at or above** ein Häkchen und stellst die Mindesthöhe auf »62«. Darunter markierst du auch **at or below** und stellst die Maximalhöhe auf »75«. Alle Blöcke, die sich außerhalb dieses Bereichs befinden, bleiben vom Pinsel unberührt.

2. Aktiviere jetzt im linken unteren Fensterbereich den Tab **Biomes**. Dort suchst du dir das Biom deiner Wahl (der Name erscheint, wenn du mit dem Mauszeiger eine Sekunde über dem Button wartest) und färbst auf der Insel schließlich die entsprechenden Flächen ein.

   Tipp: Sobald du mit verschiedenen Ebenen, Landschaftsmerkmalen und Biomen arbeitest, hilft es dir, ein Häkchen neben **Solo** zu setzen, direkt über der Biomliste. Dann erscheinen in der Ansicht ausschließlich Biome, und andere Elemente werden ausgeblendet.

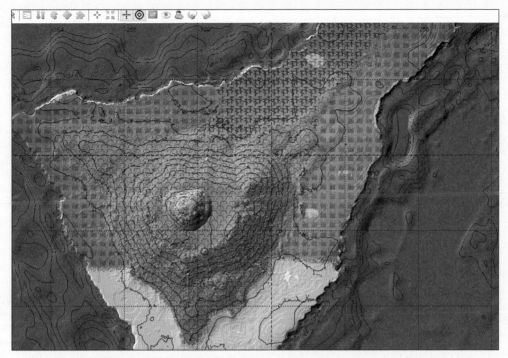

2 Biome werden auf der Karte entweder durch eine spezielle Farbe oder Symbole sichtbar gemacht. Im Bild erkennst du links und rechts Sumpfbiome und oben in der Mitte einen Dschungel.

3. Für die Mesa, die Hochebene, stellst du die Höhenbegrenzung um, denn diesmal möchtest du die Landschaft *über* Ebene 75 bearbeiten: Entferne das Häkchen bei **at or below**, und korrigiere die Zahl bei **at or above** auf »76«. Dann wählst du das Biom, z. B. Mesa, aus und malst den Berg an.

4. Damit die Kanten zwischen den Biomen nicht zu hart erscheinen, wechselst du zum Werkzeug **Spray Paint** , stellst die **Intensity** auf **10 %** und fährst mit gedrückter linker Maustaste vorsichtig an den Biomgrenzen entlang.

Zeit für einen neuen Test in Minecraft? Wiederhole einfach den Export vom letzten Mal, und die aktuelle Welt wird im Minecraft-*saves*-Ordner überschrieben.

Der Südspitze der Insel ist das Biom Wüste zugewiesen. Da die ursprüngliche Initialkarte aber mit Gras generiert wurde, befindet sich dort noch kein Sand.

Bodenbeschaffenheit übermalen

Bislang besteht die Insel größtenteils aus der voreingestellten und über das Berg-Werkzeug erzeugten Kombination aus Erde, Gras und Stein. Aber selbstverständlich hast du auch Kontrolle über die Platzierung von Sand und verschiedenen Stein-, Gras- und Erdevariationen. Das funktioniert genauso wie das Bemalen der Biome:

1. Wähle an der linken Seite des WorldPainter-Fensters den Tab **Terrain**.
2. Aktiviere einen bestimmten Landschaftsblocktyp.
3. Entscheide dich für ein Werkzeug, etwa **Pencil** ✎ oder **Spray Paint** ✿ .
4. Entscheide dich für einen Pinsel – einen großen flächigen für schnelles weiträumiges Bemalen, **Noise** ✹ oder **Cracks** ✺ für zufällig erscheinende Muster.
5. Schränke über die **Options** auf der rechten Seite bei Bedarf die Ebenen ein, in denen der Pinsel wirksam ist.

In der Vogelperspektivenansicht der Insel ändert sich zunächst nicht viel, wenn du die Terrainblöcke anpasst, da die Farben und Symbole auch von der Biomzuweisung abhängen. Du kannst die Biomdarstellung jedoch deaktivieren, indem du auf dem Tab **Biomes** das Häkchen neben **Show** entfernst. Außerdem siehst du jederzeit in der Statusleiste, welcher Terrainblock sich direkt unter dem Mauszeiger befindet.

Location: -73, 296	Height: 64 of 255	Slope: 11°	Material: Sand		Biome: Desert (ID 2)

Spawn-Punkt neu setzen

Beim Testen deiner Welt spawnst du an einer ungünstigen Stelle und musst erst 5 Minuten über die Insel fliegen, bis du die eben hinzugefügten Landschafts-Features begutachten kannst? Nutze das Werkzeug **Spawn** ⊹ , um mit dem nächsten Mausklick das rote Fadenkreuz zu setzen, das den Spawn-Punkt markiert.

Über den Tab »Terrain« steuerst du die Beschaffenheit des Bodens; im Bild erhielt das Wüstenbiom endlich Sand.

Wälder pflanzen und Flüsse säen

Jetzt kommt Leben ins Spiel. Im letzten Schritt spickst du deine Insel mit Wäldern und Sümpfen. Im Mittelpunkt steht dabei der Tab **Layers** (zu Deutsch Ebenen) auf der linken Seite des WorldPainter-Fensters. Die Ebenen funktionieren wie Biome (**Biomes**) oder Landschaften (**Terrain**): Du aktivierst einen Ebenentyp und benutzt die Malwerkzeuge, um die betreffenden Elemente auf der Karte zu verteilen. Das kann ein bisschen knifflig werden, denn die kleinen Symbole sind vor den bunten Biom- und Landschaftshintergründen manchmal schwer zu erkennen. Da hilft es ein wenig, wenn du auf dem Tab **Biomes** das Häkchen bei **Show** entfernst, um wenigstens ein paar Elemente auszublenden.

Zu den Ebenen:

- Zum **Malen** freigegeben ist ein **Layer**, wenn sein Button nach einem Linksklick aktiviert ist.

- Setze das Häkchen neben **Solo**, und alle anderen Ebenen werden **ausgeblendet**.

- Mit der linken Maustaste **platzierst** du das Ebenenelement auf die Karte, mit der rechten **löschst** du es wieder.

- Besonders wichtig ist die eingestellte Intensität (**Intensity**), die Einfluss auf die **Dichte** der gemalten Elemente hat, bei Bäumen manchmal auch auf deren Höhe. In der Abbildung auf Seite 281 siehst du das beim Dschungel (**Jungle**) im oberen rechten Bereich. Auch beim Sumpfgebiet (**Swamp**) gibt es diesen Verlauf, in diesem Fall von unten nach oben. (Das hat zwar nicht mehr viel mit dem echten Teneriffa zu tun, dient hier aber als Beispiel.)

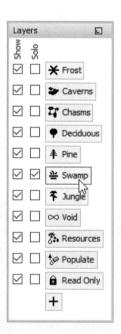

- Die **Populate**-Ebene ist speziell (möglicherweise für bestimmte Minecraft-Versionen noch nicht verfügbar): Mit ihr markierte Kartenbereiche werden von *Minecraft* (nicht WorldPainter) automatisch mit **Leben und mehr** befüllt. Pflanzen, Monster, Tiere, Dörfer, aber auch Erzvorkommen, Verliese, Höhlen, Seen und Lavapfützen werden beim Spielstart zufällig über den jeweiligen Chunk verteilt. Was dabei herauskommt, kannst du nicht steuern, da **Populate** die Intensität nicht berücksichtigt, sondern entweder aktiviert oder deaktiviert ist. Allerdings spielt das Biom eine Rolle, das belebt wird – z. B. erscheinen in einem Dschungelbiom Tropenbäume, in einer Taiga dagegen Fichten.

Vorsicht also: Wenn du es Minecraft überlässt, Leben in deiner Welt zu säen, *und* du eigene Ebenenelemente verteilst, dann kann es etwas eng in deiner Welt werden!

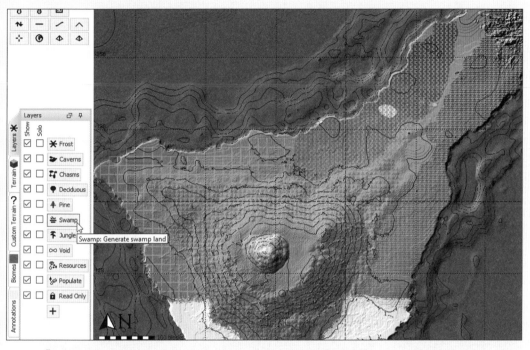

Über »Layers« verteilst du Landschaftselemente auf der Karte; die Spalte »Show« besagt, dass diese Ebene gerade sichtbar ist, mit einem Häkchen bei »Solo« schaltest du nur die betreffende Ebene für die Zeit deiner Bearbeitung sichtbar, um einen besseren Überblick zu behalten.

Wirf noch mal einen besonders scharfen Blick auf die Karte, und such die kleinen blauen rund um die Vulkancaldera verteilten Punkte. Das sind über den Tab **Terrain** nachträglich hinzugefügte Blöcke des Typs **Water: flowing water**, also fließendes Wasser.

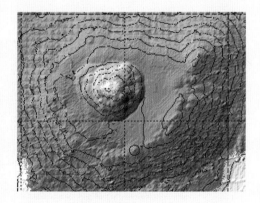

In Wirklichkeit sammelt sich Regen im Boden und tritt als kleiner Bach aus Abhängen hervor. Und während sich das Wasser seinen Weg nach unten bahnt, kommen immer mehr solcher Bäche dazu, und es entsteht ein größerer Fluss.

Minecraft-Wasser funktioniert etwas anders, statt wasserspeicherndem Boden gibt es nur Quellwasserblöcke. Aber deren Effekt bewegt sich nah an der Realität. Präzise platzierte Wasserblöcke am Abhang beginnen unmittelbar nach deinem Spawnen in der Welt zu fließen und ergeben schon wenige Sekunden nach deiner Ankunft faszinierende Wasserläufe. (Noch spektakulärer wird das, wenn du Lavablöcke platzierst.)

Finale Ansicht des Nordostausläufers der Insel von der Spitze des Vulkanberges aus betrachtet. Am unteren Rand erkennst du zwei Bäche, die den Abhang hinabfließen.

Noch mehr Ebenen und Bäume aus der ganzen Welt

Klickst du auf das kleine Plus ➕ am unteren Ende der **Layers**-Liste, wird dir klar, dass du mit den voreingestellten Ebenen erst an der Oberfläche gekratzt hast. Hier konfigurierst du eigene Ebenentypen mit beliebigen Minecraft-Blöcken (in der Abbildung TNT) oder sogar Blockkombinationen von der Festplatte (**Add a custom object layer...**). Beliebte hinzugeladene Objekte sind beispielsweise andere Bäume, z. B. Ahorn, Linde, Weide, Zypresse. Eine große Sammlung von Bäumen (gespeichert in *.schema*-Dateien) findest du bei *https:// minecraft-buch.de/baeume1*. Genügt dir die Auswahl nicht, besuch die Links aus diesem Reddit-Thread: *https://minecraft-buch.de/baeume2*

Mit »Custom Object Layers« säst du beliebige Minecraft-Objekte über die Landschaft, hier TNT, so weit das Auge reicht.

Da Bäume keine eigenständigen Gegenstände oder Objekte sind, sondern aus Blöcken konstruiert werden, lassen sich beliebige neue Spezies als Schematics in deine Minecraft-Welt setzen.

Weitere WorldPainter-Funktionen

Damit kennst du die Grundfunktionen von WorldPainter und kannst sofort dein eigenes Weltprojekt starten. Einige weitere Features, die das Tool bietet, waren für die Insel nicht notwendig, solltest du aber mal gesehen haben, um sie bei Bedarf anzuwenden:

■ **Globale, die ganze Kartenwelt betreffende Änderungen**
Über das Menü **Edit · Global operations...** öffnest du ein Fenster, in dem du Landschaftselemente, Biome und Ebenen unabhängig von einem Werkzeug oder Pinsel festlegst – alle hier gemachten Einstellungen betreffen die gesamte Welt.

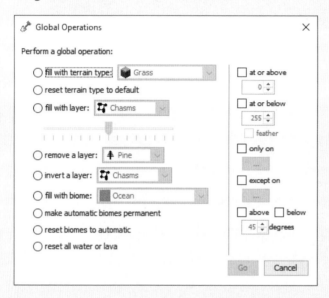

Im **Edit**-Menü findest du außerdem Funktionen, um die gesamte Welt anzuheben oder abzusenken (**Change height...**), im 90°-Winkel zu drehen (**Rotate world...**) oder die Karte in beliebige Richtungen auszudehnen, falls dir der Platz ausgeht (**Add/remove tiles...**).

■ **Kontrolle über den Untergrund und die Verteilung von Erzen, Höhlen, Wäldern und Frost**
Erinnerst du dich an das **Exporting**-Fenster? Da gab es noch eine Menge weiterer Tabs, Schalter, Regler und Buttons. Unter **Caves, Caverns and Chasms** steuerst du beispielsweise die Verteilung von Höhlen, unter **Resources** die von Erzen und anderen Gesteinen. **Other Layers** beherbergt

schließlich neben der Aktivierung von Wäldern und Frost die wichtige Option **Allow Minecraft to populate the entire terrain**. Ist das Häkchen gesetzt, wird Minecraft beim Laden der Welt *zusätzlich* Wälder, Mobs, Dörfer, Verliese, Seen etc. verteilen. Mehr Kontrolle hast du also, wenn du dieses Häkchen *nicht* setzt und die Layers selbst auf die Karte malst. (Übrigens erreichst du diese Optionen nicht nur im **Exporting**-Fenster, sondern auch über den Button **Edit the properties of this dimension** .)

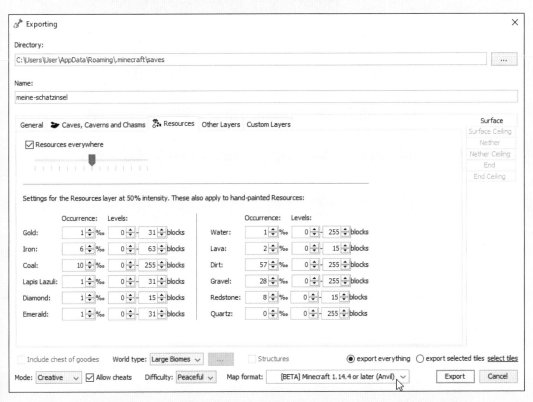

Sogar die Verteilung von Höhlen und Erzvorkommen lassen sich über Optionen steuern, die dir beim Exportieren der Welt zur Verfügung stehen.

■ Bestehende Welten lassen sich zur Bearbeitung oder als Inspiration importieren

Du musst Welten nicht von Grund auf neu erzeugen, sondern kannst jeden beliebigen Minecraft-Spielstand aus dem *saves*-Verzeichnis in WorldPainter importieren. Genauer gesagt importiert die Funktion im Menü **File · Import new World · From Minecraft map...** nur die Karte.

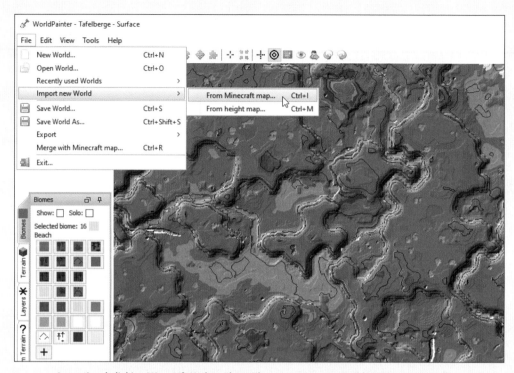

Importiere beliebige Minecraft-Welten über »File« ▪ »Import new World« ▪ »From Minecraft map...«.

■ Zusätzliche Pinselformen

Bei der Bearbeitung der Welt hast du die Pinsel **Noise** ◉ und **Cracks** ◈ schätzen gelernt, da sie ein bisschen Unregelmäßigkeit in die Landschaftsgestaltung bringen. Weitere Pinsel für denselben Zweck, aber mit anderen Formen findest du im Internet durch eine Suche nach »worldpainter custom brushes«, z.B. *https://minecraft-buch.de/brushes1* und *https:// minecraft-buch.de/brushes2*. In WorldPainter lädst du sie über das Menü **Tools** ▪ **Open custom brushes folder** und wählst sie im Pinselkasten rechts über den Tab **Custom Brushes** aus.

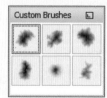

SCHEMATICS IN MINECRAFT EINBAUEN

Schematic ist ein Dateiformat, das viele Minecraft-Tools nutzen, um 3D-Daten auszutauschen, 3D-Objekte zu laden und zu speichern. Minecraft selbst kann mit dem Format nichts anfangen, ein Programm oder ein Werkzeug ist nötig, um Welten und Objekte miteinander zu kombinieren. Andere Tools helfen dir bei der Herstellung solcher Schematic-Objekte, einige Hinweise kennst du bereits aus dem Kapitel »Bildhauer – 2D-/3D-Kunstwerke konstruieren«.

MCEdit

Eines der bekanntesten Programme zur Bearbeitung von Minecraft-Welten ist *MCEdit*, das viele Jahre bis zu Version 1.12.2 von Minecraft als Standard für derartige Bearbeitungen galt. Dann änderte sich jedoch das programminterne Speicherformat der Minecraft-Welten. Zur Zeit des Erscheinens dieser Auflage des Buches arbeiten die Entwickler an einer neuen Version namens *Amulet*, die du vielleicht schon verwenden kannst. (Such im Internet nach »minecraft amulet« und prüfe, ob das Programm schon fertig ist.) Spielst du mit einer älteren Version von Minecraft, spricht aber nichts dagegen, MCEdit weiterzuverwenden. Und da gibt es sogar zwei Versionen:

- die etwas ältere Version 1.5 (Download: *https://minecraft-buch.de/mcedit15*, nach dem Download entpacken, dann *mcedit.exe* starten) mit einer etwas altmodischen Benutzeroberfläche
- und die gründlich überholte und modernisierte Version 2.0 (Download: *https://minecraft-buch.de/mcedit2*, nach dem Download entpacken, dann *mcedit2.exe* starten)

Achtung: Stürzt eine der MCEdit-Versionen beim Laden einer Minecraft-Welt ab, dann gibt es wahrscheinlich einen Versionskonflikt. Achte darauf, dass du mit MCEdit keine Welten bearbeitest, die in neueren Minecraft-Versionen ab 1.13 erstellt wurden.

Im folgenden Abschnitt wird der Schematic-Import mithilfe von Version 2.0 beschrieben. Zuvor lernst du aber auch die Bedienelemente nicht nur der 2.0-, sondern auch der älteren 1.5-Version kennen, da diese noch häufig verwendet wird.

Benutzeroberfläche von MCEdit 1.5

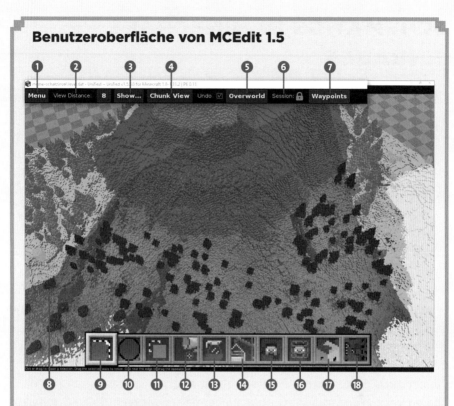

❶ **Hauptmenü**: Welten laden, speichern, neu laden (besonders praktisch ist **Quick Load**, das dir sofort alle Welten anzeigt), Info über die geladene Welt und globale Einstellungsmöglichkeiten

❷ **Sichtweite** (**View Distance**): Die Anzahl der Chunks, die du in MCEdit siehst, ähnlich der **Sichtweite** in Minecraft – je höher der Wert ist, desto mehr Rechenleistung braucht dein Rechner.

❸ **Anzeige** (**Show…**): individuelles Ein-/Ausblenden von Blöcken, Erzen, Gegenständen, Wolken, Nebel etc.

❹ **Blickwinkel** (**Chunk View/Camera View**): Umschalten zwischen 3D-Ansicht und Vogelperspektive

❺ **Dimension** (**Overworld/The end/Nether**): Umschalten zu den anderen Dimensionen, dem Ende und dem Nether

❻ **Sitzung** (**Session**): Sobald eine Welt in MCEdit geladen ist, kann kein anderes Tool auf sie zugreifen.

❼ **Wegpunkte** (**Waypoints**): Setze Marker in deine Welt, um schneller dorthin reisen zu können, anstatt jede Stelle per Maus und Tastatur anzufliegen.

⑧ **3D-Ansicht**: Mit gedrückter rechter Maustaste änderst du die Richtung der Kamera, mit den aus Minecraft bekannten Tasten W, A, S, D und Leertaste/⬆ bewegst du dich.

⑨ **Auswählen** (**Select**): Mit der linken Maustaste markierst du einen dreidimensionalen Bereich zur Bearbeitung. Links öffnet sich dann ein Menü, über das du die Auswahl erweiterst (**Select Chunk**) oder Blöcke kopierst (**Copy** und **Paste**), entfernst (**Delete**..., **Cut**) oder als Schematic-Datei exportierst (**Export**). Um *nichts* auszuwählen, klickst du im linken Menü auf **Deselect**.

⑩ **Malen** (**Brush**): Mit der linken Maustaste malst du in der 3D-Ansicht. Du hast die Wahl, einfache Blöcke oder ganze Schematics (als Pinsel) zu setzen.

⑪ **Klonen** (**Clone**): Kopiere einen größeren 3D-Bereich, und drehe oder spiegele ihn dabei – praktisch, um die Vorlage eines einzelnen Hauses in ein ganzes Dorf zu verwandeln (nur aktiv, wenn du Blöcke ausgewählt hast).

⑫ **Ausfüllen** (**Fill and Replace**): Fülle deine Auswahl mit einem beliebigen Material (nur aktiv, wenn du Blöcke ausgewählt hast).

⑬ **Spezielles** (**Filter**): Belege einen 3D-Bereich mit Statuseffekten von Zaubertränken, oder führe dort Makros aus – ein sehr fortgeschrittenes Thema.

⑭ **Importieren** (**Import**): Lade Schematic-3D-Objekte in deine Welt.

⑮ **Spieler** (**Players**): Bearbeite Details zu den Spielern dieser Welt. So mogelst du z. B. Gegenstände in dein Inventar oder regenerierst deine Gesundheit.

⑯ **Spawn-Punkt setzen** (**Move Spawn Point**): Markiere auf der 3D-Ansicht, wo deine Spielfigur das nächste Mal spawnen soll.

⑰ **Chunk-Steuerung** (**Chunk Control**): Erschaffe, lösche oder leere Chunks, die 16 × 16 Blöcke großen Unterbereiche aller Minecraft-Welten.

⑱ **NBT Explorer**: fortgeschrittene Einstellmöglichkeiten der Welt durch direkte Parametervergabe

Bearbeitungsbeispiel mit MCEdit 1.5: Klicke auf den Button »Players«, dann den Spielernamen und »Inventory«, um das Inventar des Spielers anzuzeigen. Mit einem Doppelklick auf einen Inventar-Slot legst du beliebige Gegenstände hinein.

Benutzeroberfläche von MCEdit 2.0

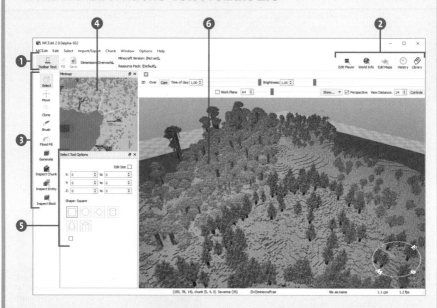

❶ **Werkzeugleiste**: Welt speichern (oder `Strg` + `S`), Umschalten zwischen den Dimensionen (Oberwelt, Nether, Ende), Feststellen der Kompatibilität mit einer bestimmten Minecraft-Version und Nachladen eines Ressourcenpakets in die 3D-Ansicht

❷ **Schnellwahl-Buttons**: detaillierte Parametereinstellungen zum Spieler und der Welt sowie Einblenden der Bearbeitungshistorie und Objektbibliothek

❸ **Werkzeuge**: Blöcke auswählen (**Select** ⬚), bewegen (**Move** ✛), kopieren (**Clone** ⬚) oder malen (**Brush** ✏). **Flood Fill** überflutet eine Ebene mit einem Material deiner Wahl, die übrigen **Inspect**-Buttons verraten dir Details über Blöcke, Chunks und andere Objekte.

❹ **Übersichtskarte** (Minimap): Vogelperspektive deiner Welt – die Kamera ist exakt in der Mitte, das gelbe Dreieck markiert Blickwinkel und Ausschnitt.

❺ **Werkzeug-Detaileinstellungen**: Je nach ausgewähltem Werkzeug änderst du hier Koordinaten, Materialien, Formen etc. Wählst du z. B. gerade Blöcke aus (**Select** ⬚), lassen sich hier x-, y- und z-Koordinaten anpassen. Oder du wählst Pinselform und -größe und Block/Material, mit dem du per **Brush** in der 3D-Ansicht malst.

❻ **3D-Ansicht**: Mit gedrückter rechter Maustaste änderst du die Richtung der Kamera. Mit den aus Minecraft bekannten Bewegungstasten `W`, `A`, `S`, `D` bewegst du dich, und mit Leertaste/`⇧` änderst du deine Höhe.

Für das Import-Beispiel in diesem Abschnitt kommen MCEdit 2.0 und ein mittel-alterliches Gebäude zum Einsatz (*https://minecraft-buch.de/schematic-haus*). Es soll auf der Spitze des Vulkanberges platziert werden, den du im vorherigen Abschnitt mit WorldPainter auf eine Insel gesetzt hast. Der Import der Schematic in MCEdit ist außerordentlich komfortabel. Lade MCEdit, entpacke das Archiv, starte es per Doppelklick, und wähle eine deiner Minecraft-Welten aus der Liste (MCEdit weiß in der Regel schon, wo sich dein *saves*-Ordner befindet.)

1. Navigiere zu einem Ort in deiner Welt, an dem das neue Schematic-Objekt platziert werden soll. Du steuerst deine Kamera genau wie die Spielfigur in Minecraft mit ⬚W, ⬚A, ⬚S, ⬚D, Leertaste und ⬚⬆, mit gedrückt gehalte-ner rechter Maustaste änderst du den Blickwinkel.

2. Wähle aus dem Menü **Import/Export · Import**, such im Dateidialog die he-runtergeladene Schematic-Datei, dann klicke auf **Öffnen**.

3. MCEdit platziert das 3D-Modell direkt vor deine Nase, mit der linken Maus-taste verschiebst du es nun an die richtige Position. Das ist deshalb mög-lich, weil nach dem Import das gesamte Modell ausgewählt ist, erkennbar an den weißen Linien des umgebenden Quaders.

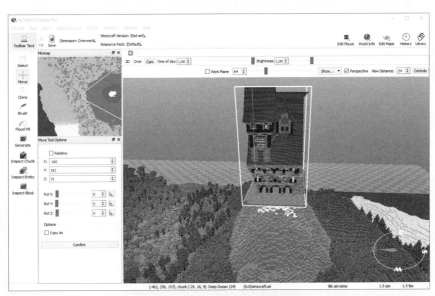

3 Die weißen Kanten eines Quaders markieren in MCEdit immer den 3D-Bereich, der bearbeitet oder bewegt wird.

In diesem **Move**-Modus (der entsprechende Werkzeug-Button ┼ ist aktiviert) hast du zusätzliche spezielle Optionen, mit denen sich die Platzierung präzisieren lässt. Unter **Move Tool Options** findest du die genauen Ziel-**XYZ**-Koordinaten; außerdem lässt sich das Gebäude mit den drei **Rot**-Reglern (für Rotation) beliebig drehen.

4. Klicke auf **Confirm** in den **Move Tool Options**, um den Import abzuschließen.

5. Nach der perfekten Positionierung ist noch etwas Feintuning empfehlenswert. Das Fundament des Gebäudes sieht auf der Bergspitze etwas seltsam aus. Nach dem Import hat sich automatisch das **Select**-Werkzeug ⬚ ausgewählt. Nach Markierung der hervorstehenden Blöcke mit der Maus (genauer geht das durch Eingabe der Koordinaten unter **Select Tool Options**) wählst du im Menü **Edit · Delete** – und schon ist die Unschönheit behoben.

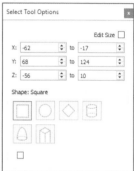

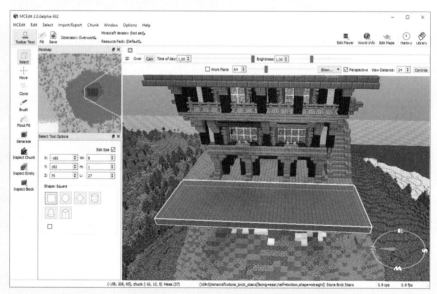

5 Erreichst du im »Select«-Modus mit der Maus nicht alle Stellen, benutze die Zahlenfelder »X«, »Y«, »Z« und »W« (Breite), »H« (Höhe) und »L« (Länge) für eine genaue Markierung.

6. Falls du noch andere Nachbesserungen vornehmen möchtest, aktiviere das **Brush**-Werkzeug ✎, wähle unter **Brush Tool Options** bei **Fill Block** einen Materialblock, und »male« in der 3D-Ansicht. Experimentiere auch ein wenig mit den Pinseleinstellungen im Bereich **Shape** und den Größenreglern, die dir für große auszufüllende Flächen und Gebiete die Arbeit erleichtern.

7. Bist du mit dem Endergebnis zufrieden, speichere die Welt über das Menü **MCEdit · Save World** oder ⌈Strg⌉ + ⌈S⌉. Jetzt wirfst du Minecraft an, betrittst deine Welt und entdeckst dort das neue Modell, so als wäre es schon immer da gewesen.

7 In wenigen Minuten zauberst du mithilfe von MCEdit und Schematics aus dem Internet beliebige Objekte in deine Minecraft-Welt.

Mit MCEdit ist es also möglich, Welten um zahlreiche Bauwerke und Konstruktionen zu erweitern, die du über Schematic-Dateien auf deiner Festplatte organisierst. Hast du beispielsweise in einer Welt ein aufwendiges Schloss gebaut, das sich auch in einer anderen Welt gut machen würde, lädst du Welt Nr. 1 in MCEdit. Dann verwendest du das **Select**-Werkzeug ⬚, um das Gebäude auszuwählen – immer erkennbar am weißen Quader. Schließlich gehst du über das Menü **Import/Export · Export**, und das Modell ist bereit zur Weiterverwendung als Schematic.

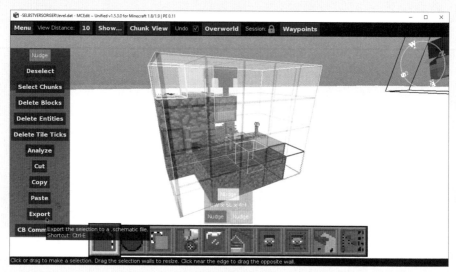

MCEdit 1.5: Zum Speichern einer Schematic benutzt du das »Select«-Tool (ganz links in der Button-Leiste), um mit der Maus einen dreidimensionalen Quader zu markieren. Es macht nichts, wenn du dabei nicht alle Blöcke erwischst, denn über die drei »Nudge«-Buttons in der Mitte kannst du Feinjustierungen der Abmessungen vornehmen: Maustaste auf »Nudge« gedrückt halten und dann mit den Tasten [A], [S], [D], [W], Leertaste und [⇧] den Quader vergrößern oder verkleinern. Zum Speichern klickst du dann links auf »Export«.

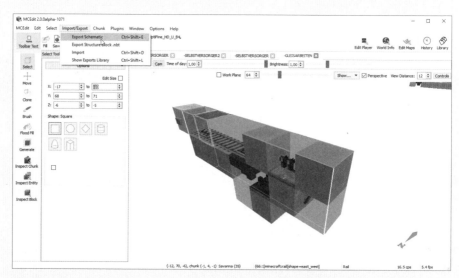

MCEdit 2: Hier befindet sich das »Select«-Tool links oben, und wie in MCEdit 1.5 malst du zuerst den Quader, aus dem eine Schematic werden soll. Feinjustierungen nimmst du dann über die sechs Zahlenfelder neben »X«, »Y« und »Z« vor, das geht besonders bequem mit den Pfeil-Buttons. Zum Speichern öffnest du das »Import/Export«-Menü und wählst den Punkt »Export Schematic«.

WorldEdit

Nach MCEdit ist *WordEdit* das am weitesten verbreitete Werkzeug zum Import von Schematics in Minecraft-Welten. Es ist nicht so komfortabel mit der Maus zu bedienen, sondern per Tastaturbefehle innerhalb von Minecraft. Denn WorldEdit läuft als *Mod* in einer besonderen Version von Minecraft, z. B. Forge.

Ist WorldEdit in deiner Minecraft-Version installiert, legst du neue Schematics im Ordner *%appdata%\.minecraft\config\worldedit\schematics* ab. Nun kannst du folgende Befehle in Minecraft (als Mod-Version, z. B. Forge) verwenden. Beachte, dass im Unterschied zu Minecraft-Befehlen die meisten WorldEdit-Befehle mit zwei Schrägstrichen beginnen.

- `//schematic load` *Dateiname*: Lädt die Schematic in einen Zwischenspeicher in WorldEdit. Den Dateinamen gibst du ohne Dateienendung an.

- `//rotate` *x y z*: Dreht die Schematic in der Zwischenablage um die Anzahl der für die x-, y- und/oder z-Achse angegebenen Grade, z. B. `//rotate 0 0 270`, um ein mit dem Minecraft Structure Planner erzeugtes flach liegendes Pixel-Art-Kunstwerk aufrecht aufzustellen.

- `//flip` *Richtung*: Spiegelt die Schematic in eine bestimmte Richtung. Die möglichen Richtungen werden eingeblendet, nachdem du `//flip` ausgeschrieben hast. Für die gewünschte Spiegelung musst du gegebenenfalls etwas experimentieren. Beachte, dass du mit `//undo` den letzten `//paste` wieder rückgängig machen kannst, um weiterzuflippen.

- `//paste`: Setzt die im Zwischenspeicher geladene (und vielleicht gedrehte oder gespiegelte) Schematic an deine aktuelle Position. Bringe am Anfang etwas Geduld mit. Schematics auf diese Weise zu positionieren, erfordert Übung. Verwende als Orientierungshilfe vielleicht auch deine aktuellen Koordinaten, die du mit F3 einblendest.

- `//undo`: Macht den letzten Schritt rückgängig, z. B. wenn du an eine falsche Stelle ge`//paste`t hast.

Zum Einsetzen einer Schematic in eine Welt genügen zwei Befehle: »//schematic load« und »//paste«.

Unter *https://minecraft-buch.de/worldedit-befehle* findest du eine ausführlichere Liste aller weiterer Befehle. Das sind insbesondere Kommandos, mit denen du weitere Veränderungen an der Welt vornehmen kannst, Blöcke setzen, Kurven malen etc.

Schematic-Alternative mit Konstruktionsblöcken

Mit Minecraft 1.10 wurde der Konstruktionsblock (*Structure Block*) eingeführt, mit dem du *im Spiel* quaderförmige Ausschnitte aus der Welt speichern und laden kannst. Leider gibt es zur Auflage dieses Buches noch keinen komfortablen Konverter zwischen Schematics und diesen Structures. (*https://cubical.xyz* scheint ein aussichtsreicher Kandidat zu sein bzw. zu werden). Der Mechanismus mit den Konstruktionsblöcken funktioniert bis auf Weiteres erst mal nicht mit den vielen Schematic-Tools, die du in diesem Buch kennengelernt hast, sondern nur isoliert. Das kann sich aber schnell ändern.

So funktioniert die Mechanik: Jeder platzierte Konstruktionsblock befindet sich entweder im **Speichern**-, **Laden**- oder **Ecke**-Markierungsmodus. Per Rechtsklick auf den Block öffnet sich jeweils ein Fenster mit vielen Einstellungsmöglichkeiten. Ein Beispiel veranschaulicht die Funktionsweise am deutlichsten:

1. Leg dir mit `/give @p structure_block 5` einen Stapel Konstruktionsblöcke in dein Inventar. Das ist die einzige Art, wie du an die Blöcke kommst, du musst dich also im Kreativmodus befinden oder Cheats erlauben (ähnlich wie beim Befehlsblock, siehe Seite 371).

2. Platziere einen der Blöcke an eine Ecke des Bauwerkes, das du in eine Konstruktionsvorlage verwandeln möchtest. Öffne das Einstellungsfenster mit einem Rechtsklick auf den Block, und klicke so lange auf den Modus-Button unten links, bis er sich im **Ecke**-Modus befindet. Gib ihm im oberen Textfeld **Konstruktionsname** einen eindeutigen Namen, in diesem Beispiel »weizenfarm«.

2 Platziere den »Ecke«-Block an der oberen hinteren rechten Ecke deines Bauwerkes, stell den Modus per Rechtsklick auf »Ecke« und gib ihm einen Namen.

3. Lauf zur Ecke auf der anderen Seite des Bauwerkes, und platziere einen weiteren Konstruktionsblock genau gegenüber. Statt unten muss der Block also an die oberste Stelle. Beide Blöcke müssen den zu definierenden Quader genau markieren, also auch die Höhe. Stell ihn mit Klicks auf den Modus-Button in den **Speichern**-Modus. Trage denselben Namen wie beim Eckblock ein, und klicke auf **Erkennen** in der Mitte rechts. Das Blockfenster verschwindet, und du erhältst eine Bestätigungsmeldung. Jetzt weiß der Speicherblock, welchen Bereich er als Vorlage verwenden soll. Öffne den **Speichern**-Block erneut mit einem Rechtsklick, und prüfe die Koordinaten, die den Vorlagenbereich in der Welt eingrenzen.

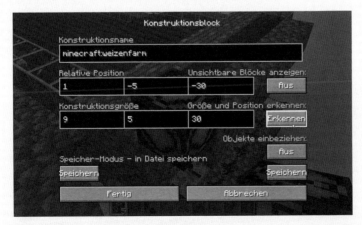

3 Im »Speichern«-Block (genau gegenüber dem »Ecke«-Block) gibst du entweder per Hand die Position des zu kopierenden Quaders ein oder lässt sie mithilfe eines Eckblocks automatisch ermitteln (»Erkennen«).

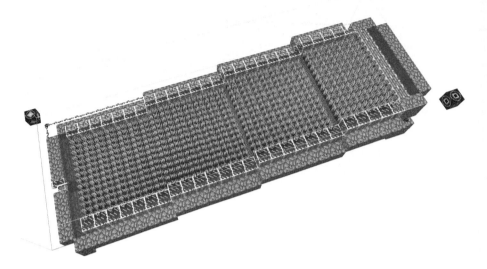

3 Überprüfe vor dem Speichern der Konstruktion, ob sie sich vollständig innerhalb der Grenzlinien befindet.

4. Zurück im Speicherblock klickst du auf **Speichern** (auf der rechten Seite), um die Struktur auf der Festplatte zu sichern.

Deine Konstruktion wurde jetzt in einem Unterordner deiner Minecraft-Welt (*%appdata%\.minecraft\saves\DeinWeltname\generated\strcutures*) mit dem Dateinamen des Textfeldinhalts **Konstruktionsname** gespeichert. Diese Datei kannst du, ähnlich wie MCEdit-Schematics, beliebig in andere Welten kopieren oder mit Freunden tauschen:

1. Lauf nun an irgendeine andere Stelle in der Welt und pflanze einen neuen Konstruktionsblock in die Landschaft. Diesen stellst du auf **Laden**.

2. Damit der Block weiß, welche Konstruktion er laden soll, gibst du in der oberen Textzeile **Konstruktionsname** denselben Namen wie beim Speichern ein.

3. Klicke auf **Laden**, und prüfe die korrekte Positionierung und Ausrichtung der Konstruktion anhand der nun eingeblendeten Grenzlinien. Willst du die Konstruktion an einer anderen Position platzieren, versetze den Ladeblock oder gib Koordinatenwerte in die drei Textfelder unter **Relative Position** ein.

Konstruktionsblock

Konstruktionsname

minecraftweizenfarm

Relative Position   Begrenzungsrahmen anzeigen:

0   1   0   [An]

Vollständigkeit und Startwert der Konstruktion

1.0   0

Objekte einbeziehen:

[Aus]

Lade-Modus – aus Datei laden

[Laden]   0   [90]   I   [180]   [270]   [Laden.]

[Fertig]   [Abbrechen]

1 2 Im »Laden«-Block-Fenster gibst du den zu ladenden Block anhand von »Konstruktions-namen« an und prüfst mit einem ersten Klick auf »Laden« die Position. Erst ein zweiter Klick auf den Button setzt die Konstruktion endgültig in die Welt.

4. Ein zweiter Klick auf **Laden** setzt die Konstruktion endgültig in die Welt.

Mit Konstruktionsblöcken ist es also z. B. möglich, einzelne Farmmodule zu vervielfältigen oder sogar Bibliotheken von Bauwerken anzulegen und in verschiedene Welten zu setzen.

WELTENMALER – RESSOURCENPAKETE SCHNÜREN

Auch außerhalb von Minecraft, über Minecraft-Dateien, kannst du das Erscheinungsbild und das Ambiente deiner Welt beeinflussen. Mit einem eigenen Ressourcenpaket definierst du neue Texturen für alle Objekte, Gegenstände und Blöcke, spielst auf einigen von ihnen sogar kleine Animationen ab und verformst 3D-Modelle. Du sorgst dafür, dass das Zombiestöhnen noch gruseliger klingt, deine Lieblingsbilder von Picasso als Gemälde eingesetzt und alle Texte auf Klingonisch ausgegeben werden. Solch ein Ressourcenpaket stellst du der Minecraft-Community kostenlos zum Download und Spielen zur Verfügung, oder es ist ein Schritt zur Entwicklung deines eigenen Miniabenteuers, eines Spiels im Minecraft-Spiel.

(Für die Themen in diesem Kapitel solltest du ein bisschen erfahren im Umgang mit deinem PC sein, den Datei-Explorer kennen, Dateien verschieben, entpacken und umbenennen können und wissen, wie man Programme installiert.)

NEUE SANDTEXTUR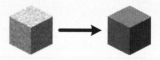

Dein eigenes Ressourcenpaket zusammenzustellen ist nicht schwierig, zumindest seitens der Technik. Die wirkliche Kunst liegt darin, einen eigenen Stil für Grafiken und Texturen zu finden und diesen auf wirklich alle Objekte und Materialien anzuwenden. Da sind deine Kreativität und Ausdauer gefragt, denn Minecraft hat Hunderte von Objekten, und ein Ressourcenpaket, das nur wenige ausgesuchte Blöcke in neuem Licht erstrahlen lässt, sieht nicht vollständig und liebevoll ausgearbeitet aus.

Auf den folgenden Seiten lernst du, wie du eigene Texturbilder in Minecraft einklinkst. Um zu zeigen, wie einfach das Prinzip ist, gleich eine Übung vorweg: das Ersetzen der Textur für den Sandblock. Die Schritte:

- Erzeugen der **Verzeichnisstruktur** deines Ressourcenpakets
- Erstellen und Speichern einer **neuen Textur** für den Sand
- Laden deines **Ressourcenpakets** in Minecraft

Zuerst bereitest du dein persönliches Ressourcenpaket vor, und zwar direkt im Minecraft-Installationsverzeichnis:

1. Wechsle in deinem Datei-Explorer zum Verzeichnis *%appdata%\.minecraft\ resourcepacks*. Du kannst in der Adresszeile z. B. *%appdata%* eingeben und dich von dort durch die Ordnerstruktur klicken. (In OS X findest du Minecraft unter *~/Library/Application Support/minecraft*, in Linux unter *~/.minecraft*.)

2. Erzeuge einen neuen Unterordner *the-next-level-v1.0* (oder einen beliebigen anderen Namen, dieser erscheint später in der Ressourcenpaket-Übersicht in Minecraft).

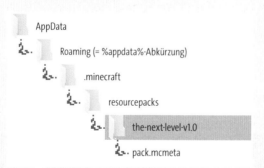

3. Klicke dich in den neuen Ordner, und erzeuge über den Datei-Explorer oder Texteditor eine einfache Textdatei mit dem Namen *pack.mcmeta*. (Sie darf nicht auf *.txt* enden, auch wenn dein Betriebssystem dir das vielleicht aufschwatzen möchte.) Das ist eine sogenannte *Metadatei*, die übergeordnete Informationen zu deinem Ressourcenpaket enthält, in diesem Fall die fest vorgeschriebene Paketformatversion und eine kleine Beschreibung. Bearbeite die *pack.mcmeta*-Datei im Texteditor, und schreib folgenden Inhalt hinein:

```
{
  "pack": {
    "pack_format": 5,
    "description": "Rick\u0027s The Next Level 64x64 pack"
  }
}
```

- Diese Schreibweise nennt man *JSON-Format*. Leerzeichen und Zeilenumbrüche sind eigentlich nicht wichtig und können weggelassen werden, dienen aber der Übersicht (alles in einer Zeile zu schreiben ist auch gültig: `{"pack":{"pack_format":5,"description":"Rick\u0027s The Next Level 64x64 pack"}}`). Achte darauf, beide geschweiften Klammern wieder zu schließen, dass du normale Anführungszeichen (⬆ + ②) verwendest und das Komma hinter der 5 nicht vergisst.

- Unter `pack_format` gibst du für Ressourcenpakete für Minecraft bis Version 1.8 den Wert 1 an, für Minecraft 1.9 und 1.10 den Wert 2, für 1.11 und 1.12 die 3, für 1.13 und 1.14 die 4 und für 1.15 und 1.16 die 5. (Arbeitest du mit einer anderen Minecraft-Version, such im Internet nach »minecraft pack.mcmeta«, ob sich diese `pack_format`-Zahl geändert hat. Achtung: Die Anleitungen, Datei- und Ordnernamen in diesem Kapitel beziehen sich auf den `pack_format`-Wert 5.)

- Unter `description` schreibst du selbstverständlich deine eigene Ressourcenpaket-Beschreibung. `64x64` soll an dieser Stelle einen Hinweis auf die Auflösung der Texturbilder geben, denn auch dieser Text wird in Minecraft unter dem Paketnamen angezeigt. `\u0027` steht für einen Apostroph, da du nur über diese *Unicode*-Schreibweise sicherstellst, dass Sonderzeichen angezeigt werden. Andere Sonderzeichenwerte findest du z. B. hier: *https://minecraft-buch.de/unicode-tabelle*

– **Ein wichtiger Tipp unter Windows**: Standardmäßig werden verbreitete Dateiendungen wie *.txt* ausgeblendet. Das kann, je nach Texteditor, zu verzwickten Ergebnissen füh- ren, sodass du beispielsweise in Wahrheit eine Datei mit Namen *pack.mcmeta.txt* erzeugst (es aber gar nicht siehst). Blende Dateiendungen deshalb immer ein, und zwar über den Datei-Explorer: Tab **Ansicht** • Button **Optionen** • **Ordner- und Such- optionen ändern** • im neuen Fenster Tab **Ansicht** • *Entfernen* des Häkchens bei **Erweiterun- gen bei bekannten Dateitypen ausblenden**.

4. Erzeuge nun in deinem Ressourcenpaket-Ordner nacheinander vier ver- schachtelte Unterordner, zuerst *assets*, darin *minecraft*, darunter *textures* und darin schließlich *block*.

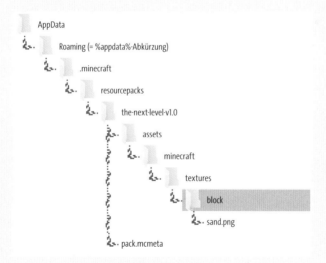

5. In dieses tief verschachtelte Unterverzeichnis speicherst du schließlich dei- ne neue Sandblocktextur unter dem Namen *sand.png*. (Tipps, wie du an neue Texturen kommst und wie du sie bearbeitest, findest du in den Käs- ten auf den folgenden Seiten.)

GIMP-Hinweis: Erzeugst du deine Texturen in GIMP (kostenloses Bildbe-arbeitungsprogramm ähnlich wie Photoshop, *www.gimp.org/downloads*), benutzt du zum Speichern den Menüpunkt **Datei ▪ Exportieren nach …** Im Dateidialog wechselst du in das Verzeichnis deines Computer-Kontona-mens und von dort weiter zu *AppData\Roaming\.minecraft\resourcepacks\ DeinRessourcenpaketname\assets\minecraft\textures\blocks*. Achte darauf, dass du als Dateityp und -endung *.png* wählst, andere Bildformate akzep-tiert Minecraft nicht.

Zeit für einen Test!

1. Starte Minecraft, und klicke im Titelfenster auf **Optionen …**, dann **Res-sourcenpakete …** Dein neues Ressourcenpaket ist bereits links unter **Ver-fügbare Ressourcenpakete** gelistet, denn es liegt ja schon im richtigen Minecraft-Verzeichnis. Fahre mit der Maus über sein Icon, und klicke auf den Rechtspfeil.

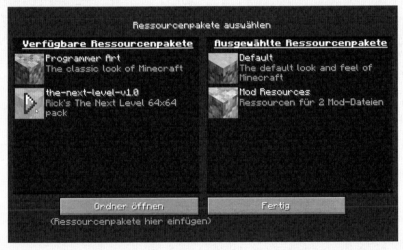

1 Legst du neue Ressourcenpakete in den Minecraft-Ordner »resourcepacks«, erkennt das Spiel sie automatisch, sobald du zum Fenster »Ressourcenpakete auswählen« wechselst.

2. Nun erscheint dein Ressourcenpaket in der rechten Liste und wird von Minecraft für die Weltdarstellung verwendet. Fehlen in deinem Ressour-cenpaket Texturen (also alle außer die für Sand), nimmt sie Minecraft ein-fach aus den anderen gelisteten Ressourcenpaketen.

Achtung: Wenn du später weitere Änderungen am Ressourcenpaket vor-nimmst, muss im Spiel mit ⌈F3⌉ + ⌈T⌉ neu geladen werden.

3. Klicke auf **GUI Fertig**, und warte einige Sekunden, bis Minecraft wieder zum **Optionen**-Fenster zurückschaltet.

4. Starte deine Minecraft-Welt, und such eine Wüste oder ein See- oder Flussufer, um den neuen Sand live in Aktion zu sehen.

4 Mit wenigen Handgriffen (und Dateien) erhält der Minecraft-Sand einen völlig neuen Look.

So funktioniert's

Minecraft holt sich zuerst alle in *deinem* Paket verfügbaren Ressourcen. Wenn irgendetwas fehlt (also alles außer *sand.png*), zieht sich das Spiel die Texturen aus dem *Default*-Ressourcenpaket, darum lässt sich dieses auch nicht aus der Ressourcenpaket-Liste entfernen. Dabei spricht man von einem *Fallback* (zu Deutsch etwa Ausweichlösung).

Mit so wenig Aufwand ist es also bereits möglich, sich einen Spaß mit einem Freund zu erlauben, der gerade zu Besuch ist: Einfach die Diamanttextur durch ein rot eingefärbtes Exemplar austauschen und dann große Augen machen, wenn man zusammen in einer Mine rote Diamanten findet.

Auf den folgenden Seiten findest du einige Tipps und Infos zu Bildquellen und zur Texturbearbeitung, danach geht es weiter in die Tiefen des Ressourcenpakets, um zu sehen, was man dort noch so manipulieren kann.

Wenn du den Ordner »AppData« in GIMP nicht siehst

Kannst du den Ordner *AppData* nicht im Verzeichnis deines Computer-Kontonamens finden, ist er *unsichtbar* geschaltet. Öffne dann deinen Datei-Explorer, und bearbeite in der Symbolleiste **Ansicht** die **Optionen • Ordner- und Suchoptionen ändern:**

1. Auf dem Tab **Ansicht** suchst du den Eintrag **Versteckte Dateien und Ordner**, den du auf **Ausgeblendete Dateien, Ordner und Laufwerke anzeigen** umschaltest.

2. Jetzt wechselst du im Datei-Explorer zum Verzeichnis deines Kontos (z. B. *Lokaler Datenträger (C:) > Benutzer > DeinKontoname*) und klickst mit der *rechten* Maustaste auf den nun halb sichtbar gewordenen Ordnernamen *AppData*. Öffne aus dem Rechte-Maustaste-Kontextmenü den Punkt **Eigenschaften**, und entferne das Häkchen neben **Versteckt**. Achte bei der folgenden Rückfrage unbedingt darauf, dass *alle* Dateien, auch die im Ordner enthaltenen, nicht mehr versteckt sind.

Ab jetzt sieht auch GIMP den für Minecraft so wichtigen *AppData*-Ordner.

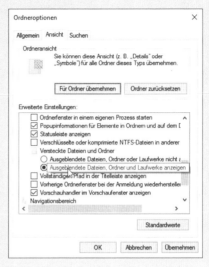

1 Alle Dateien im Datei-Explorer anzeigen lassen

2 Mit einem Rechtsklick auf »AppData« öffnest du das Kontextmenü, dann die Eigenschaften.

2 Entferne das Häkchen neben »Versteckt«.

Texturbearbeitung mit GIMP – kurz und bündig

Dieser Minecraft-Guide ist kein Ersatz für ein vollwertiges Bildbearbeitungs-Tutorial, aber schon ein paar kleine Tipps helfen dir enorm bei der Bearbeitung deiner Texturen.

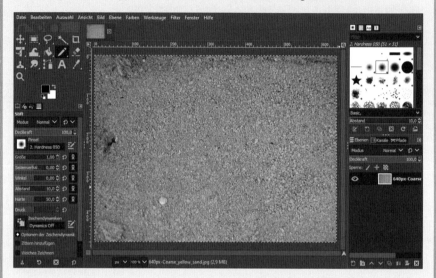

Diese Funktionen solltest du in GIMP kennen, um ein beliebiges Bild in eine Textur zu verwandeln:

- Schneide die Textur in ein quadratisches Format. Such dir dabei einen Bereich, der möglichst gleichmäßig und sauber aussieht. Verwende dazu in GIMP das Werkzeug **Rechteckige Auswahl** (oben links in der Werkzeugleiste) und den Menübefehl **Bild · Auf Auswahl zuschneiden** . Wähle danach am unteren Fensterrand einen größeren Vergrößerungsfaktor, um mehr Details im Bild zu sehen. Wähle dann aus dem Menü **Ansicht** den Punkt **Fenster anpassen** , damit das Bild das Fenster optimal ausfüllt.

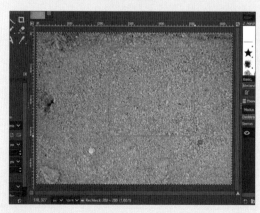

- Bereinige das Bild mit Tools wie dem **Klonen**-Werkzeug 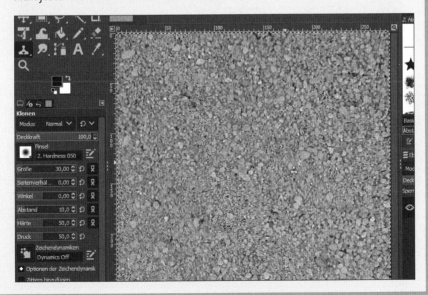: Wähle das Werkzeug aus, und halte die `Strg`-Taste gedrückt, während du mit der linken Maustaste einen Bereich markierst, *von dem* kopiert wird. Danach übermalst du mit der linken Maustaste störende Flecken – im Beispielbild schwarze Flecken, die die Gleichmäßigkeit der Sandstruktur stören. Stell die **Größe** (linke Seitenleiste) deines Klonstempels auf 20 oder 30 Pixel, um nicht jedes Pixel einzeln übermalen zu müssen.

- Skaliere das Bild zur richtigen Texturgröße, z. B. 64 × 64 Pixel (die Standardauflösung von Texturen deines Ressourcenpakets). In GIMP geht das über das Menü **Bild ▪ Bild skalieren** 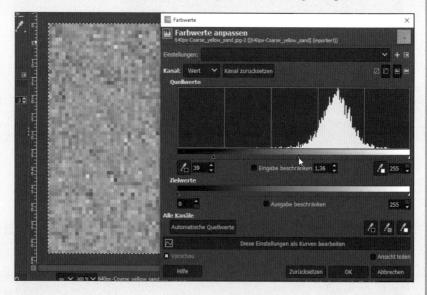. Vergrößere noch mal die Ansicht über die **%**-Dropdown-Liste unter dem Bild auf **800 %**, um mehr Details zu sehen.
- Falls du für die richtige Skalierung das Bild stark verkleinert hast, schärfe es ein wenig nach: **Filter ▪ Verbessern ▪ Schärfen (Unscharf maskieren) ...** Aktiviere/Deaktiviere im Pop-up-Fenster das Häkchen neben **Vorschau**, um das Bild vor und nach dem Schärfen zu prüfen.
- Nimm jetzt auch Helligkeits- und Farbkorrekturen vor, z. B. über das Menü **Farben ▪ Werte** (für die Helligkeiten) und **Farben ▪ Farbton / Sättigung** (um die Farben zu verstärken oder abzuschwächen). Experimentiere mit den Reglern, bis dir das Ergebnis gefällt.

- Sorge für nahtlose Übergänge. Denn wenn Sandblöcke nebeneinanderliegen, sollen die Kanten nicht wie abgehackt erscheinen, sondern möglichst ineinanderfließen. Die seitlichen Pixel müssen also ein wenig aufeinander abgestimmt sein. Das ist in GIMP sehr einfach: **Filter ▪ Abbilden ▪ Nahtlos kacheln...** übernimmt das vollautomatisch. (Falls du in Photoshop arbeitest, such nach YouTube-Videos, die dir den Umgang mit **Filter ▪ Sonstige Filter ▪ Verschiebungseffekt...** erklären.)

Woher nehmen, wenn nicht stehlen?

Das ist klar: Du kannst nicht beliebige Bilder aus dem Internet herunterladen und für dein Ressourcenpaket verwenden. Denn Fotografen und Grafiker haben ein Urheberrecht auf ihre Werke, für die sie stunden- oder tagelang gearbeitet haben. Einige Künstler veröffentlichen ihre Bilder aber trotzdem für lau oder wollen nur als Schöpfer erwähnt werden. Achte neben gefundenen Bildern daher immer auf die Lizenz:

- **Creative Commons**: Weitverbreitete Lizenzen mit sehr flexiblen Weiterverwendungsmöglichkeiten. Meistens darfst du die Bilder beliebig verwenden und bearbeiten, musst aber den Künstler bei deiner Veröffentlichung deines Ressourcenpakets erwähnen. Die genauen Veröffentlichungsbedingungen stehen immer in der Lizenz – im Beispielbild: **share** (du darfst das Bild veröffentlichen), **remix** (du darfst es verändern), **attribution** (du musst den Urheber erwähnen), **share alike** (du darfst es nicht verkaufen).

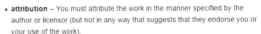

I, the copyright holder of this work, hereby publish it under the following licenses:

Permission is granted to copy, distribute and/or modify this document under the terms of the **GNU Free Documentation License**, Version 1.2 or any later version published by the Free Software Foundation; with no Invariant Sections, no Front-Cover Texts, and no Back-Cover Texts. A copy of the license is included in the section entitled *GNU Free Documentation License*.

This file is licensed under the Creative Commons Attribution-Share Alike 3.0 Unported license.

You are free:

- **to share** – to copy, distribute and transmit the work
- **to remix** – to adapt the work

Under the following conditions:

- **attribution** – You must attribute the work in the manner specified by the author or licensor (but not in any way that suggests that they endorse you or your use of the work).
- **share alike** – If you alter, transform, or build upon this work, you may distribute the resulting work only under the same or similar license to this one.

This licensing tag was added to this file as part of the GFDL licensing update.

You may select the license of your choice.

- **Public Domain/gemeinfrei**: Das ist die beste Bildersorte – ihre Erschaffer übergeben das Foto oder die Grafik ohne Bedingungen an die Öffentlichkeit.

Wie und wo findet man nun solche Bilder?

- **Wikimedia Commons** – *https://commons.wikimedia.org*: Der kleine Bruder der Wikipedia sammelt Bilder zu allen Themen, bietet eine robuste Suche und zeigt verlässlich die Lizenz zum Bild.

Tipp: Häng in einer Wikimedia-Commons-Suche die Stichwörter »public domain« an. Die Sandtextur auf diesen Seiten ließ sich dort z. B. ganz einfach per »sand public domain« finden.

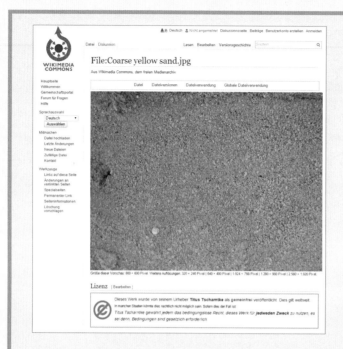

■ **Pixabay** – *https://pixabay.com*: Eine von vielen Websites, die Fotografen und Grafiker nutzen, um Bilder kostenlos im Internet zu verbreiten. Warum sollten sie das tun? Manch einer möchte damit vielleicht als Künstler bekannt werden. Andere wollen einen sinnvollen Beitrag leisten, mit dem sie anderen helfen. Vorsicht allerdings bei Pixabay: Die oberste Bildergebniszeile (hinterlegt mit »shutterstock«) ist Werbung, diese Bilder sind nicht kostenlos. Außerdem gibt es keinen Mechanismus, der beim Hochladen überprüft, ob der Hochlader tatsächlich der Urheber des Bildes ist.

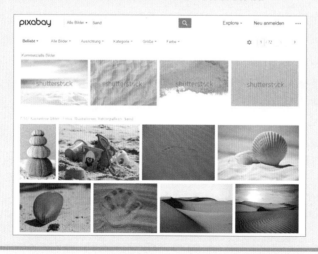

- **Flickr** – *www.flickr.com/search/advanced*: In der bekannten Foto-Community kannst du ebenfalls nach lizenzfreien Bildern suchen. Wähle die passende Lizenz in der Dropdown-Liste links oben bei **Lizenz**.

VORLAGE AUS MINECRAFT EXTRAHIEREN

So, wie du die Textur für den Sandblock angepasst hast, ist das für alle Gegenstände und Materialien in Minecraft möglich. Vorausgesetzt, du hast das notwendige Grafikmaterial und weißt, wo die Textur abgelegt wird und wie sie heißt. Dabei hilft dir ein kleiner Trick: Du siehst im Original-Ressourcenpaket von Minecraft nach. Die folgenden Schritte zeigen dir, wie du aus jeder Minecraft-JAR-Programmpaketdatei alle Ressourcen inklusive Verzeichnis- und Dateistruktur extrahierst und als Vorlage verwendest:

1. Öffne deinen Datei-Explorer, und gib in die Adressleiste »%appdata%« ein, in dem dort befindlichen Unterordner *.minecraft* befindet sich deine Minecraft-Installation.

2. Klicke dich weiter durch zu *.minecraft\versions*, hier befinden sich Unterverzeichnisse für alle Minecraft-Versionen, die du im Laufe der Zeit anhand von Profilen über den Minecraft Launcher angelegt hast. Wechsle in das Verzeichnis, an dessen Ressourcenpaket-Version du interessiert bist, z. B. *1.16.1* oder eine spätere Version.

3. Hier findest du nun eine einzelne JAR-Datei, ein Java-Archiv, das im Prinzip nichts weiter als ein ZIP-Paket ist. *Kopiere* die Datei an eine andere Stelle, z. B. auf deinen Desktop, und benenne die Dateiendung in *.zip* um.

4. Jetzt kannst du die Datei wie ein ZIP-Archiv öffnen und den Inhalt entpacken (z. B. den Sammelordner *assets* per Drag & Drop in ein anderes Verzeichnis ziehen oder per Rechtsklick-Kontextmenü **Alle extrahieren...** auf die ZIP-Datei, falls deine Windows-Version den Befehl unterstützt).

Dich interessiert allein der *assets*-Ordner. Dort befinden sich Dutzende verschachtelter Verzeichnisse und Hunderte Dateien, von denen du einige wichtige im weiteren Verlauf dieses Kapitels kennenlernst. Den Pfad zu den Materialtexturen kennst du bereits: *\assets\minecraft\textures\block*.

NEUE ERDE- UND GRASTEXTUREN

Nach dem Sandblock siehst du dir eine komplexere Texturkombination an: Erde und das darauf wuchernde Gras. Befindet sich nämlich Gras auf einem Erdblock, dann sieht man von der Seite
viel Erde und an der oberen Kante einige Pixel Gras. Blickt man von oben auf den Block, sieht man nur Gras und von unten nur Erde. Das sind also (mindestens) drei verschiedene Texturen. Wirfst du einen Blick in den im vorangegangenen Abschnitt extrahierten Vorlagenordner *\assets\minecraft\textures\block*, findest du unter anderem folgende Texturdateien:

Dateiname	Beschreibung	Bild
dirt.png	Textur für *alle* Seiten eines normalen Erdblocks (wenn also noch kein Gras darauf wächst)	
grass_block_top.png	obere Seite eines Grasblocks (also nur Gras)	
grass_block_side.png	Seitentextur eines Grasblocks (Verlauf von oben nach unten von Gras zu Erde)	
grass_block_snow.png	Seitentextur mit einer Schneeschicht an der oberen Kante	
grass_block_side_overlay.png	zusätzliche Overlay-Textur für die Seitenansicht der Grasnarbe	

Das sieht aufgrund der Dateinamen zunächst recht logisch aus: Für Erde ist alles klar – eine Textur für alle Seiten, funktioniert also wie Sand. Dann die obere Textur für das Gras, die seitliche – ein Overlay – ähnlich der Spielfigur-Skin, und eine verschneite Variante. Nimm dir jetzt etwas Zeit, kopiere diese Texturdateien in dein Ressourcenpaket, und experimentiere mit ihnen. Um sie zu bearbeiten und in Minecraft zu sehen, verfährst du genau wie beim Sand.

Beim näheren Hinsehen der Erde/Gras-Dateiliste fällt dir auf, dass *grass_block_top.png* und *grass_block_side_overlay.png* nicht grasgrün, sondern grau sind. Das hat folgenden Grund: Je nachdem, in welchem Biom sich der Spieler befindet, hat das Gras eine andere Tönung. So wirkt das Gras in der Savanne ziemlich ausgedörrt (gelblich) und im Sumpf triefend nass (blaugrün). Diese besonderen Farben kombiniert Minecraft über die grauen Texturbilder (nur den Helligkeitsverlauf) und einer speziellen Datei aus einem benachbarten Verzeichnis *textures\colormap*: *grass.png*.

»\assets\minecraft\textures\colormap\grass.png« enthält einen grünen Farbverlauf, aus dem sich Minecraft verschiedene Grüntöne für unterschiedliche Biome zieht.

Willst du also die Farbe des Grases verändern, kopiere den *colormap*-Ordner aus dem Minecraft-Archiv an eine andere Stelle, z. B. auf deinen Desktop.

1. Lade *grass.png* in GIMP. Dazu musst du den Ordner *AppData* und alle in ihm enthaltenen Dateien in deinem Benutzerverzeichnis auf *nicht versteckt* konfiguriert haben (siehe Seite 311, »Wenn du den Ordner ›AppData‹ in GIMP nicht siehst«).

2. Experimentiere über das Menü **Farben** · **Farbton/Sättigung ...**, z. B. mit dem Regler **Farbton**.

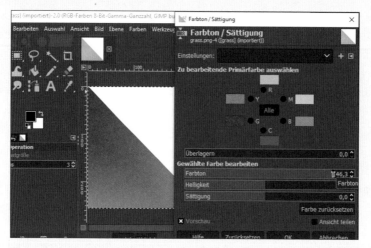

2 Benutze beliebige Bearbeitungstools, um den Farbverlauf anzupassen.

3. Exportiere dann die veränderte *grass.png*-Datei (Menü **Datei · Exportieren nach...**) in dein Ressourcenpaket unter *DeinBenutzername\AppData\ Roaming\.minecraft\resourcepacks\DeinRessourcenpaket\assets\minecraft\ textures\colormap*, und Minecraft erkennt beim Neuladen des Pakets mit den Tasten F3 + T das Vorhandensein des neuen Farbschemas.

Der Farbton des Bildes »colormap\grass.png« beeinflusst alle Graselemente im Spiel – in der Abbildung siehst du unterschiedliche Blaulila-Töne zweier verschiedener Biome nach einer Veränderung des Farbverlaufs in GIMP.

Wichtig für das Gras: Bearbeitest du die obere und seitliche Ansicht der Grasblöcke, solltest du sie immer in Grautönen abspeichern, damit der Farbverlauf in *grass.png* brav seinen Dienst verrichtet und die tatsächlichen Farben darüberlegt. Für ganz neue Grastexturen mit GIMP heißt das: Du erschaffst die Grasansichten wie jede andere Textur und reduzierst im *letzten* Arbeitsschritt vor dem Export die **Sättigung** (Menü **Farben · Farbton/Sättigung**) auf **–99**.

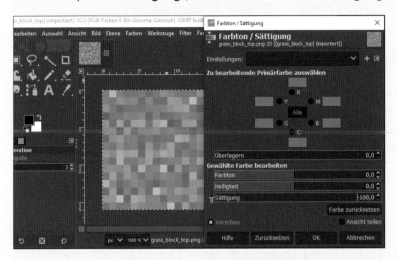

In der folgenden Abbildung siehst du ein Beispiel, wie das Ressourcenpaket langsam wächst. Sand, Erde und Gras sehen schon viel realistischer aus (falls du das für dein Ressourcenpaket beabsichtigst).

Du verstehst nun die Grundlagen, wie man Texturen über das Ressourcen-paket austauscht. Aber nicht nur Texturen, auch alle anderen Bebilderungen lassen sich so erneuern. In den beiden folgenden Kästen erfährst du, wie die Verzeichnisstruktur eines Ressourcenpakets aufgebaut ist und welche Grafik- und Texturdateien dort auf dich warten.

Texturen anhand ihrer Thumbnails identifizieren

Anhand des Dateinamens ist es schwierig, den Einsatz einer Texturgrafik zu erkennen. Benutze dazu besser die Thumbnail-/Galerieansicht eines Bildbetrachtungsprogramms, wie beispielsweise des kostenlosen IrfanView (*https://minecraft-buch.de/irfanview*). Nach der Installation startest du entweder das Programm *IrfanView Thumbnails* oder drückst während der Anzeige eines einzelnen Bildes die Taste T, um alle Bildvorschauen im aktuellen Ordner zu sehen.

Für eine übersichtlichere Ansicht der Texturen wähle über das Menü **Optionen · Thumbnail-Optionen ändern …** folgende Einstellungen (wie in der Abbildung):

- **Resample-Funktion** [...]: Häkchen entfernen, damit die scharfen Kanten bei größer dargestellten Texturbildern erhalten bleiben
- **Thumbnail-Größe**: Probiere einige Größen aus, **100 × 100 Pixel** ist ein guter Anfang.
- **Kleine Bilder auf Thumbnailgröße vergrößern**: damit die kleinen 16-×-16-Pixel-Bilder für eine bessere Übersicht auf 100 × 100 Pixel vergrößert werden

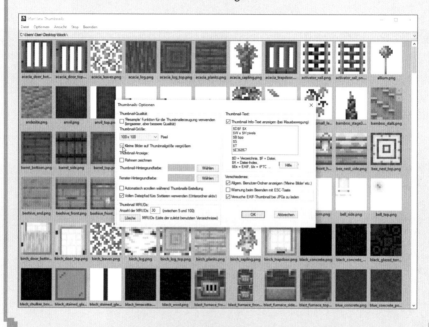

Hinter den Kulissen: Verzeichnis- und Dateistruktur

Im Grunde sind die Überschreibmechanismen eines Ressourcenpakets einfach zu verstehen, wenn man einen Blick in das *default*-Ressourcenpaket wirft, das Bestandteil des Minecraft-Versionspakets ist (am Anfang von Abschnitt »Vorlage aus Minecraft extrahieren«, entweder hast du das Paket entpackt oder blickst per Doppelklick in das *.jar-/.zip*-Archiv). Die Verzeichnisnamen sprechen für sich, und die Struktur ist klar, klappt man den Baum etwas weiter auf:

- Oberste Ebene, noch über *assets*: Hier liegt die Beschreibungsdatei *pack.mcmeta*.
- *blockstates*: sogenannte Blockzustandsdateien, die jedem Zustand eines Objekts (Truhe auf oder zu) ein bestimmtes Blockmodell zuweisen
- *lang*: Textdateien, die alle Beschriftungen und Nachrichten in bestimmten Sprachen enthalten
- *models*: Dateien für das 3D-Modell der Objekte – hier befinden sich Unterverzeichnisse für Blöcke und Gegenstände.
- *particles*: Verweis auf Bilddateien mit Partikeleffekten (die kleinen Animationen von Flammen oder Luftblasen)
- *shaders*: Grafikfilter, die über die Darstellung der Minecraft-Welt gelegt werden
- *texts*: nicht übersetzbare Texte, wie Splash-Texte des Titelfensters und Abspann am Ende des Spiels
- *textures*: Texturen für Materialien und Objekte, hier gibt es viele Unterordner für Feineinstellungen:
  - *block*: Texturen aller Blöcke, wie Sand, Stein, Erde etc.
  - *colormap*: Farbverläufe für Gras und Laub
  - *entity*: Texturen von Objekten, wie Boot, Hühnchen und das Endportal; komplexere Objekte haben eigene Unterordner.
  - *environment*: Texturen für Sonne, Mond, Wolken, Regen, Schnee und den Himmel im Ende
  - *font*: im Spiel verwendete Schriften als PNG-Bilddateien
  - *gui*: Elemente der grafischen Benutzeroberfläche, wie Icons, Balken, Inventare, Titelbild etc.
  - *item*: Texturen aller Gegenstände, wie Pfeil, Eimer, Waffen, Werkzeuge, Rüstungsteilen, Nahrungsmittel
  - *map*: Grafikelemente der spielinternen Karte
  - *misc*: verschiedene andere Grafikelemente und -effekte, Farbverläufe, Unterwasserfilter, Schatten etc.
  - *mob_effect*: Symbole für Statuseffekte
  - *models*: Skin-Overlay-Texturen für alle Rüstungsteile
  - *painting*: alle Bilder, die zufällig in ein spielinternes Gemälde gesetzt werden
  - *particle*: verschiedene Partikel für Glitzer-, Funken- und andere Effekte – die Bilddateien, auf die sich die Zuweisungen im Ordner *particles* beziehen

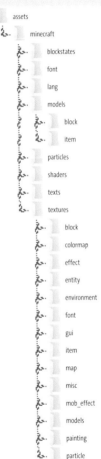

ANIMATIONSTEXTUREN AUF BLÖCKEN

Wasser und Lava sind die bekanntesten animierten Materialien in Minecraft, und selbstverständlich lässt sich auch ihre Animation per Ressourcenpaket deinen Vorstellungen anpassen. Dafür sind etwas mehr Schritte notwendig, die du auf den folgenden Seiten kennenlernst:

- Erstellen oder Finden einer passenden **Animation** im Internet
- **Konvertieren** der Animation ins Minecraft-Format
- Ablegen der Animationsdateien in ganz bestimmten Ordnern deines **Ressourcenpakets**

Auch Animationen speichert Minecraft in gewöhnlichen PNG-Dateien. Die Besonderheit: Alle Schritte der Animation kleben untereinander in einer einzelnen Datei. Öffne beispielsweise die Datei *water_still.png* aus dem Vorlagen-Ressourcenpaket (im *\textures\block*-Verzeichnis), und du erkennst die 32 Schritte der Wasseranimation (siehe Abbildung am Seitenrand). Du kannst diese Datei beliebig anpassen oder in GIMP Versionen mit einer höheren Auflösung erzeugen, um eine feinere Animation zu erstellen – statt 16 × 512 Pixeln werden beispielsweise 64 × 2048 Pixel (die vertikale Auflösung ist abhängig von der Anzahl der Animationsschritte). Hast du die Animation mit Malwerkzeugen in GIMP verändert, speicherst du sie schließlich in deinem Ressourcenpaket an derselben Stelle: *\assets\minecraft\textures\blocks\water_still.png*.

Dies wäre aber nicht der Next-Level-Guide, gäbe es nicht eine interessantere Idee: Nimm mit deinem Smartphone beim nächsten Campingausflug an einen See deine eigene Wasseranimation auf. Solch ein Videoclip wird in der Regel im MP4-Format gespeichert, und das lässt sich prima weiterverarbeiten:

1. Für dieses Beispiel war gerade kein See in der Nähe. Darum wird eine Wasseranimation von Pixabay verwendet (*https://pixabay.com*), die lizenzfrei ist und über die Suche nach »Wasser« in der Kategorie »Videos« zu finden war. Es genügt, die kleinste Auflösung dieser Animation herunterzuladen, hier **640 × 360**.

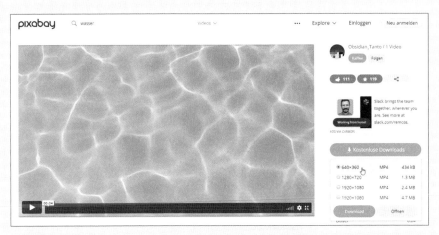

1 Kostenlose Bilder und Videos findest du haufenweise im Internet, achte allerdings immer auf die Lizenz.

2. Nutze ein kostenloses Onlinetool, um den auf deinem Rechner zwischengespeicherten MP4-Clip in ein animiertes GIF-Bild zu konvertieren. Dazu suchst du im Internet nach »convert mp4 to animated gif« und findest z. B. *https://minecraft-buch.de/video2gif*. Viele Konverter erlauben sogar ein Feintuning wie das Zurechtschneiden zu einem Quadrat (**crop**) und die Verkleinerung auf eine bestimmte Größe (**resize**). Damit erzeugst du gleich die richtige Größe (64 × 64 Pixel) für dein Ressourcenpaket. (Die Verkleinerung ist aber auch in jedem Bildbearbeitungs- oder Bildbetrachtungsprogramm möglich.)

2 Ein Beispiel für einen kostenlosen MP4-zu-GIF-Konverter findest du unter »https://minecraft-buch.de/video2gif«. Hier lädst du das gefundene Video zur Konvertierung hoch.

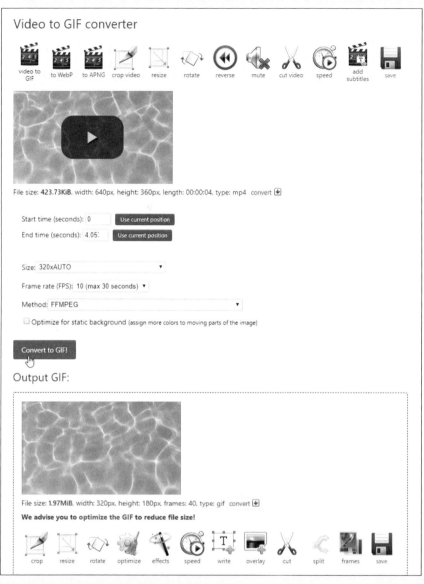

2 Das Hochgeladene Video kann nun konvertiert werden, z. B. in das GIF-Format, mit dem es gleich in eine Minecraft-Animation weiterverarbeitet wird.

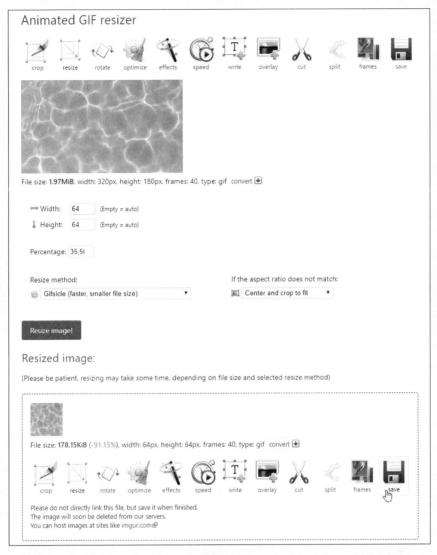

Die endgültige Größe kannst du oft schon im Konverter festlegen. Das ist aber nachträglich sogar in Bildbetrachtern, z. B. IrfanView, möglich.

3. Speichere das GIF-Bild, und verwandle die Animation in das von Minecraft benötigte lang gezogene PNG, das geht z. B. mit IrfanView, das du bereits zu Beginn dieses Kapitels kennengelernt hast (*https://minecraft-buch.de/irfanview*):

Lade das GIF-Bild in IrfanView, und speichere alle Animationsschritte als einzelne Bilddateien über das Menü **Optionen · Extrahiere alle Bilder...**, z. B. in ein Unterverzeichnis auf deinem Desktop. Achte darauf, das **Format** auf **PNG** umzustellen.

Bei Problemen in Minecraft: IrfanView erzeugt nicht immer Einzelbilder in der vollen Auflösung, z. B. wenn transparente Pixel im Spiel sind. Du erkennst das Problem, wenn der betreffende Block in Minecraft das schwarz-violette Schachbrettmuster trägt. Verwende dann die GIF-Animations-Splitter-Alternative GifSplitter: *https://minecraft-buch.de/gifsplitter*.

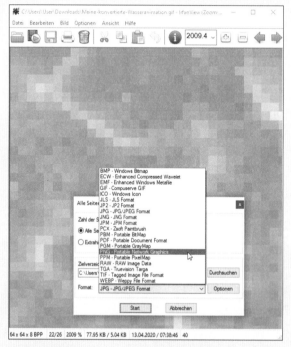

3 IrfanView eignet sich gut dafür, animierte GIF-Bilder in mehrere PNG-Einzelbilder zu konvertieren, um sie später wieder in ein einzelnes Animationsbild zusammenzufügen.

4. Erzeuge aus den Einzelbildern jetzt das Minecraft-Wasser-PNG. In Irfan-View wählst du im Menü **Bild · Panorama-Bild erstellen...** Im Einstellungsfenster wählst du **Vertikal**, klickst auf **Bilder hinzufügen** und markierst alle eben erzeugten Animationsschritt-Bilddateien. Klicke auf **Öffnen** und schließlich auf **Bild erstellen**.

Achtung: Stellst du später fest, dass die Animation *falsch herum* abläuft (der erste Frame muss im Gesamtbild ganz oben sein), öffne das Pop-up-Fenster des Buttons **Sortieren**. Experimentiere dort mit der Sortierung **nach Name (aufsteigend, natürlich)** und **nach Name (absteigend, natür-lich)**.

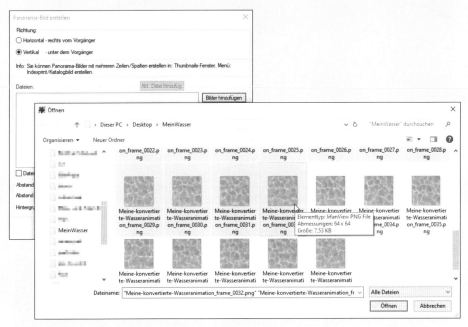

■4 Die eben über IrfanView extrahierten PNG-Einzelbilder stellst du im selben Tool wieder zu einem lang gezogenen (»vertikalen«) Gesamtbild zusammen.

IrfanView öffnet ein neues Bildfenster mit der lang gezogenen Wasseranimation. Die speicherst du über **Datei · Speichern als ...** im Ordner *\assets\minecraft\textures\blocks* deines Ressourcenpakets als *water_still.png*.

5. Zum Abschluss kopierst du die Datei *water_still.png.mcmeta* aus dem Vorlagenordner (*textures\blocks*) an dieselbe Stelle deines Ressourcenpakets. Zur Notwendigkeit dieser Datei folgt gleich die Erklärung.

Starte jetzt Minecraft, aktualisiere dein Ressourcenpaket (drücke F3 + T), und begib dich zum nächsten See, um deine neue Wasseroberfläche zu bewundern.

Aber wo sind die Tintenfische abgeblieben? Ein kleines Detail fehlt dem virtuellen Wasser nämlich noch: Transparenz, zumindest teilweise, damit Objekte unter Wasser und der Grund des Sees ein wenig durchschimmern.

Hier kommt wieder GIMP zum Einsatz:

1. Lade die neue Wasseranimation *water_still.png* in GIMP. Falls du es noch nicht rechts unten siehst, öffne das **Ebenen**-Fenster über das Menü **Fenster · Andockbare Dialoge**.

2. Dort stellst du die **Deckkraft** auf »70« (%).

3. Speichere das Bild über den Menüpfad **Datei · water_still.png überschreiben**.

Zurück zu Minecraft: Drücke F3 + T gleichzeitig zum Aktualisieren, und starte wieder einen Ausflug zum See, wo du die Unterwasserlandschaft dezent durchschimmern siehst. Perfekt!

Schachbrettmuster bei Problemen

Stößt Minecraft beim Laden der Animation auf einen Fehler, wird statt der animierten Textur ein schwarz-violettes Schachbrettmuster gezeigt. Das kann ein Problem mit der Animationsdefinitionsdatei sein (dazu gleich mehr im nächsten Abschnitt) oder beim Gesamtbild der Animation. IrfanView überspringt beispielsweise transparente Zeilen oder Spalten, sodass manche Bilddatei nicht 64 × 64 Pixel groß ist, sondern vielleicht nur 64 × 63 Pixel. Die vertikale Auflösung einer Animationsdatei muss allerdings *ein Vielfaches der horizontalen Auflösung* sein, sonst zeigt Minecraft das Schachbrettmuster. Also z. B. 64 × 128 für eine Animation mit zwei Schritten, da beide 64 Pixel hohen Einzelbilder untereinander positioniert sind. Ist die Gesamtanimationsdatei nur 64 × 127 Pixel groß, verweigert Minecraft die Animation.

Für diesen Fall verwendest du ein anderes Programm zum Erzeugen der Einzelbilder, den GifSplitter: *https://minecraft-buch.de/gifsplitter*. Dort gibst du das GIF-Bild und den Ordner mit den Einzelbildern an. Dass das Programm dabei keine PNG-, sondern BMP-Bilder erzeugt, ist egal, denn auch dieses Format funktioniert mit der Panorama-Bild-Generierung, die du wieder in IrfanView aktivierst.

Gibt es GifSplitter nicht mehr, wenn du diese Zeilen liest, dann such im Internet nach einem vergleichbaren Tool mit den Stichwörtern »gif animation extrahieren«.

Wenn IrfanViews Einzelbildgenerierung streikt, verwende ein anderes Tool, z. B. GifSplitter. Achte beim Erzeugen der Animationsdatei darauf, dass alle Einzelbilder dieselbe Auflösung haben.

Scheint dir der Aufwand für eine einfache *Wasser*animation übertrieben zu sein, spiele mit diesem Gedanken: Animationen lassen sich in Minecraft anstelle der normalen Textur auf *jedes beliebige Objekt* projizieren.

Für das folgende Beispiel peppst du den langweiligen schwarzen Obsidianblock etwas auf. Eine passende Glitzeranimation findet sich wieder bei Pixabay in der Kategorie **Videos** mit dem Suchbegriff »glitzern«.

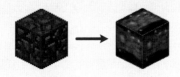

Mithilfe eines Onlinevideokonverters wird aus der MP4-Videodatei wieder ein animiertes GIF-Bild, mit IrfanView/GifSplitter dann die Serie von Einzelbildern und schließlich mit IrfanView die PNG-Animationssequenz wie beim Wasser. Die fertige Datei landet ebenso im Ordner *\assets\minecraft\textures\block* deines Ressourcenpakets, der Name ist aber natürlich *obsidian.png*.

Nun zu einer Besonderheit der Animationen: Zusätzlich benötigt jede Animation neben der eigentlichen PNG-Animation eine Datei mit der Endung *.mcmeta* mit zusätzlichen Informationen. Der vordere Teil des Dateinamens entspricht exakt dem Dateinamen des PNG-Bildes, es entsteht also *obsidian.png.mcmeta*. (Weil Obsidian bisher nicht animiert war, existierte die Datei noch nicht.) Eine Datei dieses *mcmeta*-Typs hast du bereits zu Beginn dieses Kapitels erzeugt, nämlich zur Beschreibung deines Ressourcenpakets. Anstelle des Beschreibungstextes enthält eine Animations-MCMETA-Datei allerdings Einstellungen zur Animation. Öffne deinen Texteditor, und erzeuge eine Textdatei mit folgendem Inhalt:

```
{ "animation":   { } }
```

Speichere die Datei unter dem Namen *obsidian.png.mcmeta* im Verzeichnis *\assets\minecraft\textures\block*. Ab jetzt weiß Minecraft, dass *obsidian.png* keine einfache Textur, sondern eine ausgewachsene Animation enthält.

Zeit für einen Test in Minecraft. Vergiss nicht, das Ressourcenpaket mit [F3] + [T] (gleichzeitig drücken) neu zu laden. Da du natürliches Obsidian nur in den Tiefen der Erde findest, testest du die Animation besser in einer Welt im Kreativmodus und platzierst per Hand einige Obsidianblöcke.

Aber läuft die Animation vielleicht etwas zu schnell? Minecraft spielt sie nämlich mit 20 Einzelbildern pro Sekunde ab. Das ist ein weiterer Grund für die

Metadatei – die Geschwindigkeit steuerst du in der *obsidian.png.mcmeta*-Datei durch Ergänzen eines Parameters:

```
{
  "animation":
  {
    "frametime":  20
  }
}
```

Hiermit verlangsamst du die Animation, sodass jede Sekunde nur ein Animationsschritt (ein sogenannter Frame) dargestellt wird. Die Zahl hinter `frametime` steht für die spielinterne Zeiteinheit *Ticks*. Ein Tick dauert 1/20 Sekunde, 20 Ticks stehen also für eine gesamte Sekunde. Die Standardeinstellung für den Parameter `frametime` (wenn du die Einstellung weglässt) ist 1, und das ist die höchste Geschwindigkeit, mit der Animationen abgespielt werden können: 1 Schritt jede 1/20 Sekunde.

Für die Steuerung der Animation gibt es weitere Parameter, hier eine Liste:

Parameter	Bedeutung	Beispiel
interpolate	Minecraft berechnet eigene Animationszwischenschritte, wenn die `frametime` größer als 1 ist. Unbedingt verwenden für flüssige Animationen!	`"interpolate": true` (`false` ist die Standardeinstellung.)
frames	Liste der exakten Abfolge der Animationsschritte. Zusätzlich kann die Anzeigedauer jedes einzelnen Schritts eingestellt werden: Gib dazu *statt* der `frame`-Nummer eine geschweifte Klammer mit zwei Parametern an: `{ "index":` *frame-Nummer*, `"time":` *Tick-Anzahl* `}`	`"frames": [ 5,4,3,2,1,0 ]` Spielt die sechs Animationsschritte rückwärts ab. `"frames": [ 5,4,3,{ "index": 2, "time": 20 },1,0 ]` Spielt die sechs Animationsschritte rückwärts ab. Der vierte Schritt (Frame 2) wird aber eine ganze Sekunde (`time` = 20 Ticks) lang angezeigt.
frametime	Anzahl der Ticks (1/20 Sekunde), die ein Animationsschritt angezeigt wird, bevor der nächste kommt	`"frametime": 20` (für 1 Sekunde) (1 ist die Standardeinstellung.)

Achte beim Kombinieren mehrerer Parameter auf die richtige Schreibweise der Auflistung (das Komma am Ende eines Parameters), z. B.:

```
{
  "animation":
  {
    "interpolate": true,
    "frametime":  20
  }
}
```

In diesem Beispiel wird pro Sekunde nur ein Frame abgespielt, die Animation läuft also sehr langsam. Damit sie nicht ruckelt, werden zusätzliche Zwischenschritte (`interpolate`) zwischen allen Frames berechnet, ohne dass dafür Einzelbilder in der großen Animationsdatei existieren. Die Animation läuft also langsam und trotzdem sehr flüssig.

Tipp: Die Formatierung in der *.mcmeta*-Datei ist sehr strikt. Du weißt, dass du Klammern, Anführungszeichen oder Kommata falsch gesetzt hast, wenn Minecraft die Datei nicht lesen kann und auf dem Block statt deiner Animation ein schwarz-violettes Schachbrettmuster anzeigt. (Dieses Schachbrettmuster kann auch auf andere Fehler deuten, z. B. ein Problem mit der Texturdatei.)

Einen Lieblingseditor finden

Für Konfigurationsdateien in Minecraft ist es praktisch, einen Texteditor zu benutzen, der sich komfortabel bedienen lässt. Die Standardeditoren deines Betriebssystems sind für die meisten Zwecke ausreichend, aber in Funktionsumfang und Darstellung beschränkt. Dies sind andere beliebte (kostenlose) Editoren, auf die du ein Auge werfen kannst:

- Sublime Text: *https://www.sublimetext.com/*
- Notepad++ (nur Windows): *https://notepad-plus-plus.org*
- TextMate (nur OS X): *https://macromates.com*

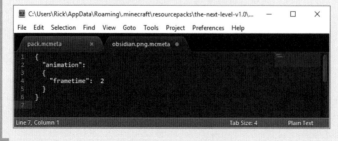

Mit einem Texteditor wie Sublime Text arbeitest du bequemer als mit den Standardeditoren von Windows oder OS X.

3D-MODELLE EINZELNER OBJEKTE ÜBERARBEITEN

Texturen anpassen kann ja jeder. Die Krönung der Bearbeitung deines Ressourcenpakets erreichst du durch Verändern von Minecrafts 3D-Modellen. So werden Quarzsäulen und Kuchen rund und die Bücher eines Bücherregals noch plastischer.

Es gibt aber Beschränkungen:

- ■ Du kannst **keine neuen Objekte** hinzufügen.
- ■ Alle **Eigenschaften** des veränderten Objekts bleiben erhalten, z. B. die Zustände (Truhe oder Tür auf und zu) und die sogenannte Hitbox, der 3D-Bereich um das Objekt, der auf deine Mausklicks reagiert.
- ■ Und ganz ohne **Hilfsmittel** geht es auch nicht.

Die 3D-Daten von Blöcken findest du im entpackten JAR-Paket unter \assets\ minecraft\models\block. Öffnest du die Datei cake.json in einem Texteditor, siehst du, wie komplex die dreidimensionale Beschreibung eines Objekts ist:

```
C:\Users\User\Desktop\assets-1.15\minecraft\models\block\cake.json - Sublime Text            —    □    ×
File  Edit  Selection  Find  View  Goto  Tools  Project  Preferences  Help

◄ ►   obsidian.png.mcmeta   ×   cake.json   ×

 1   {
 2       "textures": {
 3           "particle": "block/cake_side",
 4           "bottom": "block/cake_bottom",
 5           "top": "block/cake_top",
 6           "side": "block/cake_side"
 7       },
 8       "elements": [
 9           {   "from": [ 1, 0, 1 ],
10               "to": [ 15, 8, 15 ],
11               "faces": {
12                   "down":  { "texture": "#bottom", "cullface": "down" },
13                   "up":    { "texture": "#top" },
14                   "north": { "texture": "#side" },
15                   "south": { "texture": "#side" },
16                   "west":  { "texture": "#side" },
17                   "east":  { "texture": "#side" }
18               }
19           }
20       ]
21   }
22

Line 1, Column 1                                          Spaces: 4        JSON
```

Um den Kuchen mit einigen zusätzlichen Pixeln abzurunden, ist anscheinend etwas Tüftelei gefragt. Per Texteditor ist das eigentlich nicht vernünftig umzusetzen. Bei diesem Projekt hilft dir ein spezielles Tool, der *Model Creator* von opl, den du hier herunterlädst: *https://minecraft-buch.de/mc* (immer die letzte Version herunterladen; bei Media Fire Vorsicht mit Werbung; per Google Drive befindet sich der Download-Link oben rechts ⬇).

Der Model Creator ist ein 3D-Editor, mit dem du per Maus an den 3D-Objekten arbeitest und am Ende eine JSON-Datei mit den entsprechenden, durchaus komplexen 3D-Daten exportierst. Zwei Punkte vorweg: Das Programm ist schon etwas älter, funktioniert aber noch mit aktuellen Minecraft-Versionen. Sollte sich das in Zukunft ändern, such im Internet nach »minecraft model creator«, um gegebenenfalls eine neue Version zu finden, die ähnlich funktioniert. Außerdem ist bei dieser Art von Editoren ein bisschen Herumprobieren angesagt. Alle Programmoptionen lassen sich auf diesen Seiten nicht detailliert beschreiben, aber durch das folgende Kuchenprojekt lernst du die wichtigsten Funktionen kennen:

- **Import** des Standardmodells des Kuchens
- **Hinzufügen von zwei Quadern**, die den Kuchen in vier Richtungen etwas »abrunden«
- Aufsetzen und Ausrichten von **Kuchentexturen** auf die Quader
- **Export** des neuen Kuchenmodells in dein Ressourcenpaket

Vorbereitungen zum Programmstart:

Das Model-Creator-Programm muss nicht installiert werden, da es in der Programmiersprache Java programmiert ist, so wie Minecraft. Du startest es mithilfe der Java-Laufzeitumgebung, die mit Minecraft (und dem Minecraft Launcher) mit installiert wurde. Klicke dazu im Minecraft Launcher auf den Tab **Installationen** und auf den Drei-Punkte-Button hinter einer beliebigen Installation, dann auf **Bearbeiten**. Scrolle nach unten, und klicke auf **Mehr Optionen**, dann neben **Java-Programmdatei** auf **Durchsuchen**. Den Pfad oben im Dateidialog kopierst du in deine Zwischenablage.

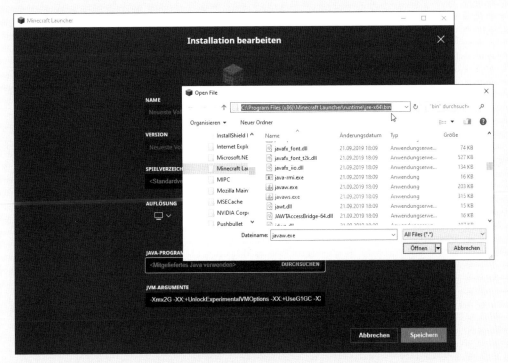

Den ersten Teil des Startbefehls erhältst du über die Java-Konfiguration im Minecraft Launcher. Kopiere den Pfad mit ⌈Strg⌉/⌈cmd⌉ + ⌈C⌉ in deine Zwischenablage.

Konstruiere jetzt in deinem Texteditor den Startbefehl nach diesem Muster. Hier ein Beispiel unter Windows:

```
"C:\Program Files (x86)\Minecraft Launcher\runtime\jre-x64\bin\
java.exe" -jar "Model Creator.jar"
```

1. Der erste Teil ist der Pfad, den du eben in deine Zwischenablage kopiert hast, dann folgt der Name der Java-Laufzeitumgebung \java.exe, den du per Hand ergänzt. All das muss wegen der vielen Leerzeichen in Anführungszeichen gesetzt werden.

2. Hinter dem Java-Start-Befehl teilst du der Laufzeitumgebung mit, welches Java-Programm gestartet werden soll: -jar *JavaProgramm*. Für den Model Creator lautet die heruntergeladene Datei mc-0.7.0.jar (oder vielleicht inzwischen eine andere Versionsnummer).

3. Kopiere den gesamten Befehl mit $\boxed{\text{Strg}}$/$\boxed{\text{cmd}}$ + $\boxed{\text{C}}$ in deine Zwischenablage.

4. Entpacke das heruntergeladene Archiv des Model Creators, z. B. mit einem Doppelklick auf die ZIP-Datei oder mit einem Tool, einem anderen Dateimanager, WinRAR o. Ä.

5. Öffne eine Eingabeaufforderung (oder Konsole oder Terminal), und geh mit dem Befehl cd ins Download- bzw. entpackte Verzeichnis, in das der Model Creator heruntergeladen und entpackt wurde (wahrscheinlich \Model Creator\).

6. Starte das Programm durch Einfügen des Befehls aus der Zwischenlage: $\boxed{\text{Strg}}$/$\boxed{\text{cmd}}$ + $\boxed{\text{V}}$.

Im ersten Schritt rekonstruierst du das Original des Kuchens in deinem Ressourcenpaket. So stellst du sicher, dass sich alle Dateien genau dort befinden, wo sie sein müssen.

■ Kopiere aus der entpackten *assets*-Vorlage aus dem Verzeichnis *assets*\ *minecraft**models**block* die Datei *cake.json* in das exakte, von dir neu erzeugte Unterverzeichnis deines Ressourcenpakets.

■ Kopiere aus der entpackten *assets*-Vorlage aus dem Verzeichnis *assets*\ *minecraft**textures**block* die Texturbilder *cake_bottom.png*, *cake_side.png* und *cake_top.png* an dieselbe Stelle in deinem Ressourcenpaket.

Fehlt eine der Dateien oder ist die JSON-Datei nicht richtig formatiert, stellt Minecraft das berüchtigte schwarz-violette Schachbrettmuster auf dem Kuchenblock dar. Wird der Kuchen nach dem Neuladen deines Ressourcenpakets mit $\boxed{\text{F3}}$ + $\boxed{\text{T}}$ korrekt dargestellt, kann die Bearbeitung des 3D-Modells beginnen:

Starte den Model Creator, und lade das Kuchenmodell über das Menü **File · Open**. Im Dateidialog klickst du dich durch dein Ressourcenpaket *AppData*\ *Roaming**.minecraft**resourcepacks**DeinRessourcenpaket**assets**minecraft*\ *models**block*\ und suchst die Datei *cake.json*, die du eben dorthin kopiert hast. Nach einem Klick auf **Öffnen** siehst du das Kuchenmodell in der 3D-Ansicht.

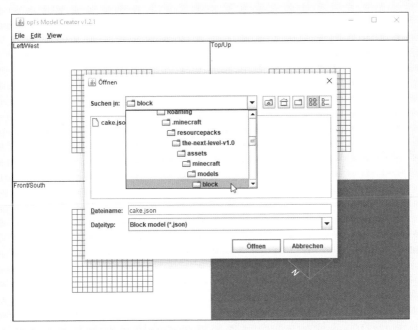

Such aus dem »block«-Verzeichnis die Modelldatei, die du bearbeiten möchtest, z. B. »cake.json«.

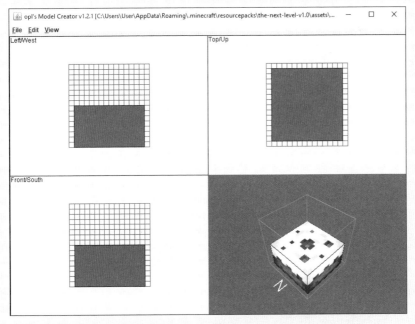

Ist das Modell geladen, siehst du es von links, vorne und von oben. Die dreidimensionale Abbildung lässt sich mit der Maus drehen.

So funktioniert's

Um den Kuchen, einen einfachen Quader, etwas abzurunden, erschaffst du zwei neue, sich überlappende Quader, die an den vier Seiten hervorstehen, wie in der folgenden schematischen Abbildung. (Du könntest auch vier einzelne Quader an die Seiten setzen, das erfordert dann aber weitere Klicks, die du dir mit dieser Methode ersparst.)

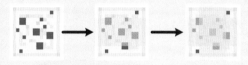

1. Erzeuge den ersten Quader durch Drücken der Taste N (oder den Menüpfad **Edit · New Element**). Er legt sich in allen Ansichten als sehr großer Würfel über den Kuchen.

2. Klickst du in irgendeiner Ansicht auf den Würfel, ist er selektiert, und du siehst an seinen Ecken vier Punkte. Mit der Maus kannst du jeden dieser Punkte per Drag & Drop verschieben.

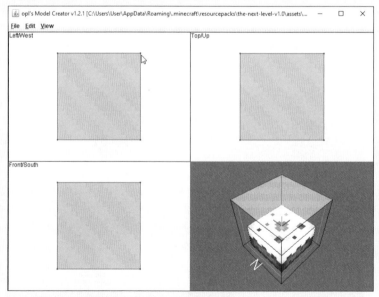

2 Klicke auf den neu erzeugten Würfel, damit er bearbeitet werden kann.

3. Justiere alle Eckpunkte und damit die Form des Würfels so, dass ein an zwei Seiten über den Kuchen herausstehender schmaler Quader entsteht.

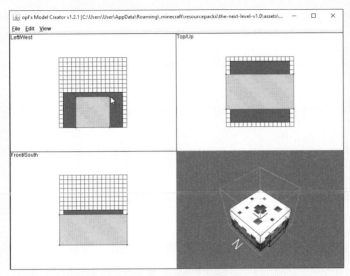

3 Zieh die Punkte in den verschiedenen Ansichten so in Position, dass ein schmaler Quader entsteht, der an zwei Seiten aus dem Kuchen herausragt.

4. Wiederhole das mit einem neuen Element (Taste [N]), und bearbeite es auf gleiche Weise, aber um 90° gedreht. So entstehen am Ende zwei Quader, die an allen vier Seiten über den Rand hinausstehen – die »Abrundung« des Kuchens.

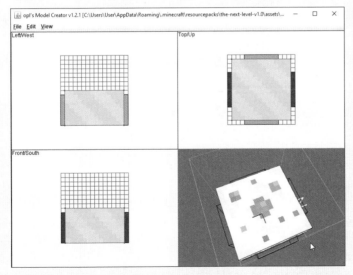

4 Wiederhole das Einfügen eines neuen Elements für einen zweiten Quader in die jeweils andere, um 90° gedrehte Richtung.

Tipp: Mit der rechten Maustaste drehst du das dreidimensionale Modell in der rechten unteren Ansicht. Mit dem Mausrad zoomst du rein oder raus, um das Herausstehen der beiden Quader von allen Seiten zu überprüfen. (Zoomen und Drehen funktioniert auch in den anderen Ansichtsfenstern.)

5. Jetzt fehlen noch die Texturen. Öffne das notwendige Dialogfenster über **View · UV Editor**. Du kannst es an den Rand neben das Hauptfenster platzieren und im Editor weiterarbeiten, während es offen bleibt. Das **UV-Editor**-Fenster zeigt immer die Textur der Fläche an, die du im Haupteditorfenster angeklickt hast.

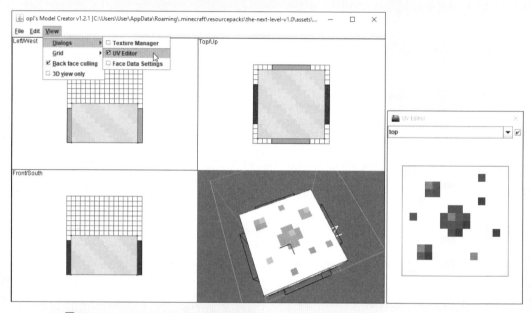

5 Die Zuweisung einer Textur erfolgt über das Fenster »UV Editor«.

6. Klicke auf eine der Quaderflächen, z. B. im Teilfenster **Left/West** (links oben), sodass die Seitenfläche aktiviert ist, und drücke sofort die Taste ⊤. Damit aktualisiert sich das **UV-Editor**-Fenster und zeigt zwar noch keine zugewiesene Textur (denn der Quader ist neu), aber die Dropdown-Liste zur Texturzuweisung lässt sich bedienen. Das siehst du am Dropdown-Listen-Pfeil für die **UV-Editor**-Textur. (Drücke mehrere Male ⊤, um den Unterschied zu sehen.) Klicke auf den Pfeil, und wähle aus der Liste **side** – das ist die schon existierende Seitentextur des Kuchens. Im **UV-Editor**-Fenster siehst du die neue Textur auf der Fläche.

(Das Ganze erfordert etwas Übung: Die Taste ⊤ schaltet die Texturansicht ein oder aus. Klicke zum Testen auf einige andere Flächen, und beobachte, wie sich die Textur im **UV Editor** anpasst.)

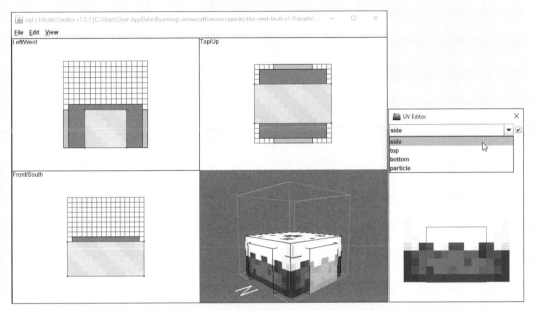

6 Erst nach Drücken der Taste ⊤ werden die Texturen für einzelne neue Flächen aktiviert, und die Dropdown-Liste im UV-Editor-Fenster lässt sich bedienen.

7. Wiederhole diesen Vorgang für alle anderen Flächen: Fläche mit der Maus anklicken, ⊤ drücken, **side** aus der Dropdown-Liste auswählen. Vergiss dabei auch die schmalen Ränder nicht. Für die obere Fläche verwendest du die Textur **top**.

8. Bei den schmalen Rändern und der schmalen Oberseite gibt es noch eine Besonderheit: Die aufgelegten Texturen reichen nicht bis zu Rändern der Flächen. (Das erkennst du in der 3D-Ansicht daran, dass die Fläche noch durchsichtig ist, obwohl du sie aus der Dropdown-Liste ausgewählt hast.) Du musst deshalb die Position der Textur noch etwas korrigieren: Aktiviere eine der Flächen, und zieh die Punktemarkierung im **UV-Editor**-Fenster etwas kleiner, sodass die Kontur innerhalb der Textur liegt. Die Bestätigung siehst du sofort in der 3D-Ansicht: Die Fläche ist nicht mehr durchsichtig.

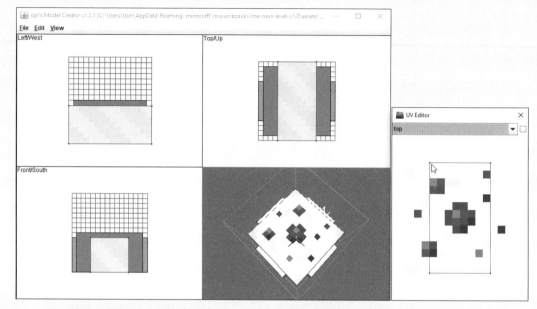

8 Die verschiebbaren Eckpunkte im UV-Editor-Fenster beeinflussen nicht die Form des Quaders, sondern die Ausdehnung der Textur. Verschiebe diese Eckpunkte, um die Textur auf leere Flächenteile auszudehnen.

9. Hast du alle Texturen festgelegt, kannst du dir den fertigen Kuchen in Minecraft ansehen. Drücke dazu ⌨F3 + ⌨T, um dein Ressourcenpaket neu zu laden.

Tipp: *.json*-Modelldateien sind kein Buch mit sieben Siegeln. Alle hier beschriebenen Änderungen kannst du zur Not auch im Texteditor durchführen. Dabei achtest du besonders auf die Regeln für eckige und geschweifte Klammern und Anführungszeichen. Die wichtigsten Parameter siehst du bereits in der Kuchendatei: eine Liste quaderförmiger Elemente (Dimensionen: `"from"` bis `"to"`) mit Flächen in alle Richtungen, die mit Texturen belegt sind (`"up"`, `"west"` etc.). Der Verweis auf die Textur-PNG-Bilddateien steht im Bereich `"textures"`.

Achtung Fehler: Die für diese Beschreibung vorliegende Version des Model Creators hat einen Bug, der für einen kleinen Fehler in der *.json*-Datei sorgt. Das Problem erkennst du, wenn du in Minecraft statt des Kuchens einen Block mit schwarz-violetter Textur siehst. Die Lösung: Öffne die Datei *cake.json* in einem Texteditor, und such einen Parameter ohne Anführungszeichen, hier ist das down. Setze links und rechts neben den Parameter Anführungszeichen, speichere die *.json*-Datei, und lade das Ressourcenpaket erneut mit F3 + T.

```
C:\Users\User\AppData\Roaming\.minecraft\resourcepacks\the-next-level-v1.0\assets\minecraft\models\block\cake.json • -...        —    □    ×
File   Edit   Selection   Find   View   Goto   Tools   Project   Preferences   Help
◀ ▶      cake.json        ●                                                                                      ▼
     particle : block/cake_side
 9       },
10       "elements": [
11           {
12               "from": [1,0,1],
13               "to": [15,8,15],
14               "faces": {
15                   "up": {
16                       "uv": [1,1,15,15],
17                       "texture": "#top"
18                   },
19                   "down": {
20                       "texture": "#bottom",
21                       "cullface": down
22                   },
23                   "west": {
24                       "texture": "#side"
25                   },
26                   "east": {
     Line 21, Column 33                                                      Spaces: 4        JSON
```

Gute Texteditoren markieren automatisch, wenn etwas mit einer ».json«-Datei nicht stimmt (hier in Sublime Text in Rot). Der Parameter »down« in diesem Beispiel muss in Anführungszeichen stehen: »"down"«. In diesem Fall wurde der Anführungszeichenfehler durch einen Programmbug erzeugt.

Der Kuchen war ein einfaches Beispiel, wie du beliebige 3D-Objekte aus dem *block*-Ordner manipulieren kannst. Wie wäre es z. B. mit runden Quarzsäulen? Oder vielleicht einem Schallplattenspieler, der nicht wie eine Heizung mit Münzeinwurfschlitz aussieht? Den richtigen Block erkennst du entweder am Dateinamen, oder du lädst (importierst) einige JSON-Dateien in den Model Creator, um sie wiederzuerkennen.

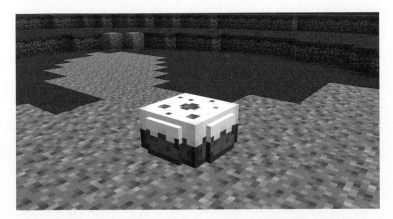

MIT EIGENEN GEMÄLDEN DEKORIEREN

Gemälde lassen sich prima zur Dekoration einsetzen, aber die 26 verfügbaren Standardbilder (plus ein Bild für die Rückseite) sind nicht unbedingt jedermanns Geschmack. Da sie Bestandteil deines Ressourcenpakets sein können, bist du nur ein paar Mausklicks davon entfernt, eigene Kunstwerke zu verwenden. Alle Gemälde befinden sich im Ordner *\assets\minecraft\ textures\painting*.

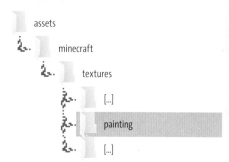

So passt du Gemäldebilder an:

1. Kopiere die PNG-Dateien aus *\assets\minecraft\textures\painting* aus dem Vorlagen-Ressourcenpaket an die gleiche Stelle deines Ressourcenpakets.

2. Ersetze die Bilder durch eigene Kunstwerke. Achte darauf, dass sie den gleichen Dateinamen behalten.

   Der Dateiname ist entscheidend dafür, auf welche Fläche ein Gemälde gesetzt werden kann. *pointer.png* ist beispielsweise für 4 × 4 Blöcke vorgesehen, *plant.png* für einen Block. Die jeweilige Größe erkennst du an der Auflösung der Originale: Pro Block sind in den Standardbildern 16 Pixel vorgesehen. 4-×-4-Blöcke-Gemälde haben also eine Auflösung von 64 × 64 Pixeln. Wie hoch aufgelöst *deine* Bilder sind, ist egal. Sie werden aber immer auf die Anzahl der Blöcke projiziert, die durch den Dateinamen reserviert sind.

Deine Bilder können beliebig hohe Auflösungen haben. Lediglich die Anzahl der Blöcke, auf die das Gemälde mit einem bestimmten Dateinamen projiziert wird, ist festgeschrieben.

Ein riesiges Bild kombinieren

Mit einem Trick hängst du in Minecraft auch riesige Poster an die Wand. Dabei zerschneidest du dein riesiges Originalbild in viele Einzelteile, die du in den verschiedenen PNG-Dateien speicherst. Achte dabei auf die Originalgröße bzw. die Blöcke, die jedes der Bilder besetzt. Die Größen findest du in dieser Tabelle: *https://minecraft-buch.de/paintings*. Etwas mühsam ist dann noch das Zusammensetzen des großen Bildes, da es von einem Zufallsgenerator abhängt, welches Gemälde gerade in den verfügbaren Platz gesetzt wird.

SOUNDS AUSTAUSCHEN

Dir ist das qualvolle Stöhnen eines Zombies nicht gruselig genug? Spinnen klingen, als würden sie Suppe schlürfen? Und die Melodien von Minecrafts Hausmusiker C418 werden auf die Dauer eintönig? Werde Musikproduzent und Soundtechniker, und belebe Minecrafts Welten mit deinen eigenen Werken. Alles, was du dafür brauchst:

- **akustisches Material**, also Musik, Sounds etc. – entweder selbst aufgenommen oder aus kostenlosen Quellen im Internet bezogen
- etwas Geschick bei der **Audiobearbeitung**
- das Wissen um die **Verzeichnisse und Dateinamen**, in denen Musik und Geräusche in deinem Ressourcenpaket gespeichert werden

Am Beispiel des Zombiestöhnens lässt sich diese Ressourcenpaket-Erweiterung sehr gut nachvollziehen:

1. Besorge dir ein bis drei neue Stöhngeräusche für den Zombie, z. B. über diese Website: *https://minecraft-buch.de/zombie-sound*. Nachdem du einen passenden Sound gefunden hast, musst du dich gegebenenfalls registrieren (Button oben rechts), um ihn herunterzuladen. Das ist natürlich kostenlos.

1 Auch Sounddateien findest du reichlich im Internet, wie auf dieser Beispiel-Website. Achte aber darauf, dass du keine Urheberrechte verletzt. Im Bild siehst du das an den Lizenzhinweisen oben rechts (»licenses«).

Sounds selber aufnehmen

Andere Möglichkeit, um an Sounds zu kommen: Du nimmst das Zombiestöhnen mit deinem Computermikrofon oder Handy selbst auf. Am PC verwendest du z. B. ein Programm wie *Audacity* (das lernst du etwas später genauer kennen). Für eine Handyaufnahme achtest du auf diese Punkte:

- **Installiere eine von den Benutzern möglichst hoch bewertete App**, die du mit den Suchbegriffen »audio recorder« findest. Von ihnen gibt es selbst kostenlos eine riesige Auswahl. Es ist auch möglich, dass eine Recorder-App schon auf deinem Telefon vorinstalliert ist.

- **Stell das Telefon stumm, und schalte den Flugzeugmodus ein**. Ein Anruf, eine Kalendererinnerungsvibration oder auch einfach nur Funkinterferenzen ruinieren deine Aufzeichnung.
- **Achte auf die richtige Position zum Mikrofon**. Rede niemals direkt hinein, weil man sonst Atemgeräusche und andere Effekte hört, sondern sprich am Mikrofon vorbei.
- Viele Apps zeigen dir anhand eines Balkens die **Aussteuerung** – die Lautstärke, mit der du aufnimmst. Am besten ist deine Aussteuerung etwas niedriger als das Maximum. Bist du darüber, ist deine Aufnahme *übersteuert* und wird verzerrt klingen (der Balken wird dann meistens rot). Bist du weit darunter, wird dein Zombiestöhnen im Vergleich zu anderen Minecraft-Sounds sehr leise klingen. Notfalls reparierst du die Aussteuerung (sogenannte *Normalisierung*) über ein Tool zur Soundbearbeitung wie Audacity (siehe Seite 353).
- Nutze die **Teilen**-Funktion der Aufnahme-App, um dir deine Audioclips per E-Mail oder Pushbullet o. Ä. selbst zu schicken. So musst du das Handy nicht umständlich per USB an den Rechner anschließen oder eine Bluetooth-Synchronisation starten.

2. Falls die Geräuschdateien noch nicht im richtigen Format vorliegen, konvertiere sie in das für Minecraft notwendige Format: OGG. Dazu musst du nicht einmal eine Software installieren, Konverter gibt es wieder im Internet. Solange du aufpasst, nicht versehentlich auf Werbeeinblendungen zu klicken, kommst du auf dieser Website schnell zurecht: *https://minecraft-buch.de/audio-converter*: (**1**) die Datei zum Hochladen angeben, (**2**) das Dateiformat **OGG** anwählen und schließlich (**3**) **konvertieren** und herunterladen.

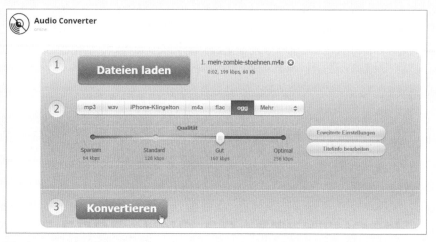

2 Für viele Dateiformatkonvertierungen musst du keine Programme auf deinem Rechner installieren, im Internet findest du solche Konverter leicht über jede Suchmaschine.

3. Lade die konvertierte Sounddatei herunter, gib ihr einen sinnvoll klingenden Namen für deine eigene übersichtliche Organisation (*Zombie-Gestöhn-quietschend-und-grummelnd-laut.ogg*). Leg das Geräusch in einem Ordner abseits von Minecraft ab.

4. Jetzt kopierst du die Datei in den Ordner *assets\minecraft\sounds\mob\zombie* deines Ressourcenpakets (leg die notwendigen Unterordner an) und benennst sie um.

   Benenne die Datei um in einen besonderen Minecraft-spezifischen Namen *say1.ogg*. Leg dann mit [Strg] + [C] und [Strg] + [V] zwei Kopien an, und benenne sie *say2.ogg* und *say3.ogg*. Zombies haben nämlich drei verschiedene Stöhngeräusche im Repertoire. *say* ist eine Art »Standardgeräusch« eines Lebewesens.

5. In Minecraft lädst du das Ressourcenpaket mit ⟦F3⟧ + ⟦T⟧ neu und begibst dich am besten in eine Kreativmodus-Welt, um für den Soundtest ein paar Zombie-Spawn-Eier zu werfen.

Das Einklinken eigener Sounds ist also nicht kompliziert und kann deinem Ressourcenpaket und deiner Minecraft-Welt eine besondere Atmosphäre verleihen. Der Haken: Man muss wissen, in welchem Unterordner die Geräuschdateien liegen und wie sie heißen. Das herauszufinden ist etwas knifflig:

1. Der erste Schritt, um herauszufinden, welche Dateien/Dateinamen im Ressourcenpaket für welche Geräusche stehen, findest du *nicht im Vorlagen-Ressourcenpaket*, sondern direkt in deiner Minecraft-Installation unter *%appdata%\.minecraft\assets\indexes*: *<Minecraft-Versionsnummer>.json* (z. B. *1.16.x.json*, das x steht für eine Unterversion). Öffne die Datei in einem Texteditor, und such nach »sounds.json«. Du findest einen Eintrag, der so aussieht:

```
"minecraft/sounds.json": {"hash":
"8cb2c71698a0df8591b8ebe87d4067e49a6b922b", "size": 203886}
```

1 Im ersten Rechercheschritt suchst nach dem sogenannten Hashwert der Datei »sounds.json«. In dieser Datei sind alle Geräusche gelistet; ein Hash ist eine besondere Codierung für einen Dateinamen.

2. Merke dir die ersten beiden Zeichen (hier »8c«), und such in *%appdata%\.
   minecraft\assets\objects* genau denselben Ordnernamen *8c*. (Achte auf die
   Sortierung der Ordnerliste, der Ordner ist *garantiert* vorhanden.)

3. Öffne in diesem Ordner mit einem Texteditor die Datei mit der *gesamten
   sounds.json*-ID (ein sogenannter Hash). In dem Beispiel von oben wäre das
   8cb2c71698a0df8591b8ebe87d4067e49a6b922b.

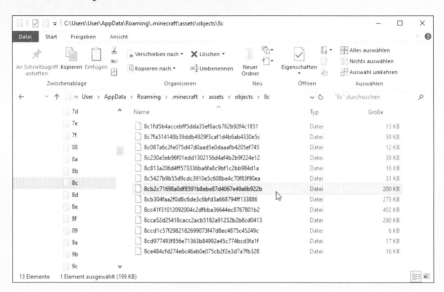

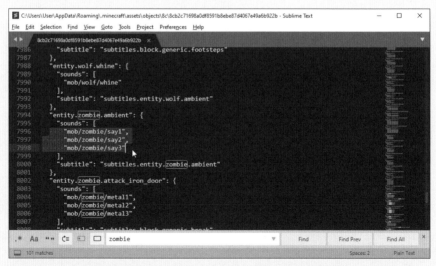

In der »index«-Datei mit dem Hashwert der »sounds.json«-Datei findest du alle Zuweisungen
von Dateinamen und Geräuschen.

In deinem Texteditor blätterst du durch vielen Referenzen zu Sounddateien und ihrer Verwendung – leider nicht besonders übersichtlich. Aber aufgrund des Pfad- und Dateinamens errätst du leicht, um welches Geräusch es sich handelt, z. B. *mob/enderdragon/wings1* bis *wings6* für die Flügelschläge des Enderdrachen oder *chest/close* für das Schließen einer Truhe.

Kleine Audionachbearbeitung mit Audacity

Richtig gute Aufnahmen mit dem Handy- oder PC-Mikrofon hinzubekommen ist schwierig, schon allein wegen der perfekten Aufnahmelautstärke. Eine kostenlose Software für alle Computer hilft bei der nachträglichen Verbesserung der Originalaufnahme: *Audacity* (*https://minecraft-buch.de/audacity*).

Installiere Audacity, öffne deine zu bearbeitende Sounddatei über das Menü **Datei • Öffnen**, und sieh dir einige der wichtigsten Bedienelemente in den folgenden Abbildungen an.

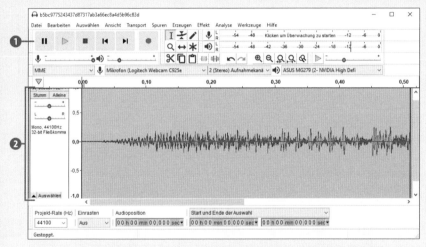

Tipp: Du kannst in Audacity auch die existierenden Minecraft-Sounds bearbeiten (Vorsicht mit der Lizenz). Du findest sie wie die Datei »sounds.json«: Such in »Minecraft-Version. json« nach dem Sounddateinamen, den du in der Datei »sounds.json« gefunden hast, z. B. »zombie/say1«. Den dort gelisteten Hash suchst du wieder als Ordner-Dateinamen-Kombination im »\objects\«-Verzeichnis. Kopiere die Datei an einen anderen Ort, ergänze ».ogg« am Dateinamen, und öffne sie in Audacity.

❶ Buttons für **Aufnahme, Stopp, Wiedergabe und Vor- und Zurückspulen**: Die aktuelle Position in der Tonspur erkennst du an einem vertikalen Strich, der beim Abspielen zügig von links nach rechts wandert.

❷ Die **Tonspur**, je nach Datei und Aufnahme in zwei Stereokanäle für links und rechts unterteilt. In der Regel wirken sich Bearbeitungen auf beide Kanäle gleichzeitig aus.

③ Auswahlwerkzeug $\boxed{\text{I}}$: Verwendest du, um mit der Maus einen Bereich in der Tonspur zu markieren.

④ Verschiebewerkzeug $\boxed{\leftrightarrow}$: Hiermit verschiebst du mit der Maus einen Bereich in der Tonspur an der Zeitachse nach hinten oder vorn.

⑤ Zoome in die Tonspur hinein oder heraus, der vierte Button $\boxed{\text{Ω}}$ ist besonders praktisch, da er die gesamte Tonspur exakt auf die Fensterbreite verteilt.

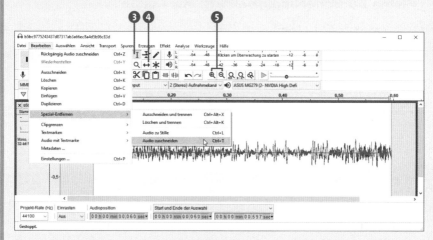

1 Sound beschneiden: Wechsle zum »Auswahlwerkzeug« $\boxed{\text{I}}$, und markiere mit der Maus genau den Bereich, in dem dein Zombie stöhnt, sodass aufgenommene Mausklicks und zu lange Pausen nicht markiert sind. Über das Menü »Bearbeiten« ▪ »Spezial-Entfernen« ▪ »Audio zuschneiden« schneidest du, und es bleibt nur die Auswahl übrig. Jetzt wechselst du zum »Verschiebewerkzeug« $\leftrightarrow$ und ziehst die Auswahl nach links, sodass der Sound wieder bei Sekunde 0 beginnt.

Audacity ist vollgepackt mit Funktionen und Features, mit denen du Sounds bearbeitest oder sogar verfremdest. Wenn du etwas Zeit hast, probiere insbesondere die vielen Kommandos im Menü **Effekt** aus – da sind spannende Befehle enthalten, die dein Zombiestöhnen noch stärker verfremden.

Für die grundsätzliche Optimierung des Zombiestöhnens benötigst du aber nur zwei fundamentale Funktionen: als Erstes das Beschneiden des Sounds, um den Anfang und das Ende exakt zu bestimmen. Ist das Geräusch im Vergleich zu anderen zu leise, kommt als Zweites die sogenannte *Normalisierung* ins Spiel. Mit ihr verstärkst du zu leise Aufnahmen auf die optimale Lautstärke.

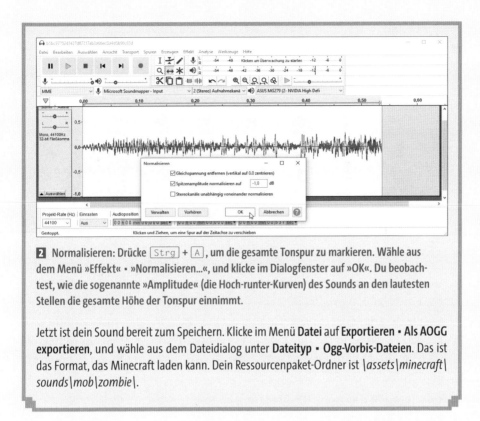

2 Normalisieren: Drücke `Strg` + `A`, um die gesamte Tonspur zu markieren. Wähle aus dem Menü »Effekt« ▪ »Normalisieren...«, und klicke im Dialogfenster auf »OK«. Du beobachtest, wie die sogenannte »Amplitude« (die Hoch-runter-Kurven) des Sounds an den lautesten Stellen die gesamte Höhe der Tonspur einnimmt.

Jetzt ist dein Sound bereit zum Speichern. Klicke im Menü **Datei** auf **Exportieren** ▪ **Als AOGG exportieren**, und wähle aus dem Dateidialog unter **Dateityp** ▪ **Ogg-Vorbis-Dateien**. Das ist das Format, das Minecraft laden kann. Dein Ressourcenpaket-Ordner ist *assets**minecraft**sounds**mob**zombie*\.

SCHRIFT UND TEXTE ANPASSEN

Nach Texturen, 3D-Objekten und Sounds endet dieses Kapitel mit der letzten Disziplin für Ressourcenpakete: dem Anpassen von Texten und sogar der Schrift. Während man ein Aufpeppen der Schrift in vielen Ressourcenpaketen antrifft, ist eine Textänderung eher ungewöhnlich, da es doch eine einwandfreie deutsche Übersetzung gibt, zu der viele Freiwillige beigetragen haben. Aber wie wäre es mit einer bayerischen, badischen, sächsischen oder plattdeutschen Variante? Also eher ein Spaß, den man zur Liste der Übungen zählt, um herauszufinden, wie Minecraft funktioniert und wo sich bestimmte Dateien befinden.

Für Textanpassungen gibt es drei unterschiedliche Ansätze:

■ **nicht übersetzte Texte anpassen** (Dazu zählen die Abspänne, nachdem der Spieler den Enderdrachen getötet hat, und die sogenannten *Splashes*, die Slogans, die im Titelbildschirm über dem Minecraft-Logo eingeblendet werden.)

Diese Texte findest du im extrahierten Vorlagen-Ressourcenpaket unter *\assets\minecraft\texts*. *end.txt* ist der Abschlussdialog, *credits.txt* die Liste der Entwickler, und *splashes.txt* enthält die Slogantexte. Kopiere die Dateien, die du anpassen möchtest, an dieselbe Stelle in deinem Ressourcenpaket, und bearbeite sie mit einem Texteditor. Dann startest du Minecraft neu, um die Änderungen zu sehen (das Aktualisieren des Ressourcenpakets genügt in diesem Fall nicht).

■ **existierende deutsche Übersetzung ändern**

■ **neue Sprache hinzufügen**

Die letzten beiden Punkte sind etwas aufwendiger: Für das *Ändern der deutschen Texte* suchst du dir zuerst die deutsche Sprachdatei in deiner Minecraft-Installation heraus, da sie nicht Teil des Vorlagen-Ressourcenpakets ist. Das erfordert etwas Detektivarbeit. (Beachte, dass sich die Art der Speicherung im Laufe der Minecraft-Version leicht geändert hat und vielleicht auch in Zukunft etwas ändert. Dies ist ein Beispiel für die Minecraft-Versionen 1.15.x und 1.16.x.)

1. Öffne die Datei *%appdata%\.minecraft\assets\indexes\<Versionsnummer>.json* im Texteditor.

2. Such mit den Funktionen des Editors nach der Übersetzungsdatei »minecraft/lang/de_de.json«. Dahinter steht die Referenz, der Hash auf die programminterne Datei, die die deutschen Übersetzungen enthält.

3. Notiere dir die ersten zwei Buchstaben und Ziffern der kryptischen Referenz, und such den passenden Ordner unter *%appdata%\.minecraft\assets\objects*, der mit den ersten beiden Zeichen/Buchstaben beginnt.

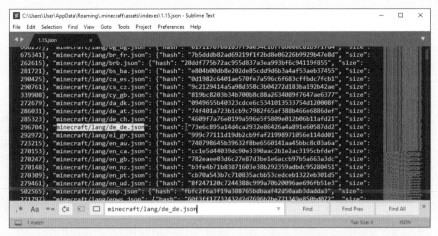

2 Die JSON-Datei im »indexes«-Verzeichnis enthält alle internen Minecraft-Objektverweise; die Übersetzungsdateien findest du über eine Suche nach »minecraft/lang/de_de.json«.

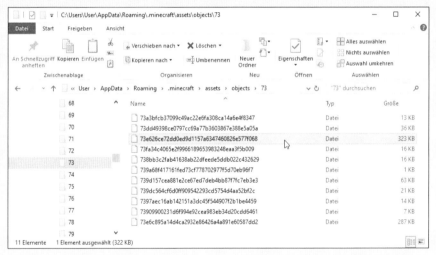

3 Das deutsche Übersetzungsoriginal findest du im »objects«-Ordner. Kopiere es in dein Ressourcenpaket, und benenne es um zu »de_de.json«.

4. In diesem Ordner findest du nun eine Datei, deren Name genau der Hashreferenz entspricht. Kopiere sie mit ⌨Strg + ⌨C in deine Zwischenablage, leg sie mit ⌨Strg + ⌨V in deinem Ressourcenpaket unter \assets\minecraft\lang ab, und benenne sie um in *de_de.json*.

Nun kannst du diese neue *de_de.json*-Datei öffnen und nach Herzenslust alle Texte anpassen. Damit du sie in Minecraft aktualisiert siehst, lädst du wie immer dein Ressourcenpaket neu.

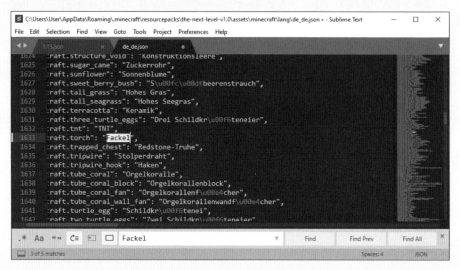

In deiner zur Bearbeitung kopierten Datei »de_de.json« änderst du nach Belieben alle Texte, aber nur den Teil, der hinter dem Doppelpunkt und zwischen den Anführungszeichen steht.

Willst du eine *neue Sprache* erzeugen, für dieses Beispiel »Fachchinesisch«, kopierst du die Datei *de_de.json* und gibst ihr einen beliebigen Namen, z. B. *de_fc.lang*. Jetzt bearbeitest du die globale Ressourcenpaket-Metadatei *pack. mcmeta* im Texteditor und ergänzt unter der Paketbeschreibung einen neuen JSON-Block, der die zusätzliche Sprache anmeldet. Die neue *pack.mcmeta*-Datei sieht dann so aus:

```
{
  "pack":
  {
    "pack_format": 5,
    "description": "Rick\u0027s The Next Level 64x64 pack"
  },
  "language":
  {
    "de_fc":
    {
      "name":"Fachchinesisch",
```

```
      "region":"Deutschland",
      "bidirectional":false
    }
  }
}
```

Aktualisierst du nun das Ressourcenpaket in Minecraft und klickst in den **Optionen** auf **Sprache ...**, erscheint die neue Sprache an der alphabetisch geordneten Position. Wählst du sie aus, verwendet Minecraft ab sofort die Inhalte aus *de_fc.json*.

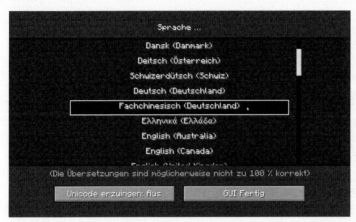

Ist die neue Sprache aktiviert, passt du die Inhalte in der Sprachdatei an. Änderungen siehst du aber nur, nachdem du Minecraft neu startest.

Etwas spannender ist das Anpassen von Minecrafts spielinterner Schrift. Dabei werden keine der üblichen TTF- oder OTF-Schriftformate eingesetzt, wie du sie auf deinem Rechner installiert hast, sondern alle verwendeten Zeichen befinden sich in einer flachen Bilddatei, wiederum im PNG-Format.

Im Vorlagen-Ressourcenpaket findest du unter *\assets\minecraft\textures\font* eine Reihe von Dateien:

- *ascii.png*: das Schriften-PNG für die meisten Sprachen
- *ascii_sga.png*: Schriften-PNG für die galaktische Standardsprache, die für Verzauberungen herangezogen wird
- *unicode_page_xx.png*: Schriften-PNGs für exotischere Sprachen und andere Zeichensätze

Für dich dreht sich alles um die Datei *ascii.png*, die du erst einmal in denselben Ordner in deinem Ressourcenpaket kopierst und dann in GIMP öffnest.

Hier nimmst du nun Änderungen an den einzelnen Buchstaben, Ziffern und Zeichen vor. Allein die weiße Farbe kommt zum Einsatz, da Minecraft sie spielintern als Basis für alle anderen Schriftfarben verwendet. Da die weiße Schriftfarbe auf dem transparenten Hintergrund nicht leicht zu erkennen ist, zoomst du mit der kleinen Dropdown-Liste an der unteren Kante des Fensters auf 800 % hinein und änderst über das Menü **Bearbeiten · Einstellungen · Oberfläche · Anzeige** den **Schachbrett-Stil** auf **Nur Schwarz** oder **Dunkle Quadrate**. Wähle nun den Stift als Werkzeug, stell sicher, dass er eine Größe von nur **1** Pixel hat, und wechsle zur weißen Vordergrundfarbe, um neue Pixel zu setzen.

Erst nachdem du den transparenten Hintergrund in GIMP als schwarze Farbe anzeigen lässt, ist eine sinnvolle Bearbeitung der Schriftenbilddatei möglich.

Vorsicht: Halte die unsichtbaren Grenzen der Zeichen ein, sonst kommt Minecraft mit dem Trennen der Buchstaben durcheinander und die Darstellung im Spiel verrückt ins Nichterkennbare.

Stell den Stift auf den Modus **Farbe entfernen** (statt **Normal**), um Pixel zu löschen, das heißt, du machst sie wieder transparent. Über das Menü **Datei · ascii.png überschreiben** sicherst du deine Arbeit.

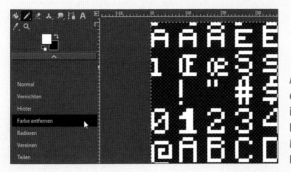

Arbeite immer mit dem Stift mit einer Größe von »1,00«, entweder im Modus »Normal«, um weiße Buchstaben zu malen, oder im Modus »Farbe entfernen«, um Pixel wieder zu löschen.

Besonders viel Spielraum hast du nicht in der Standard-*ascii.png*-Datei, aber das Schriftenbild lässt sich, ähnlich wie Gemälde, problemlos auf eine höhere Auflösung umstellen, um auch Buchstaben und Zeichen detaillierter zeichnen zu können. In GIMP machst du das so:

1. Wähle aus dem Menü **Bild · Bild skalieren** ▣.
2. Gib die neue Breite und Höhe ein, z. B. 512 × 512 Pixel.
3. Wähle in der Dropdown-Liste **Interpolation** den Eintrag **Keine**. Das ist wichtig, sonst rechnet GIMP unscharfe Kantenübergänge an die Buchstaben. Minecraft könnte die Schrift dann nicht mehr korrekt erkennen.

Beim Skalieren von pixelgenauen Bildern wählst du unter »Interpolation« immer »Keine«, damit die Kanten scharf bleiben.

4. Klicke auf **OK**, zoome noch weiter ins Bild, und bearbeite die Zeichen, um die Datei danach wieder per **Datei · ascii.png überschreiben** zu sichern und mit aktualisiertem Ressourcenpaket in Minecraft zu testen.

BÜHNENBILDNER – EIGENE ABENTEUER-WELTEN ENTWERFEN

Du kannst Minecraft-Biome im Überlebensmodus erforschen, imposante Bauwerke erschaffen und raffinierte Redstone-Schaltungen im Kreativmodus ausprobieren, aber ein besonderer Modus erlaubt dir, die Spannung und Kreativität des Spiels ganz anders zu erleben, und zwar am besten mit anderen Mitspielern: der Abenteuermodus, in dem Spieler grundsätzlich keine Blöcke abbauen oder setzen können. Denn ihn aktivierst du, wenn du deine Freunde in eine selbst geschaffene Abenteuerwelt schickst, mit einer dramatischen Story, fiesen Fallen, knackigen Puzzles und vielleicht sogar mit neuen Gegenständen und Charakteren, alles natürlich im Look deines eigenen Ressourcenpakets. Auf diesen Seiten wirst du alles aus den vorangegangenen Kapiteln Erlernte zusammenführen. Plane deine eigene Welt, zuerst mit niedergeschriebenen Ideen auf einem Blatt Papier, dann Schritt für Schritt mit den richtigen Tools am Rechner. So entsteht eine spannende Abenteuerwelt, die du vielleicht auf einem Multiplayer-Server für Spieler auf der ganzen Welt öffnest oder zum Download anbietest.

PLANUNG

Es gibt zwei Wege, ein tolles Abenteuer zu erschaffen. Einige Minecraft-Konstrukteure fangen einfach an und sehen mit der Zeit, wohin die Reise führt. Die anderen setzen sich erst mal hin und machen sich Gedanken über das Wer, Was, Wo und Warum — auch keine schlechte Idee. Nimmst du dir etwas Zeit für die Planung deines Abenteuers, wirst du damit nicht nur zum Bühnenbildner, sondern auch zum Regisseur. Du konstruierst ein eigenes kleines Universum mit eigenen Regeln und führst Mitspieler durch eine Geschichte. Die wird nicht wie ein Film abgespult, sondern enthält interaktive Elemente, die den Charakter des Minispiels bestimmen. Diese Richtungen bieten sich besonders an:

■ **Abenteuer/Adventure**

Diese Spielrichtung erinnert am stärksten an Indiana-Jones- oder Lara-Croft-Filme und enthält eine Storyline mit vielen kleinen Herausforderungen.

■ **Überleben/Survival**

Ähnlich wie der normale Überlebensmodus von Minecraft, aber mit deiner eigenen spielerischen Note. Berühmte Klassiker sind einsame Inseln und die legendäre Minecraft-Welt *Skyblock*, in der der Spieler auf ein paar Erdblöcken in schwindelnder Höhe ausgesetzt wird und nichts hat außer einem Baum, einem Eimer Lava und einem Eisblock.

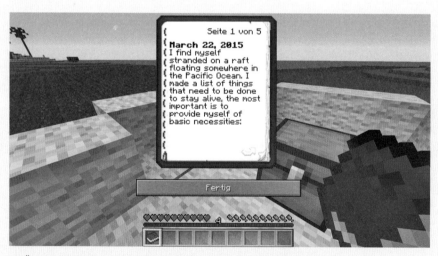

Die Überlebenswelt »Stranded Raft« setzt den Spieler auf einer einsamen Insel aus – die Herausforderung ist, mit den begrenzten Ressourcen zurechtzukommen.

■ Parcours/Parkour

Fordert die Geschicklichkeit der Spieler heraus, z. B. mit waghalsigen Kletterpartien an Ranken oder Plattformspringen. Noch fieser: von Säule zu Säule springen zu müssen, wenn diese 100 Blöcke hoch sind. Platzierst du das alles im Nether, setzt du vielleicht einen Seelenanker als Hilfe für die Spieler ein.

■ Rätsel/Puzzle

Veranstalte eine Schnitzeljagd, bei der du Hinweise in der Landschaft versteckst, z. B. ein Schild mit den Worten »Nächster Hinweis: beim Löwenkopfberg«. Oder schick die Spieler nacheinander in verschiedene Räume mit raffinierten Redstone-Maschinen. Mithilfe von Knöpfen, Hebeln oder Rahmenschlüsseln (siehe ab Seite 80) werden dann Worträtsel oder Trickfragen gelöst. Mit Minecraft 1.16 hinzugekommenes spannendes Item: Der Zielblock, mit dem Spieler durch präzises Zielen eines Pfeiles die Wirkung einer Redstone-Maschinerie beeinflussen.

Originelle Idee: In der Puzzlewelt »30 Ways to die« findest du 30 kreative Wege, deiner Spielfigur das Leben auszuhauchen.

■ PvE – Player versus Environment

Eine besonders feindliche Umgebung, in der es alles auf die Spieler abgesehen hat, macht ihnen das (Über)Leben schwer. Das ist nicht auf Monster beschränkt, sondern kann auch ein Labyrinth mit Lavafallen sein.

■ PvP – Player versus Player

Alle Spieler bewaffnen sich bis an die Zähne und machen sich gegenseitig das Leben schwer. Die Kunst liegt darin, diese Welt so zu gestalten, dass auch Taktik und Strategie wichtig sind, z. B. mit Versteckmöglichkeiten, Engpässen, Hinterhalten.

Weitere Variationen sind großflächige Arenen, in denen sich Spieler gegenseitig die Köpfe einschlagen, Labyrinthe, aus denen es gilt zu entkommen, und Horrorthriller, in denen der Spieler ein gruseliges Gebäude mit vielen Schreckeffekten besucht.

Die interessantesten Spiele kreierst du mit einer Kombination aus diesen Spielrichtungen. Denk z. B. an spannende und abwechslungsreiche Abenteuerfilme wie die mit Indiana Jones und daran, welchen Herausforderungen sich der Held im Laufe der Story stellen muss. Und da beginnt schon die Planung deines Abenteuers. Nimm dir ein paar karierte Blätter Papier (oder einen Laptop mit Texteditor), und setz dich unter einen Baum. Spiele mit Ideen und Gedanken um diese Themen:

1. **Art des Spiels**: Abenteuer, Puzzle oder eine Mischung? Gibt es Belohnungen? Besondere Erfolgserlebnisse?

2. **Spiele mit der Storyline**: Welche Geschichte erzählst du? Womit beginnt sie? Womit hört sie auf?

3. **Zeichne Karten**: Wie groß soll die Welt werden? (Fang erst mal klein an.) Irgendwelche spektakulären Landschaftselemente oder Bauwerke?

4. **Entwirf Puzzles**: Mit Redstone und/oder Befehlsblöcken lässt sich fast jede Idee umsetzen.

Hier ein paar konkrete Tipps:

■ **Geschichte/Storyline**
Eine spannende Geschichte ist das A und O eines guten Abenteuers. Sie sollte einen Anfang, ein Ende (ein Schatz, ein Feuerwerk) und kurz vor dem Ende einen Höhepunkt haben, wie ein gutes Buch, das man nicht weglegen kann, oder ein spannender Film. Mach die Geschichte aber nicht zu kompliziert, da du in Minecraft außerhalb von Büchern, Schildern und Dialogen nicht viele Möglichkeiten hast, sie zu *erzählen*. Und nur die wenigsten Spieler lesen am Anfang zehn voll beschriebene Bücher, um eine Handlung zu verstehen. Ein guter Tipp ist deshalb *Zeigen statt Erzählen*. Beispiel: Im Survival-Spiel *Stranded Raft* befindet sich der Spieler zu Beginn unter Wasser! Er paddelt an die Oberfläche und klettert dort in ein Rettungsboot. Für den Spieler ist das Durchspielen dieser Sequenz viel spannender als irgendein Einleitungstext über ein untergegangenes Schiff.

■ **Höhepunkt**
Zu einer klassischen Geschichte gehört auch ein Höhepunkt oder Showdown wie in typischen Hollywood-Filmen, z. B. mit einem Endboss, ähnlich dem

Enderdrachen. Gemeint ist ein Spielelement, das so spannend ist, dass man sich nicht vom Bildschirm lösen kann und das Abendessen kalt werden lässt.

■ **Weltkarte**

Plane deine Welt aus verschiedenen Perspektiven mit Stift und Papier, um große Regionen zu überblicken. Damit wird klar, wie du am besten die Räume in einem großen Herrenhaus verteilst, und wo du die Fallen platzierst. Dann überlegst du, welche Tools du für die Umsetzung am Rechner benötigst.

■ **Gameplay**

Nichts ist so frustrierend wie das Erreichen einer Sackgasse, wenn man als Spieler nicht weiterkommt, weil man zwischendrin vergessen hat, einen bestimmten Gegenstand mitzunehmen. Oder vielleicht sind nach der letzten Zombieattacke nicht genügend Lebensherzen übrig, um dem Endboss Paroli zu bieten. Ein gut abgestimmtes Gameplay berücksichtigt das, und so versteckst du vielleicht noch eine mit Keksen gefüllte Schatzkiste vor dem Endkampf.

■ **Belohnungen**

Ein Erfolgserlebnis ist das gute Gefühl, wenn man etwas geschafft hat. Als Messung dafür gibt es Belohnungen, die erneut ein Glücksgefühl erzeugen. In Minecraft sind solche Belohnungen das Sammeln von Punkten mit Diamanten, Smaragden oder Goldnuggets. Oder der Spieler erhält am Ende das ultimative Killerschwert, mit dem er dein Abenteuer ein zweites Mal durchspielt. Diesmal sind die Monster einfacher zu erledigen, und im Vordergrund steht nicht das Überleben, sondern das Erkunden deiner detailliert ausgearbeiteten Welt.

■ **Weltgrenze**

Nutze den Befehl `/worldborder` (Seite 391), um die Abenteuerwelt einzugrenzen, denn was hat der Spieler in der übrigen von Minecraft zufällig generierten Wildnis verloren? Noch eleganter: Schaffe natürliche Grenzen wie unbezwingbare Berge oder unüberquerbare Gewässer. Damit bleibt der Spieler in der Storywelt und wird nicht durch eine unnatürlich blau schimmernde Wand aus der Fantasie gerissen.

■ **Ideen statt Einschränkungen**

Lass dich am Anfang nicht zu stark von den Einschränkungen von Minecrafts Spielmechaniken beeinflussen. Du wirst überrascht sein, was alles möglich ist. Schreib die verrücktesten Ideen auf – wie du sie umsetzt, kannst du dir später überlegen und vielleicht sogar in Internetforen nach Hilfe fragen, wenn du irgendwo stecken bleibst.

Hast du dir einige Notizen gemacht, ist es an der Zeit, sich die Werke anderer Drehbuchautoren und Regisseure anzusehen, von denen du dich weiter inspirieren lässt. Lies Bücher, sieh dir Filme an, aber begutachte vor allem auch die Abenteuerwelten anderer Minecraft-Künstler. So entwickelst du ein Gefühl dafür, was alles machbar ist, welche Spielelemente gut funktionieren und welche man lieber weglassen sollte. Im Internet findest du solche herunterladbaren Welten unter den Stichwörtern »minecraft challenge maps«. Oder sieh dich ein bisschen auf der Website von *www.minecraftmaps.com* um, und lade die eine oder andere Welt herunter, um sie anzuspielen:

Auf »www.minecraftmaps.com« entscheidest du dich oben für eine Weltkategorie, oder du suchst dir eine besondere Rubrik wie »Most Popular« (am beliebtesten) oder spezielle Minecraft-Versionen.

Entscheide dich in der Linkleiste oben für eine Kategorie (**Adventure**, **Parkour** etc.), oder stöbere durch die »populärsten« Welten. Maps, die häufiger heruntergeladen wurden, haben einen guten Ruf und sind vermutlich liebevoller und detailreicher ausgearbeitet.

Am Ende der Planungsphase überlegst du dir deine nächsten Schritte. Wie erschaffst du die neue Welt? Vollständig in Minecraft (natürlich im Kreativ- und nicht im Abenteuermodus)? Oder mit WorldPainter, dem Minecraft Structure

Planner und WordEdit? Bedenke auch, dass WorldEdit ein hervorragendes Tool ist, um Elemente aus anderen Welten und Schematics zusammenzubringen (aber nicht einfach aus anderen Welten klauen!). Du kannst z. B. sämtliche Redstone-Apparaturen in einer übersichtlichen Testwelt konstruieren und dann per Export-/Import-Funktion in die finale Abenteuerwelt übernehmen. Dasselbe gilt natürlich für Bauwerke, Gebäude, Wälder, Pixel-Art-Bilder, also allem, dem du irgendwann in Minecraft oder diesem Buch begegnet bist oder was du konstruiert hast.

Weitere Ideen für interaktive Elemente

- Erschaffe **Fallen**, z. B. ein- und ausfahrende Plattformen, unter denen sich eine tödliche Lavagrube befindet.

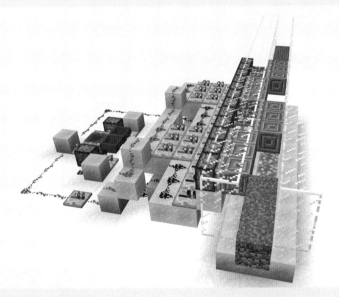

Klassische Fallenidee: Bodenelemente (im Bild gemeißelte Steinziegel) eines schmalen Ganges (im Bild von Glasblöcken umgeben) sind an klebrige Kolben montiert, die – abhängig von einem Redstone-Taktgeber – ein- und ausfahren. Der Spieler muss den Timing-Rhythmus beobachten und genau im richtigen Moment loslaufen, um nicht in die Lavagrube zu stürzen.

- **Wägeplatten** sind perfekt für eine typische Fantasyspiel-Falle: Der Spieler darf sich nur auf den goldenen oder eisernen Platten bewegen. Die falsche Sorte löst eine Falle aus, z. B. mit Pfeilen beladene Werfer an den Seitenwänden. Die einfachste Variante sind nach oben ausgerichtete Werfer, auf die du Wägeplatten platzierst. Tritt der Spieler darauf, schießen sie – ohne lange Redstone-Verdrahtung – Pfeile nach oben.

- **Ranken und Leitern** sorgen für interessante Kletterpartien.
- **Hindernislauf**: Dieser lange Raum ist aus wild angebrachten unzerstörbaren Grundsteinblöcken konstruiert und mit Creepern gefüllt. Der Spieler erhält zu Beginn einen Unsichtbarkeitstrank und muss es innerhalb von drei Minuten bis zum Ausgang schaffen. Nach Ablauf der Zeit sehen ihn die Creeper, und er beginnt unweigerlich von Neuem.

Rennen um die Zeit: Nur 3 Minuten Unsichtbarkeit hat der Spieler, um es zum Ausgang des mit Creepern gefüllten Grundsteinraumes zu schaffen.

- Experimentiere mit **Lava und Feuer**, z. B. zerklüfteten Dungeon-Wänden aus brennendem Netherstein, sodass der Spieler besonders vorsichtig hindurchlaufen muss, um nicht zu verbrennen.
- Benutze den Türöffner von Seite 80 für ein **Frage-und-Antwort-Spiel**. Beantwortet der Spieler die Frage richtig, wird er mit einer sich öffnenden Schatztruhe belohnt. Bei falschen Antworten öffnet sich eine Mauer, und Lava ergießt sich in den Raum, sodass der Spieler schleunigst seine Beine in die Hand nehmen muss.
- **Gefängnisse** lassen sich aus unzerstörbarem Grundstein konstruieren – eine Möglichkeit, den Spieler zu einer bestimmten Handlung (ein Puzzle zu lösen) zu zwingen.
- **Sand und Kies** können die Wege und die Wände deines Dungeons ohne viel Redstone- oder Befehlsblockaufwand verändern. Verbinde z. B. einen Kolben mit einem Stolperdraht. Sobald er ausgelöst wird, stürzt der Weg aus Sand in die bodenlose Tiefe, sodass im Gang eine tiefe Grube entsteht.
- **Kolben** eignen sich gut dazu, Pfade zu öffnen oder für immer zu verschließen und so den Spieler durch das Abenteuer zu lenken.
- Ein **Puzzleraum** könnte aus einer kleinen Gleisstrecke bestehen, die den Spieler immer im Kreis vorbei an einigen Holzknöpfen führt, die er mit Pfeil und Bogen treffen muss. Erst wenn alle getroffen wurden und dem Spieler schon schwindlig von der ewigen Kreisfahrt ist, öffnet sich die Tür zum nächsten Raum.

BEFEHLE UND BEFEHLSBLÖCKE

Mit Redstone-Maschinen bringst du Leben in deine Abenteuerwelt, aber erst mit einem weiteren Spielelement hast du die volle interaktive Kontrolle: *Befehlsblöcke* erlauben das Ausführen beliebiger Kommandos, die man normalerweise über das Chat-/Cheatfenster eingibt. Viele Befehle funktionieren sogar ausschließlich über den Befehlsblock, da die Zeichenanzahl im Chat begrenzt ist.

Der Clou: Der Befehl in einem Befehlsblock wird nur dann ausgeführt, wenn er ein Redstone-Signal erhält. Und das ist der Schlüssel für *Interaktion* in deinem Spiel. Läuft der Spieler beispielsweise über eine Wägeplatte, bekommt er aus heiterem Himmel ein Schwert in die Hand gedrückt. Öffnet er eine Schatztruhe, erscheint hinter ihm wie aus dem Nichts ein Zombie. Weitere praktische Beispiele (Dies sind die Befehle für Minecraft 1.16.x. Sie können sich gegebenenfalls in Zukunft etwas ändern.):

- Gib dem Spieler orangefarbenen Farbstoff ins Inventar:

  `/give ` *Spielername* ` minecraft:orange_dye 10`

- Erschaffe einen Enderdrachen vor deiner Nase:

  `/summon ender_dragon ~50 ~50 ~`

- Lass dich von einem Blitz treffen:

  `/summon lightning_bolt`

- Teleportiere deine Spieler in einen anderen Raum, wenn sie einen Hebel ziehen:

  `/tp @p 100 150 200`

- Mach einen Spieler unsichtbar:

  `/effect give ` *Spielername* ` minecraft:invisibility`

Um solche Befehle in einen interaktiven Kontext zu bringen, benötigst du zunächst einen Befehlsblock. Diesen erhältst du z.B. über einen Mod wie Just Enough Items, das alle verfügbaren Objekte und Gegenstände in einer umfangreichen Liste anbietet. Oder du benutzt diesen Befehl im Chatfenster:

`/give @p command_block`

Platziere den Befehlsblock nun irgendwo in deine Welt, vorzugsweise versteckst du ihn, sodass andere Spieler ihn nicht sehen. Denn für das Ausführen des Befehls ist es egal, wo er steht. Hauptsache, er erhält Redstone-Strom anlässlich eines von dir gewünschten Ereignisses (Spieler steht auf einer Wägeplatte oder trifft einen Holzknopf mit einem Pfeil, die Sonne geht unter, eine Lore fährt über eine Sensorschiene).

Klickst du jetzt mit der rechten Maustaste auf den Befehlsblock, öffnet sich das Eingabefenster für den Befehl. Da das Textfeld recht klein ist, bereitest du deine Befehle besser in einem separaten Texteditor vor. Das hat gleichzeitig den Vorteil, dass du verschiedene Versionen des Befehls mit unterschiedlichen Parametern untereinander sammelst, denn zum Konstruieren des richtigen Befehls ist ein bisschen Herumprobieren notwendig. Dann kopierst du den vorbereiteten Befehl per Zwischenablage (Strg/cmd + C, Strg/cmd + V) in das Textfeld des Befehlsblocks. Zum Ausführen des Befehls platzierst du testweise einen Knopf neben dem Block (oder irgendeine andere Redstone-Stromquelle) auf den Boden und drückst ihn.

Sammle deine Befehle in einem Texteditor, damit du Zugriff auf verschiedene Varianten hast.
Kopiere den Befehl dann über die Zwischenablage ins Textfeld des Befehlsblocks.

```
                           Befehl eingeben

          Befehl
          amond_leggings }, { }, { Count:1, id:golden_helmet } ] }_ ,
                                   [<nbt>]



          Letzte Ausgabe
          [06:34:06] Rüstungsständer wurde erzeugt            0

              Impuls          Unbedingt        Benötigt Redstone

                  GUI Fertig                    Abbrechen
```

Beim Einfügen des Befehls in den Befehlsblock ist es egal, ob du die Kurz- (alles in einer Zeile) oder Langversion (Befehl ist übersichtlich in mehreren Zeilen konstruiert) verwendest. Zeilenumbrüche werden automatisch herausgefiltert.

Auf den folgenden Seiten findest du die wichtigsten Befehle, mit denen du deine Abenteuerwelt anreicherst. Hier sind nur die wichtigsten Befehle gelistet, die man am häufigsten braucht. (Für eine komplette Liste besuchst du das offizielle Wiki unter *https://minecraft-de.gamepedia.com/Befehl*.) Vorab einige Anmerkungen, wie du einige Parameter (Platzhalter für Werte) bestimmter Befehle bedienst:

Ein besonderer Parameter, den viele Befehle erlauben, ist der sogenannte *NBT-Verweis*. (Du siehst auch einige Beispiele in der Abbildung des Texteditors.) Das ist eine Referenz auf ein Minecraft-Objekt mit seinen unterschiedlichen Eigenschaften. Das reicht von der *Ausrichtung* von Treppen bis hin zum Babyzombie als *Reiter* eines Huhns. Einige Beispiele:

■ Zombie mit Goldschwert und -hose und Eisenhelm (die Reihenfolge der `ArmorItems` ist wichtig – Schuhe, Hose, Hemd, Helm):

```
/summon minecraft:zombie ~0 ~1 ~0 { HandItems:
[ { id:"minecraft:golden_sword", Count:1b },
{ } ], ArmorItems: [ { }, { id:"minecraft:golden_
leggings", Count:1b }, { }, { id:"minecraft:iron_
helmet", Count:1b } ] }
```

- Ultimatives Diamantschwert:

```
/give @p minecraft:diamond_sword{ Enchantments: [ {
id:sharpness, lvl:5 }, { id:knockback, lvl:5 }, { id:fire_
aspect, lvl:5 }, { id:looting, lvl:5 }, { id:sweeping, lvl:5 }
] } 1
```

- Fledermaus auf unsichtbarem gezähmtem Hund, beide folgen dir. Für den Hund ist dein Spielername als Besitzer einzutragen. Das Ergebnis ist, dass dir die Fledermaus hinterherfliegt:

```
/summon minecraft:wolf ~ ~1 ~ { Tame:true,
Owner:SPielername, Passengers: [ {
id:"minecraft:bat" } ], ActiveEffects: [ { Id:14,
Amplifier:0, Ambient:false, ShowParticles:false,
Duration:2000000000 } ] }
```

Hier findest weitere praktische Beispiele:
https://minecraft-buch.de/nbtbeispiele

Wie du siehst, können die Befehle mit NBT-Daten recht komplex werden. Leider reichen die Seiten in diesem Next-Level-Guide aber nicht, um das gesamte Objektmodell von Minecraft zu listen. Die beste Anlaufstelle dafür ist das offizielle Wiki (*https://minecraft-buch.de/nbt-daten*, leider nur auf Englisch) oder eine präzise Google-Suche. Weißt du, welche Objekt- und Eigenschaftenkombination du benötigst, suchst du z. B. nach »minecraft nbt«, gefolgt von dem Monster- oder Gegenstandsnamen und der gewünschten Eigenschaft.

Befehlssammlung im Internet

Interessierst du dich näher für die unglaublichen Möglichkeiten, was du alles mit nur einem Befehl in Minecraft machen kannst, besuch die Website *https://minecraftcommand. science*. Hier findest du eine Datenbank mit den kuriosesten Befehlen sowie einige Generatoren, mit denen du mit wenigen Mausklicks Befehle zusammenstellst, z. B. für besondere Waffen oder Rüstungsteile. Um Monster oder Tiere oder andere Objekte zu erschaffen, nutzt du einen der vielen Befehlsgeneratoren unter der Adresse *https://minecraft-buch.de/ summoncommand*.

Weitere Hinweise, wie du die Befehlslisten auf den folgenden Seiten benutzt:

- Unter **Schreibweise** findest du die sogenannte *Syntax* des Befehls, also das Befehlswort, gefolgt von Parametern.

- Befindet sich ein Parameter in spitzen Klammern, so handelt es sich um einen <Platzhalter>, der gleich darunter erklärt wird. So schreibst du im Chatfenster statt <Spielmodus> beispielsweise creative.

- Befindet sich ein Parameter in eckigen Klammern, dann ist dieser [optional], das heißt, der Wert *kann*, *muss* aber nicht angegeben werden, da es einen Standardwert gibt. Oft steht z. B. [Spieler], wo du einen Spielernamen eingeben kannst. Lässt du den Wert weg, bezieht sich der Befehl auf dich.

- Sind Parameter durch einen vertikalen Strich getrennt (|, auch engl. *Pipe* genannt), entscheidest du dich für einen von ihnen. Die Pipe liest sich als *oder*.

- Eine Koordinate gibst du mit drei durch ein Leerzeichen getrennten Zahlen an, die der x-, y- und z-Position in der Minecraft-Welt entsprechen. Gibst du die reinen Zahlen an (123 234 345), ist es eine *absolute* Koordinate – ein ganz bestimmter Punkt in der Welt. Im Gegensatz dazu gibt es *relative* Koordinaten mit sogenannten. Tilden (~). Drei aufeinanderfolgende Tilden für x,y und z (~ ~ ~) zeigen auf die Stelle, von der der Befehl gestartet wird (von dir oder z. B einem Befehlsblock aus). Mit Tilden (~) und Zahlen zusammen zeigst du auf eine Stelle, die sich weiter weg befindet, die aber immer von der relativen Position aus gerechnet wird. Zum Beispiel ~-10 ~20 ~5: ein Stück von dir entfernt (auch negative Zahlen gelten im Koordinatensystem) und 20 Blöcke hoch in der Luft (die y-Koordinate für die Höhe steht immer in der Mitte).

- Findest du Objekt als Parameter, kannst du hier einen Spielernamen eingeben oder die Auswahl mit einer speziellen Schreibweise festlegen: @a sind alle Spieler, @r ein zufällig ausgewählter und @p der Spieler, der am nächsten zur Quelle des Befehls (z. B. einem Befehlsblock) steht. @e steht für *Entität*, ein beliebiges Minecraft-Objekt. Alle diese Objekte lassen sich über weitere Parameter genauer definieren, z. B. @e[type=Zombie, r=50] für alle Zombies im Umkreis von 50 Blöcken.

- Für Bezüge auf bestimmte Gegenstände, Objekte oder Materialien ist ein sogenannter *ID-Name* notwendig. Das ist eine lange Liste, die du z. B. unter *https://minecraft-buch.de/ids1, https://minecraft-buch.de/ids2* oder *https://minecraft-buch.de/ids3* findest. Die Listen sind oft unterschiedlich aktuell. Wenn irgendetwas mit einer gefundenen ID nicht funktioniert, sieh in einer der anderen Listen nach. Beachte bei deiner Befehlskonstruktion, dass du IDs auch zusätzliche Parameter mitgeben kannst, wie du in den /summon- und /give-Beispielen gesehen hast.

Spielmodus/-regeln umschalten

Umschalten zwischen Kreativ-, Überlebens- und anderen Modi

Schreibweise	`/gamemode <Spielmodus> [Spieler]`
Parameter Spielmodus	Überlebensmodus: `survival` Kreativmodus: `creative` Abenteuermodus: `adventure` Zuschauermodus: `spectator`
Parameter Spieler	Spielername, @a, @e, @e oder @r

Erlaubt das Umschalten des Spielmodus, es sei denn, das ist durch übergeordnete Einstellungen nicht erlaubt. Eine Variante dieses Befehls ist `/defaultgamemode`, das ist der Spielmodus für Spieler, die diese Minecraft-Welt zum ersten Mal betreten.

Beispiel	`/gamemode creative` Schaltet den Spielmodus für dich zum Kreativmodus.

Umschalten der Schwierigkeit

Schreibweise	`/difficulty <Schwierigkeitsgrad>`
Parameter Schwierigkeitsgrad	Friedlich: `peaceful` Einfach: `easy` Normal: `normal` Schwer: `hard`
Parameter Spieler	Spielername, @a, @e, @e oder @r

Schaltet die Schwierigkeit auf den angegebenen Schwierigkeitsgrad, identisch mit der Einstellung, die du im Fenster **Optionen** vornimmst.

Beispiel	`/difficulty peaceful` Entfernt alle Monster aus deiner Welt, da es im friedlichen Modus keine Monster gibt.

Detaillierte Spielregeln anpassen

Schreibweise	`/gamerule <Spielregel> [Option]`

Parameter Spielregel	`announceAdvancements`
	Spielerfortschrittausgabe im Chat ein- oder ausschalten
	`commandBlockOutput`
	Ein-/Ausschalten der Befehlsblock-Textausgabe im Chatfenster und in den Logdateien

Parameter Spielregel

`disableElytraMovementCheck`

Minecraft hilft Multiplayer-Servern dabei, Elytra-Gleitflüge von gemogelten Flugcheats zu unterscheiden, damit Spieler trotzdem gleiten können. Hierüber lässt sich die Unterstützung ausschalten.

`disableRaids`

Überfälle von Plünderern ein-/ausschalten

`doDaylightCycle`

Ein-/Ausschalten des Tag-Nacht-Rhythmus

`doEntityDrops`

Ein-/Ausschalten der Drops von Containern (Truhen, Trichter etc.), wenn sie zerstört werden

`doFireTick`

Aktiviert/deaktiviert die Eigenschaft von Feuer, sich auszu-breiten.

`doInsomnia`

Phantome ein-/ausschalten

`doImmediateRespawn`

Todesmeldung ein-/ausschalten

`doLimitedCrafting`

Bei `false` kann sofort nach Erhalt des passenden Materials gecraftet werden, bei `true` muss auch der Fortschritt regis-triert sein.

`doMobLoot`

Ein-/Ausschalten der Drops von Monstern/Mobs, wenn sie getötet werden

`doMobSpawning`

Ein-/Ausschalten des Spawnens von Monstern/Mobs

`doPatrolSpawning`

weitere Möglichkeit, Überfälle ein-/auszuschalten

`doTileDrops`

Ein-/Ausschalten der Drops von Erzen, Pflanzen und Bäumen, wenn sie zerstört werden

`doTraderSpawning`

fahrende Händler ein-/ausschalten

`doWeatherCycle`

Ein-/Ausschalten von Wetterveränderungen

`drowningDamage`

Bei `false` erleiden Spieler unter Wasser keinen Schaden.

Parameter Spielregel

fallDamage

Bei false erleiden Spieler keinen Schaden mehr, wenn sie herunterfallen.

fireDamage

Bei false erleiden Spieler keinen Schaden mehr, wenn sie mit Feuer in Kontakt kommen.

forgiveDeadPlayers

Stirbt der Spieler, verhalten sich gegen ihn verstimmte Mobs wieder normal.

keepInventory

Die Spieler behalten nach dem Tod alle Gegenstände im Inventar.

logAdminCommands

Ein-/Ausschalten der Ergebnisnachrichten von Befehlen in den Logdateien

maxCommandChainLength

Einschränkung der Befehlslänge von Ketten-Befehlsblöcken; Standardwert ist 65536.

maxEntityCramming

Wenn zu viele Kreaturen/Spieler auf engem Raum Objekte berühren, erleiden sie Schaden. 0 schaltet den Schaden aus.

mobGriefing

Aktiviert/deaktiviert den Einfluss, den Monster auf die Umwelt haben. So lässt sich unterbinden, dass Creeper bei ihrer Explosion die Blöcke um sie herum zerstören.

naturalRegeneration

Ein-/Ausschalten der Lebensregenerierung der Spieler; praktisch für ein Abenteuer, in dem es ums Überleben geht

randomTickSpeed

Beeinflusst die Häufigkeit und Geschwindigkeit der zufälligen Ereignisse in der Gegend rund um den Spieler, das Pflanzenwachstum, die Feuerausbreitung, das Wuchern von Gras und Ranken etc.

reducedDebugInfo

Ein-/Ausschalten einiger Informationen im Debug-Fenster (F3)

sendCommandFeedback

Ein-/Ausschalten der Nachrichten von Befehlen im Chatfenster

showDeathMessages

Ein-/Ausschalten der Todesnachrichten im Chatfenster

Parameter Spielregel	spawnRadius
	Umkreis, in dem die Spielfigur um den Spawn-Punkt herum erscheint; Standard ist 10.
	spectatorsGenerateChunks
	Ein-/Ausschalten der Weltgenerierung, wenn sich Spieler im *Zuschauermodus* in neue Chunks bewegen
	universalAnger
	Verärgerte Monster greifen alle Spieler an, nicht nur den, der den Ärger verursacht hat.
Parameter Option	true, false bzw. eine Zahl bei der Spielregel random-TickSpeed oder ein Variablenname. Wird dieser Parameter weggelassen, zeigt Minecraft die aktuelle Einstellung an.

Über diesen Befehl nimmst du das Feintuning einiger Konfigurationen deiner Welt vor. Beispielsweise möchtest du nicht, dass explodierende Creeper deinen mühevoll errichteten Geschicklichkeitsparcours zerstören. Oder du machst den Spielern das Leben besonders schwer, indem sie nicht mehr von allein heilen. true schaltet die jeweilige Option ein, false schaltet sie aus.

Beispiele	/gamerule doDaylightCycle false
	Schaltet den Tag-Nacht-Rhythmus aus.
	/gamerule randomTickSpeed 5000
	Beschleunigt zufällige Ereignisse um den Spieler herum. Das ist z. B. praktisch für eine sehr schnelle Melonen- und Kürbisfarm.

Nachrichten senden und darstellen

Flüsternachricht an einen Mitspieler

Schreibweise	/msg <Spieler> <Nachricht>
Parameter Spieler	Spielername, @p, @a, @r oder @e (nur Spieler erlaubt)
Parameter Nachricht	beliebiger Text

Die eingegebene Nachricht erscheint nur im Chatfenster des angegebenen Mitspielers. Statt /msg kannst du auch /tell oder /w schreiben.

Beispiel	/msg SpielerXYZ Guten Morgen!
	freundliche private Begrüßung des Spielers

Chatnachricht an alle Mitspieler

Schreibweise	/say <Nachricht>
Parameter Nachricht	Beliebiger Text, auch @p, @a, @r oder @e sind erlaubt.

Die eingegebene Nachricht erscheint im Chatfenster aller anderen Mitspieler.

Beispiel	`/say @p hat einen Knopf gedrückt.`
	Teilt allen Spielern mit, dass der Spieler, der gerade einen Befehls-block mit diesem Befehl aktiviert hat, einen Knopf gedrückt hat.

Komplexe Nachricht

Schreibweise	`/tellraw <Spieler> <JSON-Nachricht>`
Parameter `Spieler`	Spielername @p, @a, @e, @e oder @r
Parameter `JSON-Nachricht`	auszugebender Text mit umfangreichen Formatierungsmöglichkeiten (besuch dazu *https://minecraft-de.gamepedia.com/ JSON-Text*)

`/tellraw` erlaubt eine vielfältige Gestaltung der auszugebenden Texte. Du kannst z. B. Farben verwenden und Links einbauen, die per Mausklick ein Browserfenster öffnen. Wenn du solch eine Nachricht abschickst, siehst du sie nicht in deinem Chatfenster. Genauso wenig sehen andere Mitspieler, von wem die Nachricht stammt. Darum eignet sich dieser Befehl vor allem in Abenteuerwelten, um den Spielern übergeordnete Botschaften zu vermitteln, also solche vom Spiel selbst.

Beispiel	`/tellraw SpielerXYZ {"text":"Hallo", "color":"blue", "bold":"true"}`
	Zeigt dem Spieler eine fett gedruckte blaue Begrüßung.

Du sagst, was du tust.

Schreibweise	`/me <Tätigkeit>`
Parameter `Tätigkeit`	beliebiger Text

Gibt im Chatfenster einen Text aus, der mit deinem Spielernamen beginnt. So konstruierst du Sätze, in denen du beschreibst, was du gerade machst.

Beispiel	`/me klopft sich auf die Schulter.`
	`/me plündert jetzt den Kühlschrank.`

Inventar bearbeiten

Gegenstand in Spielerinventar-Slot legen

Schreibweise	`/give <Spieler> <Gegenstand>{NBT} [Anzahl]`
Parameter `Spieler`	Spielername, @p, @a, @r oder @e (nur Spieler erlaubt)
Parameter `Gegenstand`	ID-Name des zu platzierenden Gegenstandes

Parameter NBT	weitere Spezifikationen zum Gegenstand
Parameter Anzahl	Anzahl der zu platzierenden Gegenstände

Platziert beliebige Gegenstände in das Inventar des angegebenen Spielers. Dabei werden die Inventar-Slots nicht näher spezifiziert, sondern nacheinander aufgefüllt.

Beispiel	`/ give @p minecraft:oak_planks{CanPlaceOn:`
	`["minecraft:oak_planks"]} 2`
	Gibt dem Spieler zwei Eichenholzbretter, die nur an andere Holzbretter gesetzt werden können (NBT-Wert `CanPlaceOn`). Das ist eine Besonderheit des Abenteuermodus, in dem Spieler normalerweise keine Blöcke abbauen oder setzen dürfen.

Gegenstand aus Spielerinventar entfernen

Schreibweise	`/clear <Spieler> <Gegenstand>{NBT} [Anzahl]`
Parameter Spieler	Spielername, @p, @a, @r oder @e (nur Spieler erlaubt)
Parameter Gegenstand	ID-Name des zu platzierenden Gegenstandes
Parameter NBT	weitere Spezifikationen zum Gegenstand
Parameter Anzahl	Anzahl der zu entfernenden Gegenstände

Entfernt eine bestimmte Anzahl eines bestimmten Gegenstandes aus dem Inventar des angegebenen Spielers. In welchem Slot diese liegen, ist egal. Auch die Schnellzugriffsleiste und die Rüstungs-Slots zählen dazu.

Beispiel	`/clear SpielerXYZ oak_planks 10` Entfernt zehn Bruchsteinblöcke aus dem Inventar des Spielers.

Slot-Inhalt im Inventar eines Spielers oder Containers austauschen

Schreibweise	`/replaceitem entity|block <Slot>` `<Gegenstand>{NBT} [Anzahl]`
Parameter entity|block	Objekt (auch Person) oder Block; wenn `entity`: Spielername, Objekt, @p, @a, @r oder @e; wenn `block`: xyz-Koordinate

Parameter Slot	`armor.chest`
	Rüstungs-Slot des Spielers – Brustplatte
	`armor.feet`
	Rüstungs-Slot des Spielers – Stiefel
	`armor.head`
	Rüstungs-Slot des Spielers – Helm
	`armor.legs`
	Rüstungs-Slot des Spielers – Hose

Parameter Slot	`enderchest.0-26`
	Slots der Endertruhe
	`horse.0-14`
	Inhalte der Satteltaschen eines Pferdes
	`horse.armor`
	Pferderüstung
	`horse.chest`
	Satteltaschen eines Pferdes
	`horse.saddle`
	Sattel eines Pferdes
	`hotbar.0-8`
	Slots der Schnellzugriffsleiste
	`inventory.0-26`
	reguläre Inventar-Slots des Spielers
	`villager.0-7`
	Inventar-Slots eines Dorfbewohners
	`weapon`
	Standardhand von Spielern oder Mobs
	`weapon.mainhand`
	Haupthand des Spielers
	`weapon.offhand`
	Off-Hand des Spielers
	`container.0-26`
	Slots eines Containers, die genaue Anzahl variiert je nach Containerart (Truhe, Trichter etc.).
Parameter Gegenstand	ID-Name des zu platzierenden Gegenstandes
Parameter NBT	weitere Spezifikationen zum Gegenstand
Parameter Anzahl	Anzahl der zu platzierenden Gegenstände

Platziere Objekte in beliebige Inventar-Slots von Spielern, Dorfbewohnern, Truhen oder Pferden unter Angabe des Ziels (`entitiy`) oder der Zielkoordinate (`block`).

Beispiel	`/replaceitem entity @p weapon`
	`minecraft:torch`
	Gibt dir eine Fackel in die rechte Hand.
	`/replaceitem block -75 65 160 container.0`
	`minecraft:diamond_sword`
	Legt in den ersten Slot des Containers (z. B. eine Truhe) bei den angegebenen Koordinaten ein Diamantschwert. Die Slot-Zählung beginnt bei 0, daher `container.0`.

Zeit und Wetter ändern

Uhrzeit ändern

Schreibweise	/time set|add|query [Option]
Parameter set	Setzen der absoluten Uhrzeit: Option enthält entweder einen Wert zwischen 0 und 24000 oder die Schlüsselwörter day, night, noon oder midnight.
Parameter add	Zeit vorspulen: Option enthält die Anzahl der Ticks, um die die Zeit weitergedreht wird.
Parameter query	Abfrage, wie viel Zeit heute (query daytime) oder insgesamt im Spiel (query gametime) vergangen ist

Mit /time lässt sich an eine beliebige Zeit im Tag-Nacht-Rhythmus springen, um z. B. bei Tageslicht bauen zu können oder auf eine nächtliche Zombiejagd zu gehen.

Beispiel	/time set 0 Morgendämmerung /time set 6000 Mittag /time set 12000 Abenddämmerung /time set 18000 Mitternacht

Wetter anpassen

Schreibweise	/weather clear|rain|thunder [Dauer]
Parameter clear	strahlender Sonnenschein mit höchstem Lichtlevel
Parameter rain	Es regnet, in Taiga- und Tundra-Biomen schneit es.
Parameter thunder	Ein Gewitter bricht los.
Parameter Dauer	Anzahl der Sekunden, die das ausgewählte Wetter vorherrscht

Genervt vom Dauerregen beim Bauen komplexer Kunstwerke? /weather clear 9999 schafft Abhilfe.

Beispiel	/weather thunder 120 Startet ein zweiminütiges Gewitter.

Spawn-Punkt/-bereich setzen

Spawn-Punkt anpassen

Schreibweise	`/spawnpoint [Spieler] [Koordinate]`
Parameter Spieler	Spielername, @p, @a, @r oder @e (nur Spieler erlaubt)
Parameter Koordinate	absolute oder relative (~) Koordinaten des neuen Spawn-Punktes

Setze den Spawn-Punkt, den Ort, an dem du im Fall deines Ablebens wiedergeboren wirst, an eine beliebige Stelle in deiner Welt.

Beispiel	`/spawnpoint` Setzt den Spawn-Punkt an die Stelle, an der du gerade stehst.

Mittelpunkt des Spawn-Bereichs festlegen

Schreibweise	`/setworldspawn [Koordinate]`
Parameter Koordinate	Koordinate in absolutem oder relativem (~) Format

Der Spawn-Bereich ist eine kleine Region in der Minecraft-Welt, in der du das erste Mal im Spiel erscheinst. Im Einzelspielermodus ist dieser Bereich einige hundert Blöcke groß, im Multiplayer-Modus ein Quadrat von 16 × 16 Blöcken. Mit `/setworldspawn` setzt du den *Mittelpunkt* dieser Bereiche neu.

Beispiel	`/setworldspawn 50 250 50` Setzt den Spawn-Bereich-Mittelpunkt fast ans obere Ende des Himmels – hoffentlich befindet sich dort eine Plattform.

Blöcke manipulieren

Setzen/Löschen beliebiger Blöcke

Schreibweise	`/setblock <Koordinate> <Blockname>{NBT}` `[Platzierung]`
Parameter Koordinate	absolute oder relative (~) Koordinate des zu ersetzenden Blocks
Parameter Blockname	ID-Name des neuen Blocks
Parameter NBT	weitere Spezifikationen zum Gegenstand

Parameter Platzierung	`destroy`
	Der ersetzte Block wird abgebaut; es fliegen Partikel durch die Luft, und der abgebaute Block wird gedroppt.
	`keep`
	Der Block wird nur gesetzt, wenn sich an der Zielposition Luft befindet.

Parameter Platzierung	`replace` Ersetzt den vorhandenen Block anstandslos durch den neuen, ohne Partikeleffekte oder Drop.

Setzt einen einzelnen Block an eine bestimmte Stelle. Mithilfe des Parameters `Platzierung` entscheidest du, was mit dem dort befindlichen Block geschieht. Neben `/fill` setzt du diesen Befehl hauptsächlich ein, um die Umgebung der Spieler zu verändern.

Beispiel	`/setblock ~ ~-1 ~ glass` Setzt einen Glasblock unter deine Füße.

Setzen/Löschen größerer Blockbereiche

Schreibweise	`/fill <Koordinate-1> <Koordinate-2>` `<Blockname>{NBT} [Platzierung]`
Parameter Koordinate-1	untere linke vordere xyz-Koordinate (absolut oder relativ ~) zur Bestimmung des Zielquaders
Parameter Koordinate-2	obere rechte hintere xyz-Koordinate (absolut oder relativ ~) zur Bestimmung des Zielquaders
Parameter Blockname	ID-Name des zu platzierenden Gegenstandes
Parameter NBT	weitere Spezifikationen zum Gegenstand

Parameter Platzierung	`destroy`
	Die ersetzten Blöcke werden abgebaut; es fliegen Partikel durch die Luft, und die abgebauten Blöcke werden gedroppt.
	`hollow`
	Erzeugt nur den Rahmen, das Innere des Quaders wird mit Luft gefüllt.
	`keep`
	Es werden nur die Blöcke gesetzt, an deren neuer Position sich Luft befindet, das heißt, in dem angegebenen Bereichsquader bereits platzierte Blöcke bleiben stehen.
	`outline`
	Erzeugt nur den Rahmen, das Innere des Quaders bleibt unverändert (existierende Blöcke bleiben).
	`replace`
	Ersetzt vorhandene Blöcke durch den Quader des definierten Materials, ohne Partikeleffekte oder Materialdrops. Gibst du hinter `replace` einen weiteren ID-Namen an, wird nur dieses Material ersetzt.

Platziert einen Quader aus dem angegebenen Material zwischen die beiden Eckkoordinaten. Der Parameter `Platzierung` bestimmt dabei, was mit den Blöcken geschieht, die sich bereits an dieser Position befinden. Siehe auch die Zugbrücke auf Seite 99.

Beispiel	`/fill ~5 ~10 ~5 ~-5 ~11 ~-5 cobblestone replace`
	Erzeugt über deinem Kopf ein Dach aus Bruchstein.
	`/fill ~20 ~-1 ~20 ~-20 ~-5 ~-20 snow replace grass_block`
	Ersetzt Grasblöcke unter dir durch Schnee.

Die magische »Tab«-Taste

Solltest du kurze Befehle direkt ins Minecraft-Chatfenster oder das Textfeld von Befehlsblöcken eingeben, ist die ⇥-Taste dein bester Freund. Ähnlich der Konsole oder der Eingabeaufforderung eines PCs errät sie den nächsten Parameter. Erwartet der Befehl beispielsweise Koordinaten, erhältst du durch die nacheinander gedrückte Kombination ⇥, Leertaste, ⇥, Leertaste, ⇥ die xyz-Koordinate, auf die dein Fadenkreuz zeigt. Ist ein Spielername gefragt, setzt die ⇥-Taste deinen eigenen ein. Auch Befehle musst du nicht ausschreiben. Gib einfach `/worl` ein, und die ⇥-Taste ergänzt den Rest zu `/worldborder`. Während du tippst, erscheinen gleichzeitig alle Möglichkeiten in einer Liste, aus der du mit ↑- oder ↓-Taste (oder der Maus) auswählen kannst, bevor du ⇥ zum Übernehmen drückst. Denk auch daran, dass im Chatfenster die Pfeiltasten ↑ und ↓ funktionieren, um zwischen früheren und neueren Befehlen hin- und herzuspringen.

Insbesondere bei der Auswahl von Objekten hilft die Liste, die während des Tippens aktualisiert wird. Aber auch bei Befehlen oder Parametern wird auf diese Weise geholfen.

Lebewesen erschaffen und entfernen

Monster oder Tiere erschaffen

Schreibweise	`/summon <Objekt> [Koordinate] [NBT]`
Parameter Objekt	Name des Objekts
Parameter Koordinate	Koordinate, an der das Objekt erscheint
Parameter NBT	weitere Eigenschaften des Objekts

Erschaffe beliebige Kreaturen per `/summon`, und rüste sie mit den NBT-Daten entsprechend aus. Kreaturen können sich auch gegenseitig reiten, mit dem NBT-Datum `Passenger` setzt du beispielsweise beliebige Monster auf ein Pferd.

Beispiel	`/summon creeper ~ ~ ~ {powered:1}`
	Erschafft einen geladenen Creeper an deiner Position.
	`/summon bat ~5 ~ ~ {Passengers:[{id:"cow"}]}`
	Erschafft eine Kuh, die auf einer fliegenden Fledermaus »reitet«. Ja, wirklich.

Monster oder Tiere töten

Schreibweise	`/kill <Objekt>`
Parameter Objekt	Spieler, Monster oder Tier, auch @p, @a, @r oder @e sind erlaubt.

Tötet das `Objekt`, lässt sich nur auf Lebewesen anwenden.

Beispiel	`/kill @e[type=cow,distance=..100]`
	Tötet alle Schafe im Umkreis von 100 Blöcken.

Lebewesen teleportieren

Teleport

Schreibweise	`/tp|/teleport <Objekt> <Ort>`
Parameter Objekt	Spieler, Mob oder anderes Minecraft-Objekt, auch @p, @a, @r oder @e sind erlaubt.
Parameter Ort	Ziel des Teleports kann eine absolute oder relative Koordinate sein, ein Spielername oder anderes Minecraft-Objekt. Bei `/tp` beziehen sich die Koordinaten auf den vorherigen Ort des zu teleportierenden Objekts. Der Befehl `/teleport` ist erst ab Minecraft 1.10 verfügbar und teleportiert relativ zur Befehlsquelle, also z. B. vom Befehlsblock aus gesehen, der diesen Teleport auslöst.

Teleportiere Spieler, Monster oder andere Mobs an eine beliebige Stelle.

Beispiel	`/tp ~ ~50 ~`
	Teleportiert dich 50 Blöcke nach oben.
	`/teleport @e[type=cow,distance=..100] ~ ~50 ~`
	Teleportiert alle Kühe im Umkreis von 100 Blöcken 50 Blöcke über den auslösenden Befehlsblock.
	`/tp @e[type=creeper,distance=..100]`
	`DeinSpielerName`
	Teleportiert alle Creeper im Umkreis von 100 Blöcken vor deine Nase.

Statuseffekte aktivieren

Statuseffekt festlegen

Schreibweise	`/effect <Option> <Objekt> <Effekt> [Dauer]` `[Verstärkung] [Partikel]`	
Parameter Option	`give` (fügt Effekt hinzu) oder `clear` (löscht Effekt)	
Parameter Objekt	Spielername, auch @p, @a, @r oder @e sind erlaubt.	
Parameter Effekt	Abbaulähmung	`mining_fatigue`
	Absorption	`absorption`
	Ausdörrung	`wither`
	Blindheit	`blindness`
	böses Omen	`bad_omen`
	Direktheilung	`instant_health`
	Direktschaden	`instant_damage`
	Eile	`haste`

Parameter Effekt	Extraenergie	health_boost
	Extraleben	absorption
	Feuerschutz	fire_resistance
	Geschwindigkeit	speed
	Glück	luck
	Gunst des Delfins	dolphins_grace
	Held des Dorfes	hero_of_the_village
	Hunger	hunger
	Langsamkeit	slowness
	Leuchten	glowing
	Meereskraft	conduit_power
	Nachtsicht	night_vision
	Pech	unluck
	Regeneration	regeneration
	Resistenz	resistance
	sanfter Fall	slow_falling
	Sättigung	saturation
	Schwäche	weakness
	Schweben	levitation
	Sprungkraft	jump_boost
	Stärke	strength
	Übelkeit	nausea
	Unsichtbarkeit	invisibility
	Unterwasseratem	water_breathing
	Vergiftung	poison
Parameter Dauer	Dauer des Effekts in Sekunden, maximal 1640	
Parameter Verstärkung	Verstärkt den Effekt, theoretisch bis Stufe 127 möglich.	
Parameter Partikel	true zeigt die Partikeleffekte des Statuseffekts, mit false ist für andere nicht erkennbar, dass der Statuseffekt vorherrscht.	

Beleg dich oder andere Lebewesen mit beliebigen Statuseffekten. Praktisch an diesem Befehl (anstatt einen Trank zu nehmen) ist die Möglichkeit, den Effekt nach außen zu verbergen (Parameter Partikel auf false).

Beispiel	/effect give SpielerXYZ instant_health
	Füllt die Lebensleiste des Spielers sofort auf.

Bedingungen prüfen, Befehle ausführen

Ausführen eines komplexen Befehls, gegebenenfalls unter bestimmten Bedingungen

Schreibweise	`/execute <Befehl>`
Parameter `Befehl`	Der `Befehl` setzt sich aus verschiedenen Teilen zusammen:

`align`
Ausführen des Befehls in Relation zur Position des per `at` angegebenen Spielers oder Objekts. `xyz` richtet den Befehl z. B. an exakt derselben Stelle aus.

`as`
Ausführen des Befehls als ein anderer Spieler oder als ein anderes Objekt. Damit wirkt sich der Befehl gegebenenfalls auf diesen Spieler oder das Objekt aus.

`at`
Führt den Befehl an einer bestimmten Position aus, unabhängig von der Position des `as`-Spielers/Objekts.

`if/unless`
Führt den Befehl nur aus, wenn eine bestimmte Bedingung zutrifft (`if`) oder nicht zutrifft (`unless`).

`if block`
Prüft, ob an einer bestimmten Position ein bestimmter Block sitzt.

`if block x1 y1 z1 x2 y2 z2 x3 y3 z3`
Prüft, ob ein größerer Weltausschnitt (1 und 2) mit dem Ausschnitt übereinstimmt, der bei (3) beginnt.

`entity`
Prüft die Anwesenheit eines Spielers oder Objekts.

`run`
Führt den hinter `run` folgenden Minecraft-Befehl aus.

`positioned`
Repositioniert die Befehlsausführung zu dem hinter `positioned` angegebenen Spieler oder Objekt oder `xyz`-Koordinate.

`score`
Zugriff auf das Scoreboard, um Spiel- und Spielerfortschritte aufzuzeichnen.

Komplexer Befehl zur Manipulation der Welt, von Objekten, Spielern oder Mobs, die über keine anderen Befehle möglich sind oder nicht formuliert werden können. Ein Schwerpunkt liegt auf der Prüfung von Bedingungen. Die Befehle werden dabei in sinnigen Kombinationen hintereinander gelistet. Zum Beispiel lassen sich Blöcke an eine bestimmte Position abhängig von der Spielerposition setzen, wenn an einer anderen bestimmten Position ein bestimmter Block sitzt.

Beispiel	`/execute as SpielerXYZ run say Ich sage nichts und doch spreche ich.`
	SpielerXYZ sagt etwas im Chat, obwohl jemand anderes den execute/say-Befehl ausführt.
	`/execute as @p at @e[type=minecraft:armor_ stand] align xyz run summon minecraft:boat`
	Setzt an die Position aller Rüstungsständer ein Boot.
	`/execute at SpielerXYZ positioned ~ ~ ~ run setblock ~ ~ ~ minecraft:lava destroy`
	Platziert einen Lavablock unter dem SpielerXYZ. Dabei werden die relativen ~-Koordinaten der Befehls*ausführung* (`positioned` relativ zum SpielerXYZ) und der Block*platzierung* zusammengezählt. Ohne ~-Angabe (also mit xyz-Zahlen) wären die `setblock`-Koordinaten absolut und die `positioned`-Koordinaten würden ignoriert werden.
	`/execute as @a at @s if block ~ ~ ~ minecraft:lava run fill ~-2 ~-2 ~-2 ~2 ~50 ~2 minecraft:air replace`
	Wenn sich der Spieler in einem Lavablock befindet, wird die Gegend um ihn herum in Luft verwandelt. (`if block` entspricht dem früheren `testforblock`.)

Grenzen ziehen

Festlegen der Weltgrenze

Schreibweise	`/worldborder [Grenzbefehl]`
Parameter Grenzbefehl	`center <Koordinate>`
	Setzt den Mittelpunkt deiner Welt. Als Koordinate gibst du nur den x- und z-Wert an, entweder als absolute Koordinatenzahl oder mit der Tilde ~ relativ zu dir.
	`set <Größe> [Zeit]`
	Festlegen des Durchmessers der Welt, das heißt, die Welt streckt sich vom center-Mittelpunkt aus Größe / 2 Blöcke in jede Richtung. Zeit ist die Anzahl der Sekunden, wie lange eine Vergrößerung oder Verkleinerung der Welt benötigt, damit die Anpassung nicht zu abrupt passiert.
	`add <Größe> [Zeit]`
	Verändert die aktuelle Weltgröße durch den angegebenen Wert. Eine Verkleinerung erreichst du also mit einem negativen Wert.

Parameter Grenzbefehl	`get` Gibt die aktuelle Weltgröße im Chatfenster aus.
	`warning distance <Entfernung>` Färbt den Spielerbildschirm rot, wenn er der Weltgrenze `Entfernung` Blöcke zu nahe kommt.
	`warning time <Zeit>` Färbt den Spielerbildschirm rot, wenn ihm eine sich gerade verändernde Weltgrenze zu nahe kommt.
	`damage buffer <Entfernung>`
	`damage amount <Schaden>` Gerät ein Spieler während einer Weltverkleinerung außerhalb dieser Grenze, nimmt er `Schaden`, außer er befindet sich innerhalb des per `Entfernung` definierten erlaubten Abstandes.

Mit /worldborder verhinderst du, dass Spieler eine bestimmte Grenze überschreiten. Dabei legst du mit center zuerst den Mittelpunkt der Welt fest und bestimmst dann mit set die Größe (Durchmesser) in Blöcken. Die Grenze ist von oben gesehen quadratisch und als blaue Wand diagonaler blauer Streifen im Spiel zu sehen.

Beispiel	`/worldborder center ~ ~`
	Setzt deine aktuelle Position als Mittelpunkt der Welt.
	`/worldborder set 1000`
	Zieht die Weltgrenze vom Mittelpunkt aus gesehen 500 Blöcke in jede Richtung.

WELT VERÖFFENTLICHEN

Wochenlang hast du an deiner Abenteuerwelt gefeilt, knackige Rätsel ausgearbeitet und vielleicht sogar ein eigenes Ressourcenpaket erstellt, in dem
du die Texturen einiger Materialien verschönert hast. Nun wird es Zeit, der
Minecraft-Community dein Werk vorzustellen. Das machst du entweder groß
angelegt in einer Multiplayer-Spielumgebung, in die du per Internet deine
Freunde einlädst (siehe folgende Abschnitte). Oder du bietest deine Welt zum
Download an, sodass jeder Interessierte sie auf den eigenen PC herunterladen
und dort spielen kann.

Bevor du deine Welt auf diese Weise veröffentlichst, prüfe, ob alle Spielregeln
so eingestellt sind, wie du möchtest. Insbesondere der /gamerule-Befehl hilft
dir dabei, z. B. mit diesen Optionen:

- Monster können die Welt nicht zerstören:
  `/gamerule mobGriefing false`
- Inventargegenstände nach dem Tod behalten:
  `/gamerule keepInventory true`
- alle Drops deaktivieren:
  `/gamerule doTileDrops false`, `/gamerule doMobLoot false`
- zufälliges Monster-Spawnen deaktivieren:
  `/gamerule doMobSpawning false`
- Chatfenster-Ausgabe von Befehlsblöcken ausschalten:
  `/gamerule commandBlockOutput false`

Was hindert einen Spieler aber daran, die Cheatfunktionen zu aktivieren und
alles wieder rückgängig zu machen? Mit diesen Standardoptionen nichts, aber
es gibt noch versteckte Einstellungen in deiner Welt, die genau das unterbinden. Dazu bearbeitest du die sogenannten *NBT-Daten* der Welt mit einem
geeigneten Editor. Entweder suchst du im Internet nach »nbt editor«, oder
du benutzt den *NBTExplorer*, den du bei *https://minecraft-buch.de/nbt* für verschiedene Betriebssysteme findest. Installiere das Programm, und wähle dir
nach dem Start die Welt, die du bearbeiten möchtest. Öffne mit dem Pluszei-
chen die *level.dat*-Datei, bis du den Eintrag **allowCommands** siehst. Stell mit
Maus oder Tastatur den Wert von **1** auf **0**. **OK**, **File · Save**, **File · Exit**, fertig.

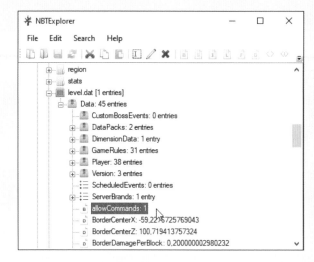

Über den NBTExplorer veränderst du viele verschiedene Parameter deiner Minecraft-Welt auf Dateiebene, von »außen«.

Nach diesen Einstellungen lädst du die betreffende Welt noch einmal in Minecraft und betrittst sie als Spieler. Teste ausführlich, ob alles so funktioniert, wie du es dir vorstellst, und ob man wirklich nirgends hängen bleibt. Abhängig von der Größe deiner Welt und dem Umfang des Spiels kann das einige Zeit dauern, die etwas Geduld erfordert. Das ist allerdings notwendig, denn was nützt anderen Minecraftern ein Abenteuer, das nicht funktioniert? Idealerweise testest nicht nur *du*, sondern alle deine Minecraft-Freunde, denn vier, sechs oder acht Augen sehen mehr als zwei.

Alles fehlerfrei? Und kommt Spaß beim Spielen auf? Dann wird es endlich Zeit für die Veröffentlichung – ein besonders spannender Moment:

1. Erzeuge ein ZIP-Archiv aus deinem Abenteuer. Dazu wechselst du im Datei-Explorer ins Verzeichnis *%appdata%/.minecraft/saves*. Hier klickst du mit der rechten Maustaste auf den Ordner, der deine Welt enthält. Aus dem Kontextmenü wählst du den Punkt zum Archivieren, z. B. **Senden an · ZIP-komprimierter Ordner** (Windows-Explorer), **Zum Archiv hinzufügen...** (WinRAR) oder **7-Zip · Hinzufügen zu "DeinWeltname.zip"** (7-Zip).

2. Erstell dir auf *www.mediafire.com* ein (kostenloses) Konto des Typs **Basic**. Auf dieser Website dürfen beliebig Dateien hoch- und heruntergeladen werden, eine ideale Plattform also für Minecraft-Welten. MediaFire hat zudem den Vorteil, dass es hier keine Download-Beschränkungen gibt und dass der Dienst sehr zuverlässig ist.

   Vorsicht: Gib keine Kreditkarten oder andere Zahlungsmöglichkeiten an, sondern schließe etwaige Pop-up-Fenster.

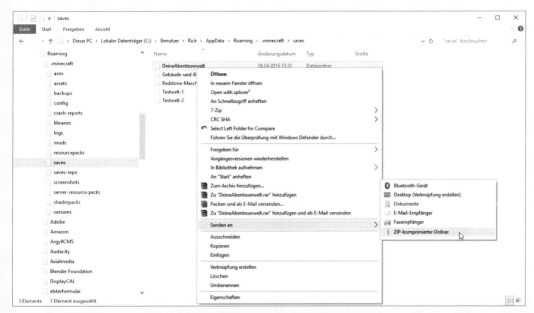

1 Achte beim Erstellen des Weltarchivs darauf, eine ZIP-Datei zu erzeugen – nicht jeder Minecraft-Spieler kann das RAR-Format entpacken.

2 Bereits das kostenlose Konto »Basic« genügt, um Minecraft-Welten in MediaFire hochzuladen.

3. Lade das ZIP-Archiv nach MediaFire hoch, indem du das ZIP-Archiv aus deinem Datei-Explorer in das MediaFire-Browserfenster ziehst. (Der Upload dauert etwas.)

3 Leg das ZIP-Archiv einfach per Drag & Drop in das MediaFire-Browserfenster, um den Upload zu starten.

4. Klickst du jetzt auf den Link der neuen Download-Datei, öffnet sich ein neuer Browsertab mit der Download-Seite für deine Abenteuerwelt. Kopiere diesen Internetlink aus der Adressleiste des Browsers über deine Zwischenablage in eine Notizen-Textdatei. Er beginnt wahrscheinlich mit *www.mediafire.com/file/...*

Jetzt rührst du ordentlich die Werbetrommel und präsentierst dein Werk allen Interessierten, z. B. im offiziellen internationalen Minecraft-Forum unter *www.minecraftforum.net*. Dort musst du dich ebenfalls registrieren, kannst dafür aber im Forum **Maps** einen Beitrag schreiben, in dem du dein Abenteuer vorstellst und zum MediaFire-Download verlinkst (natürlich auf Englisch, denn nicht nur in Deutschland will man deine Minecraft-Welt spielen). Dazu wählst du nach deiner Anmeldung (**Register** in der Ecke oben rechts) aus der langen Forenliste auf der Website **Maps** und klickst auf den Button **New Thread** (neue Nachricht).

Tipp: Sieh dir in der langen Liste der existierenden Beiträge an, wie andere Minecrafter ihre Welt vorstellen.

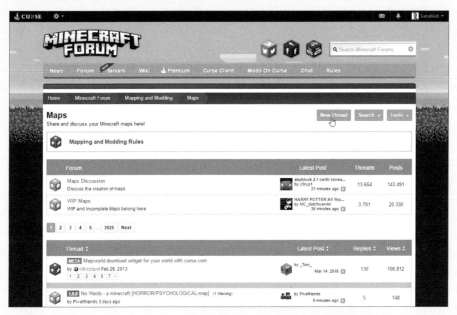

Im offiziellen Minecraft-Forum bietet sich das Forum »Maps« an, um deine Abenteuerwelt vorzustellen. Über den Button »New Thread« erstellst du eine neue Nachricht, in der du die Welt beschreibst und den Download-Link hinzufügst.

Vielleicht hast du dich am Anfang dieses Kapitels auch ein wenig von anderen Welten inspirieren lassen. Die *www.minecraftmaps.com*-Website ist ebenfalls eine tolle Plattform, um dein Abenteuer vorzustellen (rechts im Menü **More • Submit Your Map**). Hier gibt es einige formelle Anforderungen: Zum Beispiel muss das Abenteuerspiel (die *Map*) garantiert von dir stammen und fertig sein, das musst du bestätigen. Du benötigst eine (englische) Beschreibung, einen aussagekräftigen Screenshot, und es dürfen natürlich keine Urheberrechte verletzt werden. Sprich, alles, auch die Befehle in Befehlsblöcken, muss aus deiner Feder stammen.

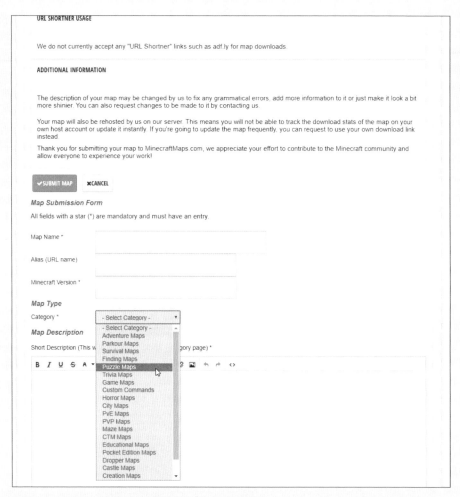

Unter »www.minecraftmaps.com/submit-your-map« findest du das Formular zum Einreichen deines Spiels. Achte darauf, die richtige Kategorie auszuwählen, und gib unter »Map Download Link« den MediaFire-Download-Link an.

MULTIPLAYER FÜR DAHEIM

Ist deine Abenteuerwelt nicht an eine Storyline gebunden, die einzelne Spieler allein durchspielen sollten, sondern ein Tummelplatz, auf dem sich viele Spieler treffen? Dann erlaube anderen Minecraftern, sich in deiner persönlichen Minecraft-Installation anzumelden. Denn grundsätzlich ist jede Welt Multiplayer-geeignet.

1. Zuerst benötigst du die Netzwerkadresse, unter der dein Minecraft-Rechner im Heimnetzwerk erreichbar ist, die sogenannte IP (gesprochen »Ei Pi«). Dazu öffnest du die Eingabeaufforderung und gibst den Befehl `ipconfig` ein.

2. Nun erscheint eine ganze Reihe von Netzwerkeinstellungen. Du bist auf der Suche nach dem Block, der die Verbindung zum *Heimnetzwerk* bzw. zum *Router* beschreibt, z. B. **Ethernet-Adapter Ethernet**, falls du mit einem Kabel verbunden bist. Oder **Drahtlos-LAN-Adapter WLAN** für eine kabellose WLAN-Verbindung. Notiere dir die hinter **IPv4-Adresse** stehende Nummer. Sie besteht aus vier von einem Punkt getrennten Zahlen. (Sehr oft beginnt sie mit 192, das muss aber nicht so sein.)

```
Eingabeaufforderung                                    —    □    ×

Microsoft Windows [Version 10.0.10586]
(c) 2015 Microsoft Corporation. Alle Rechte vorbehalten.

C:\Users\Rick>ipconfig

Windows-IP-Konfiguration


Ethernet-Adapter Ethernet:

   Verbindungsspezifisches DNS-Suffix: fritz.box
   Verbindungslokale IPv6-Adresse  . : fe80::1498:98f8:7d5e:2b6c%8
   IPv4-Adresse  . . . . . . . . . . : 192.168.178.32
   Subnetzmaske  . . . . . . . . . . : 255.255.255.0
   Standardgateway . . . . . . . . . : 192.168.178.1
```

2 Der Befehl »ipconfig« listet alle Netzwerkadapter deines Rechners auf; such aus der Liste die IP, die interne Netzwerkadresse deines Rechners im Heimnetzwerk.

3. Betritt jetzt in Minecraft deine Welt im Einzelspielermodus, und drücke ⌷Esc⌷.

4. Klicke auf **Im LAN öffnen**, wähle dann **LAN-Welt starten**.

5. Im Chatfenster erscheint nun eine fünfstellige Zahlenkombination, die sogenannte *Portnummer*. *Zusammen* mit der eben notierten IP ist dein Minecraft-Spiel unter dieser Portnummer in deinem Heimnetzwerk erreichbar. Schreib sie dir auf, und gib sie an alle Mitspieler/Mitspielerinnen weiter.

   Achtung: Die Portnummer ändert sich jedes Mal, wenn du eine Welt im LAN öffnest.

6. Deine Mitspieler gehen vom Minecraft-Titelfenster in den **Mehrspieler**-Modus, klicken auf **Direkt verbinden** und geben unter **Serveradresse** deine IP, dann einen Doppelpunkt und die Portnummer ein – die Zahlen müssen exakt stimmen (Beispiel: **192.168.178.32:60685**). Ein Klick auf **Server beitreten** – und die zusätzlichen Spielfiguren werden in den Spawn-Bereich deiner Welt gebeamt.

6 Mithilfe deiner IP und der Minecraft-Portnummer (getrennt durch einen Doppelpunkt) verbinden sich Mitspieler in deinem Heimnetzwerk mit deiner Abenteuerwelt.

Diese Prozedur funktioniert allerdings nur, wenn alle Mitspieler im selben Netzwerk, also in einem Haus oder einer Wohnung spielen. Was ist aber mit deinem Kumpel, der zu Hause am anderen Ende der Stadt sitzt? Kein Problem, wozu gibt es denn das Internet? Mit einem kleinen Tool und einigen Regeln in puncto Sicherheit sind beide Minecraft-Rechner im Nu miteinander verbunden.

Das Hilfsprogramm heißt *LogMeIn Hamachi* (Hamatschi gesprochen) und verbindet zwei an verschiedenen Orten befindliche Rechner in ihrem eigenen kleinen privaten Netzwerk. Weil dabei wichtige und sensible Daten über das Internet übertragen werden, muss die Verbindung möglichst abhörsicher sein, man spricht von einem *Tunnel*, und hier liegt die Stärke von Hamachi. Das Programm ist auf beiden Seiten des Tunnels schnell installiert und konfiguriert. Man muss nur wissen, welche Einstellungen vorzunehmen sind.

Hinweis: Wirf auch einen Blick in den Kasten »Achtung: Sicherheit geht vor – Verbindung ohne Hamachi«. Der dort beschriebene Weg ist etwas sicherer als eine Tunnelverbindung mit Hamachi, erfordert aber umständlichere Einstellungen beim Internetrouter. Benutze den Weg mit LogMeIn Hamachi als Ersatzlösung.

Achtung: Sicherheit geht vor – Verbindung ohne Hamachi

LogMeln Hamachi ist zwar bei vielen Minecraftern beliebt, um eine einfache Verbindung zwischen Spielern herzustellen, aber es ist nicht der einzige oder sicherste Weg. Mit dem Tool schleust du den fremden Rechner in dein Heimnetzwerk ein, sodass dieser, abhängig von deinen Heimnetzwerkeinstellungen, möglicherweise Zugriff auf Dateien, Drucker, Fotos etc. hat. *Stell solche Verbindungen also nur mit Menschen her, denen du absolut vertraust!*

Eine bessere Verbindungsmethode *ohne Hamachi* ist eine sogenannte Portfreigabe im Router deines Heimnetzwerkes. Dabei leitet der Router eine von außen ankommende Minecraft-Verbindungsanfrage direkt an die Minecraft-Installation weiter, ohne dass ein kompletter virtueller Tunnel mit anderen offenen Netzwerkfreigaben geöffnet wird. Wie genau diese Weiterleitung (auch *Port Forwarding*) eingestellt wird, hängt von deinem Routermodell ab. Such in der Anleitung oder im Webinterface des Routers nach »Internet«, »Freigaben« oder »Portfreigabe«.

Achtung: Sind im Netzwerk Modem und Router verschiedene Geräte (z. B. bei bestimmten DSL- oder Kabelanschlüssen) und/oder sind verschiedene Netzwerke im Einsatz, wird die Konfiguration komplexer. Das Schema bleibt aber dasselbe: Der Besucher von außen wird von Gerät zu Gerät, von Netzwerk zu Netzwerk durch Portfreigaben weitergeleitet und erhält seinen »Tunnel« zum Endgerät. Such dir gegebenenfalls Rat bei jemandem, der sich etwas länger mit der Konfiguration deines/eures Netzwerkes beschäftigen kann.

Moment noch: Bevor du aber selbst irgendwelche Einstellungen vornimmst, erkundige dich beim Besitzer des Routers, ob das in Ordnung ist (Eltern, WG-Hauptmieter, Administrator) und zeig ihm diese Seiten.

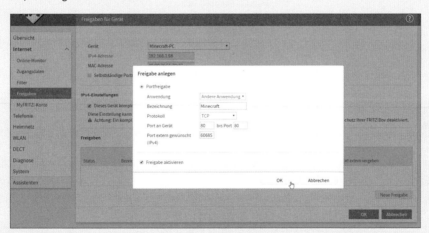

Beispiel für eine Portfreigabe in einer Routerkonfiguration. Stell sicher, dass die Weiterleitung an deinen Rechner geschieht und die Zielportnummer mit der übereinstimmt, die du von Minecraft erhalten hast.

- Als **Protokoll** kommt **TCP** zum Einsatz.
- Den **Eingangsport** kannst du selbst bestimmen (in der Abbildung **von Port**). Es ist später der Port, den dein Mitspieler hinter dem Doppelpunkt nach deiner IP-Nummer angibt, um sich im Multiplayer-Modus mit dir zu verbinden. Beachte, dass einige Internetprovider und Router nur bestimmte Portbereiche erlauben. Wenn also später etwas mit der Verbindung nicht funktioniert, frage nach oder sieh in der Anleitung nach.
- Bei **Zielport** (in der Abbildung **an Port**) trägst du die Portnummer ein, die du von Minecraft im Chatfenster nach Aktivieren von **Im LAN öffnen** erhalten hast. Das heißt, dass du bei jedem neuen Spiel auch diese Routereinstellung neu anpassen musst.
- Der **Zielcomputer** (in der Abbildung **an Computer**) muss unbedingt dein Rechner sein.

Nun benötigt dein Mitspieler noch deine *öffentliche IP*, unter der du von außen aus dem Internet erreichbar bist. Die erhältst du z. B. von einer Website wie *www.whatismyip.com*. Damit konstruiert dein Mitspieler nun die Adresse, unter der deine Minecraft-Welt betreten wird: IP, Doppelpunkt, Portnummer. Das auf diesen Seiten vorgestellte LogMeIn Hamachi braucht ihr dann nicht mehr.

Unter »www.whatismyip.com« liest du deine öffentliche IP ab, unter der dein Heimnetzwerk von außen erreichbar ist. Die spezielle Portfreigabe in der Routerkonfiguration verhindert, dass von außen irgendwelche anderen Dienste oder Programme aufgerufen werden können.

1. Installiere LogMeIn Hamachi von der Website *www.vpn.net* – Button **Download now**. Während des Einrichtens musst du einige Male auf **Weiter** klicken und bestätigen, dass du das heruntergeladene Programm wirklich installieren möchtest.

2. Starte Hamachi, und klicke auf den Einschalter ⏻, woraufhin du aufgefordert wirst, dich anzumelden. Klicke auf den kleinen Link **Registrieren**, um dazu ein Konto mit deiner E-Mail-Adresse und einem (sicheren) Passwort zu erstellen.

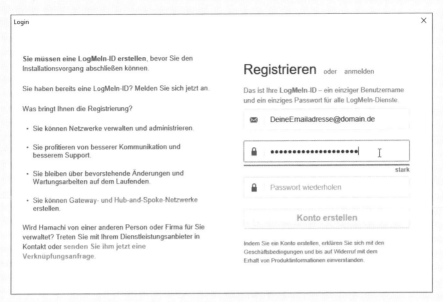

Login   ×

Sie müssen eine LogMeIn-ID erstellen, bevor Sie den Installationsvorgang abschließen können.

Sie haben bereits eine LogMeIn-ID? Melden Sie sich jetzt an.

Was bringt Ihnen die Registrierung?

- Sie können Netzwerke verwalten und administrieren.
- Sie profitieren von besserer Kommunikation und besserem Support.
- Sie bleiben über bevorstehende Änderungen und Wartungsarbeiten auf dem Laufenden.
- Sie können Gateway- und Hub-and-Spoke-Netzwerke erstellen.

Wird Hamachi von einer anderen Person oder Firma für Sie verwaltet? Treten Sie mit Ihrem Dienstleistungsanbieter in Kontakt oder senden Sie ihm jetzt eine Verknüpfungsanfrage.

Registrieren oder anmelden

Das ist Ihre **LogMeIn-ID** – ein einziger Benutzername und ein einziges Passwort für alle LogMeIn-Dienste.

✉ DeineEmailadresse@domain.de

🔒 •••••••••••••••••••   I

                            stark

🔒 Passwort wiederholen

Konto erstellen

Indem Sie ein Konto erstellen, erklären Sie sich mit den Geschäftsbedingungen und bis auf Widerruf mit dem Erhalt von Produktinformationen einverstanden.

2 Wähle für dein Hamachi-Konto ein sicheres Passwort, das aus mehreren Wörtern besteht, die niemand erraten kann.

3. Nach einem Klick auf **Konto erstellen** ist Hamachi bereit. Wirf allerdings noch einen Blick in deinen E-Mail-Posteingang, denn du hast eine E-Mail erhalten, in der du die Anmeldung noch bestätigen musst.

4. Klicke im Hamachi-Fenster auf **Neues Netzwerk erstellen**.

4 Bei einem Hamachi/Minecraft-Tunnel erstellt der Gastgeber ein neues Netzwerk; alle anderen Mitspieler treten später diesem Netzwerk bei.

5. Wähle einen Namen für deine Minecraft-Welt und ein Passwort. **Achtung**: Das darf *nicht* dein Hamachi-Passwort sein, denn dieses neue Passwort wirst du an deine Minecraft-Freunde weitergeben, damit sie sich bei dir anmelden.

5 Damit Mitspieler deinen Minecraft-Rechner erreichen können, erzeugst du eine Hamachi-Verbindung, ein virtuelles Netzwerk, das euch miteinander verbindet.

6. Nun ist dein Minecraft-Tunnel nach außen geöffnet. Damit sich ein Mitspieler in deiner Abenteuerwelt anmelden kann, installiert er ebenfalls Hamachi, erstellt sich ein Konto und klickt dann allerdings *nicht* auf **Neues Netzwerk erstellen**, sondern auf **Bestehendem Netzwerk beitreten**. Dann gibt er deine **Netzwerk-ID** (in der Abbildung **DeineAbenteuerwelt**) und das **Passwort** an. Dass die Verbindung funktioniert, erkennst du daran, dass in deinem Hamachi-Fenster nun der Rechner deines Mitspielers mit einer grünen Markierung erscheint.

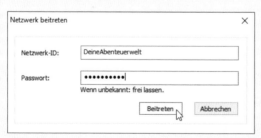

6 Dein Mitspieler sieht dieses Fenster, wenn er auf den Button »Bestehendem Netzwerk beitreten« klickt. Die »Netzwerk-ID« und das »Passwort« stammen von dir.

6 Sobald der Tunnel zwischen euch steht, erscheint dein Mitspieler in der Verbindungsliste von Hamachi.

7. Der letzte Schritt ist fast identisch mit dem Multiplayer-Spiel im Heimnetzwerk: Starte Minecraft, begib dich in deine Abenteuerwelt, drücke die ⎡Esc⎤-Taste, und klicke auf **Im LAN öffnen**. Notiere dir die neue Portnummer aus dem Chatfenster.

Wie beim Heimnetzwerk brauchst du für deine vollständige Internetadresse auch die IP. Aber natürlich nicht die interne aus deinem Heimnetzwerk, sondern die, die dir Hamachi für dein Tunnelende gegeben hat. Sie steht sowohl in deinem Hamachi-Verbindungsfenster als auch in dem deines Mitspielers neben deinem Rechnernamen. (Vielleicht musst du das Fenster etwas vergrößern.) Per Rechtsklick • **Adresse kopieren** oder **IPv4-Adresse kopieren** wird die IP in die Zwischenablage gelegt.

8. Teile nun IP und Portnummer deinem Mitspieler mit. Das geht z. B. mit einem Rechtsklick auf den Verbindungseintrag des Mitspielers und Aufruf des **Chat**-Fensters. Dieser klickt nun vom Minecraft-Titelfenster auf **Mehrspieler**, dann **Direkt verbinden** und gibt die Kombination, durch einen Doppelpunkt getrennt, in das Feld **Server Address** ein. Ein Klick auf **Server beitreten** – und ihr trefft euch in deiner Abenteuerwelt.

Bei Verbindungsproblemen

Mit hoher Wahrscheinlichkeit schlägt der Verbindungsaufbau deines Mitspielers das erste Mal fehl. Denn auf dem Weg von seinem Minecraft-Spiel zu Hamachi durch den Tunnel, dann zu deinem Hamachi und Minecraft gibt es einige Hürden. Eine davon ist beispielsweise die *Firewall*, eine Softwareschutzwand zwischen deinen Programmen und dem Internet, die oft standardmäßig aktiviert ist. Deaktiviere sie *testweise* über die Windows-**Einstellungen**: Such nach »Defender« bzw. »Windows Defender Firewall«, wähle **Windows Defender Firewall ein- oder ausschalten**. Versucht dann, erneut die Verbindung herzustellen. Schalte dann sofort die Firewall wieder ein.

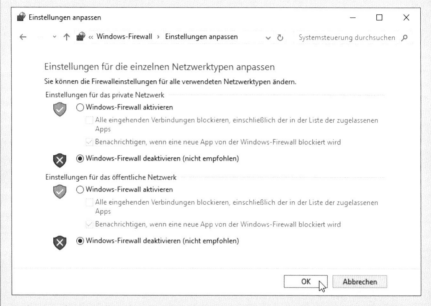

Deaktiviere die Firewall nur kurz zum Testen, ob das Verbindungsproblem an ihr liegt. Schalte sie danach sofort wieder ein.

Funktionierte die Verbindung mit ausgeschalteter Firewall, liegt das z. B. unter Windows daran, dass Minecraft (oder LogMeln Hamachi) nicht durch die Firewall durchkommt. Für die Java-Umgebung, in der Minecraft läuft, muss also eine Firewall-*Ausnahme* her:

1. Gib im Feld **Web und Windows durchsuchen** oder **Frag mich etwas** unten links »Firewall« ein, oder klicke dich durch die **Einstellungen** zur Firewall-Konfiguration.
2. Wähle **Windows-Firewall** aus der Ergebnisliste und im sich öffnenden Fenster links den Eintrag **Eine App oder ein Feature durch die Windows-Firewall zulassen**.
3. Such in der Liste **Zugelassene Apps und Features** den oder die Einträge **Java(TM) Platform SE binary**, einer davon ist Minecrafts Java-Umgebung.

4. Setze sämtliche Häkchen in den Spalten **Privat** und **Öffentlich**, und bestätige die Änderung mit **OK**. Jetzt sollte der Verbindungsaufbau funktionieren.

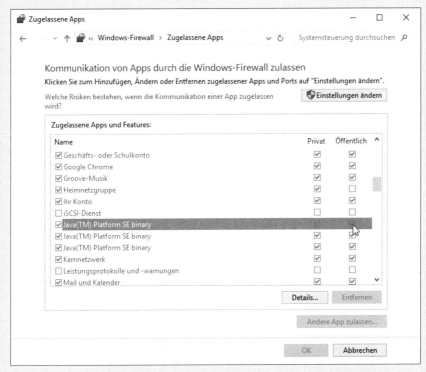

Wenn du weißt, dass das Verbindungsproblem an der Firewall liegt, kannst du für Programme, die hindurchgelassen werden sollen, Ausnahmen schaffen.

Leider ist dies nur eines der möglichen Probleme, die eine Verbindung verhindern können. Jeder Rechner, jedes Betriebssystem, jedes Netzwerk ist anders konfiguriert. Sogar Internetprovider können Probleme verursachen, wenn sie z. B. Daten herausfiltern, die auf bestimmten Ports übertragen werden. Und wenn du nicht mit Windows arbeitest, sondern mit OS X oder einer Linux-Version, herrschen ebenfalls ganz besondere Bedingungen, die sich nicht alle in diesem Guide aufführen lassen.

In jedem Fall ist das Internet dein bester Helfer. Denn du bist nicht der Einzige, der dieses spezielle Problem hat, und in irgendeinem Forum wartet bereits die Lösung auf dich. Nutze eine Suchmaschine mit Begriffen wie »minecraft hamachi«, gefolgt von deinem Betriebssystem, den Versionsnummern und der Beschreibung deines Problems oder der Fehlermeldung. Findest du nichts, kannst du natürlich auch selbst die Minecraft-Community um Hilfe bitten, z. B. unter *www.minecraftforum.net*.

MULTIPLAYER-SERVER – THE NEXT LEVEL

Mit mehreren Mitspielern in einer Multiplayer-Minecraft-Welt zu spielen verlangt deinem Rechner einiges ab. Merkst du, dass sich die Grafik langsam aufbaut und stark ruckelt, ist er schon überfordert, und das Spielen macht keinen Spaß mehr. Außerdem muss Hamachi ständig laufen, oder du musst bei jedem neuen Spiel die Portfreigabe im Router aktualisieren oder vielleicht sogar deinen Rechner die ganze Zeit anlassen, damit sich alle Mitspieler jederzeit in Minecraft einloggen können – selbst wenn du gerade zu Abend isst oder an einem Strand auf Mallorca liegst. Die Schlussfolgerung: Ein eigener Rechner muss her, dessen Aufgabe nichts anderes ist, als Minecraft bereitzustellen: ein Server.

Einen eigenen Server aufzubauen und zu installieren ist eine zeitintensive und teure Angelegenheit. Denn der Rechner muss auch einiges an Leistung bringen, und die Konfiguration der Software kann komplex sein. Zwar ist der sogenannte Vanilla-Server, die Standard-Minecraft-Variante, mit ein paar Mausklicks heruntergeladen (*https://minecraft-buch.de/vanilla-server*, ganz unten) und eingestellt (such im Internet nach »minecraft server.properties«). Aber der Reiz beim Betrieb eines solchen Servers ist die Möglichkeit, Mods einzusetzen, die das Spiel ordentlich aufmöbeln, und da wird es kompliziert. Ein ganzes Buch könnte mit den vielen Optionen gefüllt werden. Darum lernst du hier zum Abschluss eine einfache Alternative kennen. *Miete* dir einfach einen Minecraft-Gameserver.

Einen Gameserver zu mieten kostet nicht die Welt (es beginnt bei 3 € pro Monat), nimmt dir all die Administrations- und Konfigurationsarbeit unter der Haube ab und ersetzt sie durch eine komfortabel zu bedienende Benutzeroberfläche. Mit wenigen Mausklicks installierst du Mods oder ganze Modpacks, richtest Benutzerberechtigungen ein und aktivierst eine neue Abenteuerwelt. Es ist sogar möglich, mehrere Welten zu installieren und sich per Tastaturkommando hin und her zu beamen – alles nur eine Frage der aktivierten Mods.

Im ersten Schritt suchst du einen Anbieter, auch *Hoster* genannt. Die gibt es wie Sand am Meer, und ihre Leistungen, Preise und Bewertungen sind unterschiedlich. Darum gibt es an dieser Stelle keine Werbung, sondern nur den Tipp, sich im Internet ein bisschen umzusehen. Deine Google-Suchwörter sind »minecraft hoster empfehlung«. So erreichst du nicht nur Hosterwerbung, sondern wirst vor allem auf Foreneinträge und Bestsellerlisten geleitet, in denen man sich über die Qualität und Preise der Hoster austauscht und gegenseitig Empfehlungen gibt. Achte bei den Diskussionen und Vorstellungen aber unbedingt auf das Datum der Nachrichten. Denn eine Hosterbewertung von 2014 ist vollkommen überholt.

Im zweiten Schritt wagst du den Sprung ins kalte Wasser und mietest bei dem Hoster deiner Wahl den kleinsten Server, den du findest. Du wirst viel über Rechenleistung, Speicherplatz und Internetgeschwindigkeiten lesen, aber praktische Erfahrungen sind hier, besonders am Anfang, unersetzlich. Du investierst keine großartigen Summen, und die Bezahlung ist unkompliziert, sogar PayPal wird meistens akzeptiert. Im schlimmsten Fall setzt du also 5 € in den Sand und bist um eine Erfahrung reicher. Im besten Fall laufen Server und Mods wie am Schnürchen, du und deine Mitspieler, ihr habt keine Lags, die Konfiguration des Systems ist einfach und der Support hilfreich. Wird das gewählte Serverpaket dann irgendwann zu klein, lässt es sich mit ein paar Mausklicks upgraden.

Viele Gameserver-Provider stellen dir die einfach zu bedienende Benutzeroberfläche Multicraft zur Verfügung, um deine Minecraft-Server zu verwalten.

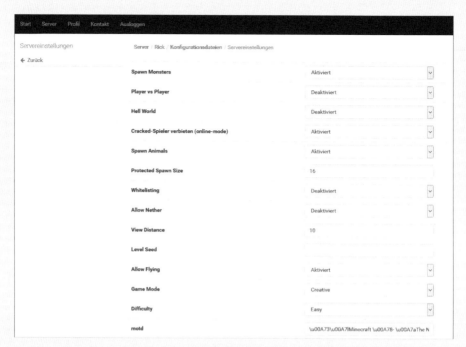

Auch Servereinstellungen lassen sich über die meisten Webinterfaces anpassen.

Selbst zur Installation von Mods musst du das Webinterface nicht verlassen. Zur Konfiguration komplexer Erweiterungen ist allerdings Handarbeit erforderlich, z. B. durch Anpassen von Konfigurationsdateien über FTP.

Es dauert meist nur wenige Minuten, solch einen Server zu mieten und die Zugangsdaten per E-Mail zu erhalten. Dann noch schnell per FTP dein Minecraft-Weltverzeichnis hochgeladen, den Weltnamen im Webinterface eingestellt und die Internetadresse an deine Mitspieler geschickt. Im Nu trefft ihr euch in deiner Abenteuerwelt, und alle bestaunen die Welt, die du für sie zusammengebaut hast, mit Farmen, Grindern, Geschicklichkeitsparcours und neuen Texturen in einem eigenen Ressourcenpaket.

Bestimmt habt Ihr sofort eine neue Idee, wie ihr zusammen eine gewaltige 3D-Statue oder einen riesigen Gebäude- oder Pixel-Art-Komplex zusammenbaut.

Viel Spaß im Next Level!

ANHANG - REZEPTE IN DIESEM GUIDE

Wer mit der Konsolen-, Windows-10- oder mit PE-Versionen spielt oder in der PC-Standard-Version ab Minecraft 1.12 bestimmte Materialien entdeckt, muss beim Craften nicht lange Rätsel raten: Die Rezepte sind ganz einfach im Spiel abrufbar. Alle anderen Spieler finden auf den folgenden Seiten die Zutatenkombinationen der Gegenstände und Objekte, denen man in diesem Next-Level-Guide begegnet. Eine vollständige Liste aller Rezepte passt natürlich nicht an diese Stelle. Wer eine umfangreiche Rezeptsammlung braucht, dem sei deshalb das Survival-Buch ans Herz gelegt, mit alphabetisch sortierten Rezepten und Tipps sowie einem Rezeptposter. Fehlt nur ein einzelnes Rezept, hilft natürlich auch das Internet. Eine Suche nach »minecraft« und dem Namen des Objekts führt in der Regel sofort zu einem Treffer.

Andesit

Eine Steinvariation, die, wie Granit 🪨, Diorit 🪨 und Stein/Bruchstein 🪨 im Untergrund zu finden ist und sich als besonders widerstandsfähiges Baumaterial eignet (hält Lava stand).
Der Abbau erfolgt mit einer Spitzhacke ⛏.

Antriebs-schiene (6)

Banner

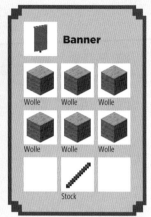

Befehlsblock

Enthält einen mit Redstone-Strom aktivierbaren Befehl. Befehlsblöcke kommen nicht natürlich vor, sondern lassen sich nur mit dem Befehl `/give @p command_block` oder einem Mod (TooManyItems, NotEnoughItems) ins Inventar zaubern.

Dunkler Prismarin

Eimer

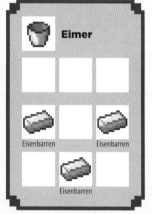

Eisenblock

Eisen-gitter (16)

Fackel (4)

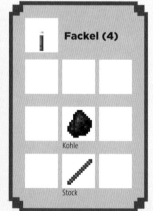

Faden

Den für Bogen und Angel so wichtigen Faden erhältst du durch Abbau von Spinnennetzen oder als Drop von Spinnen.

 Farbstoff

Wolle 🐑, Lederrüstungen 👕, gebrannter Ton 🧱, Glas 🪟 und Hundehalsbänder lassen sich auf der Werkbank mit einem von 16 Farbstoffen einfärben, z. B. mithilfe von Knochenmehl 🦴 (weiß), Tintenbeutel 🖤 (schwarz) oder Kakaobohnen 🌰 (braun).

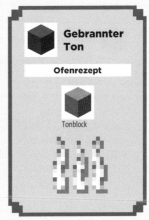 **Gebrannter Ton**

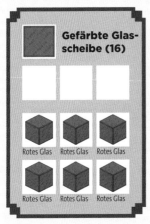 **Gefärbte Glasscheibe (16)**

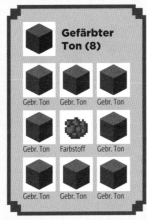 **Gefärbter Ton (8)**

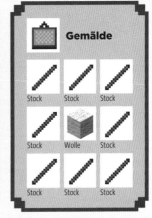 **Gemälde**

 **Gemeißelte Steinziegel**

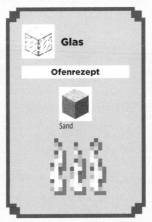 **Glas**

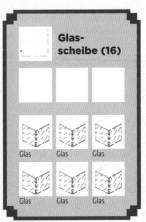 **Glasscheibe (16)**

Glowstone

Leuchtet mit Lichtlevel 15 so hell wie die Sonne, brennt nicht, schmilzt Schnee ▧ und Eis ▧, ist wasserfest, lässt sich aber nur an Decken im Nether finden oder bei einem geistlichen Dorfbewohner durch Handel erstehen.

Hacke

Haken (2)

Hebel

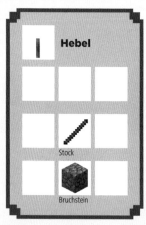

Holz

Gibt es in den Varianten Akazie ▧, Birke ▧, Eiche ▧, Fichte ▧, Schwarzeiche ● und Tropenbaum ▧ und ist als Baumstamm, Holzbretter, Stufen oder Treppen beliebtes Baumaterial. Zur Not auch als Brennstoff im Ofen einsetzbar.

Holzbretter (4)

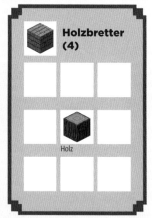

Kaktus

Kakteen findest du in Wüsten und auf Tafelbergen. Sie können nur auf Sandblöcken ▧ platziert werden, eine Berührung verursacht Schaden.

Karte

Klebriger Kolben

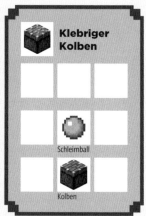

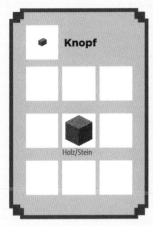

Knopf

Holz/Stein

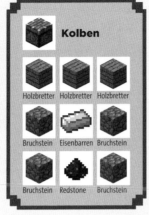

Kolben

Holzbretter	Holzbretter	Holzbretter
Bruchstein	Eisenbarren	Bruchstein
Bruchstein	Redstone	Bruchstein

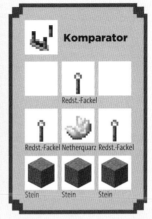

Komparator

	Redst.-Fackel	
Redst.-Fackel	Netherquarz	Redst.-Fackel
Stein	Stein	Stein

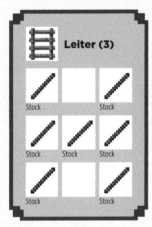

Leiter (3)

Stock		Stock
Stock	Stock	Stock
Stock		Stock

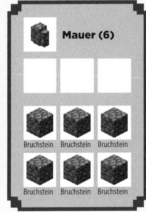

Mauer (6)

Bruchstein	Bruchstein	Bruchstein
Bruchstein	Bruchstein	Bruchstein

Notenblock

Holzbretter	Holzbretter	Holzbretter
Holzbretter	Redstone	Holzbretter
Holzbretter	Holzbretter	Holzbretter

Obsidian

Entsteht, wenn Wasser über Lava fließt und lässt sich im Untergrund am leichtesten rund um Ebene 11 finden. Es ist das härteste Material, das sogar der Explosion eines Creepers oder eines TNT-Blocks standhält.

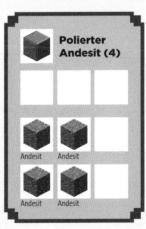

Polierter Andesit (4)

Andesit	Andesit	
Andesit	Andesit	

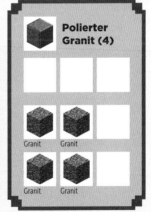

Polierter Granit (4)

Granit	Granit	
Granit	Granit	

Prismarin-scherbe

Wird von Wächtern und großen Wächtern rund um ein Ozeanmonument gedroppt. Vier Scherben ergeben einen Prismarinblock 🔲, neun einen Prismarinziegel 🔲, ein besonders aufsehenerregendes Baumaterial.

Rahmen

Stock	Stock	Stock
Stock	Leder	Stock
Stock	Stock	Stock

Redstone-Block

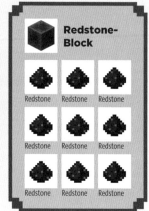

Redstone	Redstone	Redstone
Redstone	Redstone	Redstone
Redstone	Redstone	Redstone

Redstone-Fackel

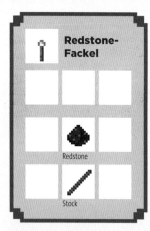

	Redstone	
	Stock	

Sandstein

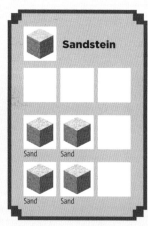

Sand	Sand	
Sand	Sand	

Schiene (16)

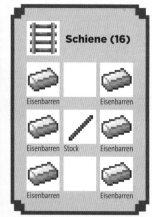

Eisenbarren		Eisenbarren
Eisenbarren	Stock	Eisenbarren
Eisenbarren		Eisenbarren

Schild (3)

Holzbretter	Holzbretter	Holzbretter
Holzbretter	Holzbretter	Holzbretter
	Stock	

Schleimblock

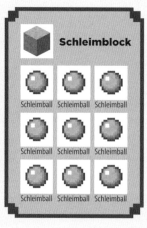

Schleimball	Schleimball	Schleimball
Schleimball	Schleimball	Schleimball
Schleimball	Schleimball	Schleimball

Sensorschiene (6)

Eisenbarren		Eisenbarren
Eisenbarren	Steindruckpl.	Eisenbarren
Eisenbarren	Redstone	Eisenbarren

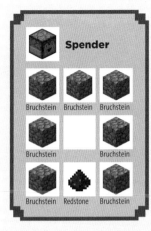

Spender

Bruchstein	Bruchstein	Bruchstein
Bruchstein		Bruchstein
Bruchstein	Redstone	Bruchstein

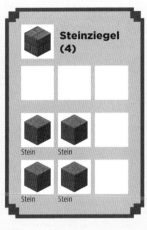

Steinziegel (4)

Stein	Stein	
Stein	Stein	

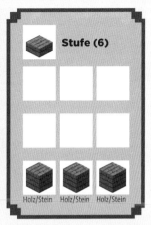

Stufe (6)

Holz/Stein	Holz/Stein	Holz/Stein

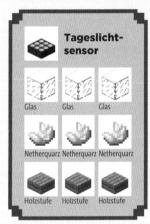

Tageslicht-sensor

Glas	Glas	Glas
Netherquarz	Netherquarz	Netherquarz
Holzstufe	Holzstufe	Holzstufe

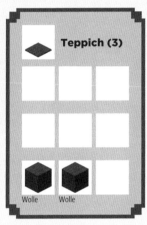

Teppich (3)

Wolle	Wolle	

Treppe (4)

Holz/Stein		
Holz/Stein	Holz/Stein	
Holz/Stein	Holz/Stein	Holz/Stein

Trichter

Eisenbarren		Eisenbarren
Eisenbarren	Truhe	Eisenbarren
	Eisenbarren	

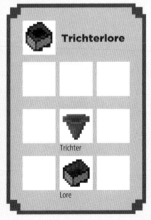

Trichterlore

	Trichter	
	Lore	

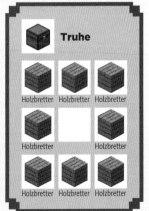

Truhe

Holzbretter	Holzbretter	Holzbretter
Holzbretter		Holzbretter
Holzbretter	Holzbretter	Holzbretter

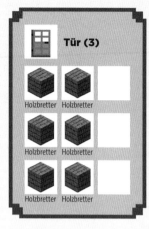

Tür (3)

Holzbretter	Holzbretter	
Holzbretter	Holzbretter	
Holzbretter	Holzbretter	

Verstärker

Redst.-Fackel	Redstone	Redst.-Fackel
Stein	Stein	Stein

Werfer

Bruchstein	Bruchstein	Bruchstein
Bruchstein	Bogen	Bruchstein
Bruchstein	Redstone	Bruchstein

Wolle

Lässt sich mit der Schere 🪒 von einem Schaf scheren oder mit 2 × 2 Fäden 🧵 auf der Werkbank craften. Kann mit einem von 16 verschiedenen Farbstoffen gefärbt werden. Besser: Vorher *das Schaf* färben, das spart Farbstoff, denn die Wolle wächst nach.

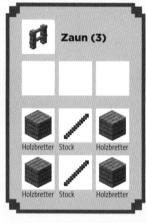

Zaun (3)

Holzbretter	Stock	Holzbretter
Holzbretter	Stock	Holzbretter

Ziegelsteine

Ziegel	Ziegel	
Ziegel	Ziegel	

Index